詳解

グローバル・ミニマム課税
の実務

税理士
秋元 秀仁 著

税務研究会出版局

はしがき

　グローバル・ミニマム課税は、経済協力開発機構（OECD）加盟国を中心とした約140か国・地域が国際合意し、明記された新たな国際課税ルールです。わが国も令和5年に法制化され、年間総収入金額が7.5億ユーロ相当額以上（令和6年3月時点で、約1,100億円）の多国籍企業（MNE）グループを対象に、一定の適用除外額を除く所得について各国・地域ごとに「最低税率15％以上の課税を確保する制度（国際最低課税額に対する法人課税制度）」として、令和6年4月からその適用が開始されました。

　制度創設に至った背景として、海外事業などを展開するグローバル企業を中心に、課税が免除されるようなタックス・ヘイブン国へ企業の資産等を移転させること（Profit Shifting）で、税負担の軽減を図る行為が横行していたことが挙げられます。

　また、昨今ではデジタル化の進展から企業が有する資産を税率の低い国へ移管することが容易になったという点もこのような行為と無関係とはいえない状況にあります。

　さらに、外国企業の誘致のために、各国が法人税率引下げなどの優遇税制を設け、誘致競争が激化し、各国の法人税収基盤が揺らいでしまったということもその理由として挙げることができます。

　こうした経緯からグローバル・ミニマム課税が導入され、今後は、一定のグローバル企業は世界のいかなる場所で事業を行っても、原則、最低税率15％に至るまで課税されることになります。

　このように、グローバル・ミニマム課税は、法人税率の引下げ競争に歯止めをかけることや税制面における企業間の公正な競争条件を確保すること等を目的として国際合意されたものですが、この国際合意に基づくルールについてこれを制度導入国が既に有する伝統的法体系の中に取り込み法制化するという特異なプロセスを経たことや時間軸のずれ等から課税のミ

スマッチが生ずるといった実務上の問題や課題も指摘されるところです。

　本書執筆のきっかけとなる事柄として、もう10年以上も前のことになりますが、私事、OECD主催のBEPSプロジェクトに参加させていただき、プロジェクトにおけるworking group memberの方々と主にProfit Shifting問題に関する数々の議論を重ねる貴重な機会を得ました。その中で、BEPS対策として「多国籍企業グループがどこで事業活動を行っても、その活動拠点の事業体について一定税率以上の課税が確保されるような国際課税ルールが必要」という意見や考えは、当時は確固としたネーミングはなかったものの既に出ていました。今から思えばグローバル・ミニマム課税の柱となった話題です。10年以上も前に話題とされたものが、今や新たな国際課税ルールとして約140の国や地域によって合意され、これが明文化されたことを思うととても感慨深いものがあります。そのような経緯もあり、この新たな国際課税ルールの本質はどのようなものか、その行く末や課題とは何かを探求したいという思いが私の本書を手掛けるきっかけとなっています。

　グローバル・ミニマム課税が導入されることで、各国による法人税率引下げ競争が止まり、日本企業の国際競争力の維持・向上も期待できます。

　わが国ではグローバル・ミニマム課税への対応として、今般導入されたIIR（所得合算ルール）に加え、UTPR（軽課税所得ルール）、QDMTT（適格国内ミニマムトップアップ課税）ルールが導入される方向で検討されています。今後、さらなる法令が整備され、ルールに沿った運用が求められて行くことと思います。

　本制度は、広範かつ複雑な制度であるが故、極力、わかり易い表現とすることや構成、順序、法令規則・通達等の表記にこだわったつもりですが、記述や表現等の不明な点については前広にご意見をいただけましたらありがたく存じます。

　また、実務書であることから本制度における実務上の論点や課題の記述についてもこだわり、別論を設け、極力幅広に取り込むようにしました。

企業の財務・経理担当者、実務家、税務職員等、本書を手にされる方々の執務や実務において少しでも参考に供することができればこの上ない喜びであるとともに、本書が適正な国際課税の実現のための一助となれば幸いです。

　最後に本書の刊行に際し、税務研究会出版局の桑原妙枝子様に心に響く的確なアドバイスをいただくとともに全面的なご協力を頂戴しました。心より感謝申し上げます。

　令和 6 年 4 月

税理士　秋元　秀仁

【目次】

〔**総論　グローバル・ミニマム課税制度の概要とポイント**〕

I　国際最低課税額制度（グローバル・ミニマム課税制度）の創設 ········ 2

　1　制度創設の背景 ··· 2

　2　グローバル・ミニマム課税とGloBEルール ···················· 4

　　⑴　所得合算ルール（IIR） ································· 4

　　⑵　軽課税所得ルール（UTPR） ··························· 5

　　⑶　適格国内ミニマムトップアップ課税（QDMTT） ········· 6

　　⑷　IIR、UTPR、QDMTTの適用関係 ···················· 8

　3　国際最低課税額に対する法人税の創設 ····················· 9

　　≪今後の見直しの方向性≫ ····························· 9

　4　特定基準法人税額に対する地方法人税の創設 ·············· 12

II　制度理解のポイント ··· 13

　1　IIRと法人税法 ·· 13

　2　IIRの全体像 ··· 13

　3　CFCとIIR ·· 16

　4　グローバルスタンダードと課税のミスマッチ ·············· 17

　　⑴　OECDモデルルールとOECDモデルルールコメンタリー ·········· 17

　　⑵　国内法との相違による課税のミスマッチ ·············· 18

　5　会計ベースの規定 ·· 20

　6　トップアップ課税 ·· 21

　7　計算場面や計算単位が多様 ·································· 21

　8　適用対象や適用免除の検証場面が多様 ····················· 22

　9　対象グループの特定とETR ···································· 23

　10　地方法人税課税の創設 ·· 25

11　新たな情報申告（GloBE情報申告書）制度の導入 ················· 25

〖各論Ⅰ　グローバル・ミニマム課税制度の詳細〗

Ⅲ　国際最低課税額に対する法人税 ································· 30

1　納税義務者・課税の範囲・対象会計年度 ························· 30

2　特定多国籍企業グループ等 ··································· 31

(1)　総収入金額 ··· 32

(2)　連結等財務諸表 ····································· 33

(3)　直前の4対象会計年度 ································· 35

(4)　多国籍企業グループ等 ································· 37

(5)　企業グループ等 ····································· 37

(6)　会社等 ··· 41

(7)　導管会社等 ··· 41

(8)　恒久的施設等 ······································· 42

(9)　所在地国 ··· 43

3　制度対象企業グループの意義 ································· 46

(1)　課税対象企業グループの判定［図説］ ···················· 46

(2)　特定多国籍企業グループ等の判定［図説］ ················· 48

《税法用語の意義》 ······································· 50

イ　最終親会社 ··· 50

ロ　最終親会社等 ······································· 50

ハ　中間親会社等 ······································· 50

ニ　被部分保有親会社等 ··································· 51

ホ　支配持分 ··· 51

ヘ　所有持分 ··· 51

ト　構成会社等 ··· 53

チ　除外会社等 ··· 53

リ　共同支配会社等 ·· 54

ヌ　各種投資会社等 ·· 55

ル　無国籍会社等 ·· 55

4　制度対象企業グループの全体像［図説］·························· 55

5　国際最低課税額の計算構造（計算フロー）····················· 58

(1)　会社類型別計算と計算手順 ······································· 58

(2)　個別計算と国別計算 ·· 59

(3)　国別ETRと国別不足税額 ··· 60

(4)　国別不足税額の調整 ·· 61

(5)　過年度修正等が生じた場合の当期IIR計算への影響と税務処理

·· 62

(6)　未分配所得国際最低課税額の加算 ····························· 63

(7)　自国内国際最低課税額に係る税の額の控除 ················ 63

(8)　共同支配会社等に係る税額加算 ································· 64

(9)　親会社等に対する具体的課税計算 ····························· 64

6　国際最低課税額の具体的計算 ····································· 65

(1)　個別計算所得等の金額 ·· 66

イ　当期純損益金額の計算 ··· 66

(a)　当期純損益金額 ·· 66

≪会社等の当期純損益金額≫ ····························· 67

≪決算日が相違する場合の取扱い≫ ···················· 71

≪恒久的施設等の当期純損益金額≫ ···················· 72

≪税引後当期純損益金額の為替換算≫ ················· 73

≪代用財務会計基準の適用≫ ····························· 74

(b)　当期純損益金額の調整 ······································· 76

≪独立企業間価格に基づく当期純損益金額の調整

　［クロスボーダー取引］≫ ································· 76

≪独立企業間価格相当額に基づく当期純損益金額の調整
　［同一国内取引］≫ ·· 81

≪特定組織再編成により資産等の移転が行われた場合の
　当期純損益金額の調整≫ ·· 82

≪プッシュダウン会計が適用される場合の当期純損益金額の
　調整≫ ·· 84

≪移行対象会計年度前のグループ間取引等に係る
　当期純損益金額の調整≫ ·· 85

≪恒久的施設等の当期純損益金額の調整≫ ······················ 86

(c)　当期純損益金額の計算の特例 ·· 88

≪導管会社等に係る当期純損益金額の計算の特例≫ ·········· 88

≪各種投資会社等に係る当期純損益金額の計算の特例≫ ···· 89

ロ　特例適用前個別計算所得等の金額 ······························· 90

(a)　税金費用純額 ··· 92

(b)　除外配当 ··· 93

(c)　除外資本損益（時価評価損益、持分法損益、譲渡損益）···· 94

(d)　再評価法による損益 ·· 95

(e)　非対称外国為替差損益 ·· 97

(f)　違法支出 ··· 98

(g)　５万ユーロ以上の罰金等 ·· 99

(h)　過去の誤びゅうの訂正又は会計処理の基準の変更 ··········· 100

(i)　発生年金費用・収益 ··· 101

(j)　適格給付付き税額控除額・非適格給付付き税額控除額 ···· 101

(k)　グループ内金融取引に係る費用 ····································· 104

ハ　個別計算所得等の金額の計算の特例 ························· 104

(a)　国際海運業所得 ··· 106

(b)　連結等納税規定 ··· 108

(c)　保険会社特例 ·· 110

　　　(d)　その他Tier1資本調整 ……………………………………… 111

　　　(e)　株式報酬費用 …………………………………………………… 113

　　　(f)　資産等の時価評価損益 ……………………………………… 115

　　　(g)　不動産譲渡 …………………………………………………… 116

　　　(h)　ヘッジ処理 …………………………………………………… 118

　　　(i)　ポートフォリオ株式配当 …………………………………… 120

　　　(j)　債務免除等 …………………………………………………… 120

　　　(k)　資産等の時価評価課税 ……………………………………… 122

　　　(ℓ)　PE特例 ……………………………………………………… 125

　　　(m)　課税分配法 …………………………………………………… 127

　　　(n)　導管会社等である最終親会社等に係る特例 …………… 128

　　　(o)　配当控除所得課税規定 ……………………………………… 129

　(2)　対象租税 ……………………………………………………………… 130

　　イ　対象租税の範囲 ………………………………………………… 131

　　ロ　対象租税から除外されるもの ……………………………… 132

　(3)　調整後対象租税額 ………………………………………………… 133

　　イ　当期対象租税額 ………………………………………………… 133

　　ロ　繰延対象租税額 ………………………………………………… 137

　　ハ　被配分当期対象租税額（プッシュダウン、プッシュアップ）

　　　　……………………………………………………………………… 144

　　ニ　各特例計算 ……………………………………………………… 149

　(4)　国別実効税率（ETR）……………………………………………… 153

　(5)　当期国別国際最低課税額 ………………………………………… 154

　(6)　実質ベースの所得除外額 ………………………………………… 154

　　イ　所得除外額（特定費用の額、特定資産の額）の概要 …… 154

　　ロ　特定費用の対象範囲 …………………………………………… 157

　　ハ　構成会社等の従業員又はこれに類する者の範囲 ………… 157

　　ニ　有形固定資産の対象範囲と複数国に跨る場合の取扱い …… 158

　　　　ホ　有形固定資産及び天然資源の例示 ································ 159

　　　　ヘ　実質ベースの所得除外額の先行計算と計算省略の特例 ······· 160

　　(7)　グループ国際最低課税額 ·· 161

　　　イ　構成会社等に係るグループ国際最低課税額 ················· 161

　　　　(a)　国別実効税率（ETR）が15%未満かつ国別グループ
　　　　　　純所得あり ··· 161

　　　　　　≪再計算国別国際最低課税額≫ ························· 161

　　　　　　≪未分配所得国際最低課税額≫ ························· 162

　　　　　　≪自国内最低課税額に係る税の額≫ ··················· 162

　　　　(b)　国別実効税率（ETR）が15%以上かつ国別グループ
　　　　　　純所得あり ··· 163

　　　　(c)　国別グループ純所得なし ································· 163

　　　ロ　共同支配会社等に係るグループ国際最低課税額 ············· 164

　　　ハ　特定構成会社等がある場合における構成会社等に係る
　　　　　グループ国際最低課税額 ······································ 164

　　　　　≪税法用語の意義≫ ·· 165

　　　　　（イ）被少数保有構成会社等 ································ 165

　　　　　（ロ）被少数保有親構成会社等 ·························· 166

　　　　　（ハ）被少数保有子構成会社等 ·························· 166

　　　ニ　無国籍構成会社等がある場合における構成会社等に係る
　　　　　グループ国際最低課税額 ······································ 166

　　(8)　会社等別国際最低課税額 ·· 166

　　(9)　内国法人の国際最低課税額 ······································ 167

7　恒久的適用免除（デミニマス除外） ································· 168

8　経過的適用免除（適格CbCRセーフ・ハーバー） ················ 170

　(1)　構成会社等に係る適格CbCRセーフ・ハーバー ·············· 170

　(2)　適格CbCRの意義 ·· 173

　(3)　共同支配会社等に係る適格CbCRセーフ・ハーバー ········· 175

⑷　適格CbCRセーフ・ハーバーの不適用 ……………………… 176

　　《once out, always out》 …………………………………… 176

　　《対象外構成会社等》 ……………………………………… 178

9　課税標準 ……………………………………………………… 180

10　税額の計算 …………………………………………………… 180

11　国際最低課税額に係る申告及び納付 ……………………… 180

　⑴　申告手続 ………………………………………………… 180

　⑵　申告書 …………………………………………………… 181

　⑶　納付手続 ………………………………………………… 182

12　適用関係 …………………………………………………… 182

Ⅳ　特定基準法人税額に対する地方法人税 …………………… 183

1　納税義務者・課税の範囲 …………………………………… 184

2　特定基準法人税額 …………………………………………… 184

3　課税対象会計年度 …………………………………………… 184

4　課税標準 ……………………………………………………… 185

5　税額の計算 …………………………………………………… 185

6　特定基準法人税額に係る申告及び納付 …………………… 185

　⑴　申告手続 ………………………………………………… 185

　⑵　申告書 …………………………………………………… 186

　⑶　納付手続 ………………………………………………… 186

7　適用関係 ……………………………………………………… 186

Ⅴ　情報申告制度 ……………………………………………… 187

1　情報申告制度（特定多国籍企業グループ等報告事項等の提供制度）

　の概要 ………………………………………………………… 187

　⑴　特定多国籍企業グループ等報告事項等の提供 ………… 187

　⑵　特定多国籍企業グループ等報告事項等の提供義務者が

　　複数ある場合の特例 …………………………………… 190

2　提供義務の免除 ……………………………………………… 190

⑴　提供義務の免除の概要 ··· 190

⑵　最終親会社等届出事項の提供 ··· 191

⑶　最終親会社等届出事項の提供義務者が複数ある場合の特例 ···· 192

3　適用関係 ·· 192

Ⅵ　IIR制度の適用順序と留意点 ··· 193

1　制度適用の検証フロー ··· 193

⑴　企業グループの把握と特定 ·· 193

⑵　制度対象企業グループ該当性の検証とグループ総収入金額
　　基準該当性の検証 ·· 195

⑶　適格CbCRセーフ・ハーバーの当てはめ ······························· 195

⑷　国別デミニマス基準の当てはめ ··· 196

⑸　実質ベースの所得除外額の計算 ··· 197

⑹　国別ETRの検証 ··· 197

⑺　IIRの計算ルールに従った具体的課税額の算定 ······················ 198

2　適用検証における留意点 ··· 199

〔各論Ⅱ　グローバル・ミニマム課税制度と実務〕

Ⅶ　実務上の論点と課題 ··· 202

1　他国のIIR、QDMTTの適用による影響 ···································· 202

⑴　子会社所在地国のIIR適用の有無によるわが国課税への影響 ·· 202

⑵　課税への影響の具体例 ··· 204

⑶　IIR、UTPR、QDMTT導入国リスト ·································· 206

2　QDMTT、UTPRの導入による影響 ·· 207

⑴　QDMTTの意義 ·· 207

⑵　IIRから控除されるQDMTT ··· 207

⑶　他国におけるQDMTTの導入とわが国IIRへの影響 ·············· 208

⑷　QDMTTセーフ・ハーバーの適用要件 ································ 209

⑸　QDMTT、UTPRをめぐる今後の動向 ································ 210

《参考：経過的UTPRセーフ・ハーバー》 ···················· 212

3　ETRに関する問題 ··· 213

⑴　対象租税等の基礎データの把握 ································· 213

⑵　みなし外国税額控除とETR ····································· 214

⑶　給付付き税額控除とETR ·· 215

⑷　現地優遇税制効果の希薄化（ETRへの影響） ············· 216

4　対象租税の額、被配分当期対象租税額における留意点 ········· 216

5　IIRと為替換算 ··· 217

⑴　IIRにおける為替換算 ·· 217

⑵　連結等財務諸表作成における為替換算 ······················ 218

⑶　為替換算ルールの必要性 ··· 219

⑷　GloBEルールと為替換算 ··· 220

⑸　IIRにおける為替換算の実務 ···································· 220

6　配当課税に関する問題 ··· 222

7　CFCとIIRの適用関係 ··· 223

⑴　適用除外のCFCとIIR課税 ······································ 223

⑵　CFCとIIRの双方課税 ·· 224

⑶　CFC、IIRの双方課税の検証（事例研究） ·················· 225

イ　同一軽課税国に課税CFCと適用除外CFCを有する場合 ········ 225

ロ　CFC子会社に欠損金控除がある場合 ···················· 226

ハ　親会社が赤字の場合 ·· 228

ニ　親会社が3月決算、CFC子会社が12月決算の場合 ········· 230

ホ　親子とも3月決算（同一決算）の場合 ················ 231

8　PEに係る租税の額のプッシュダウン ··························· 234

9　セーフ・ハーバーに関する執行（追加）ガイダンスの概要と

ポイント ·· 236

⑴　適格財務諸表（Qualified Financial Statement） ··········· 237

(2)　適格財務諸表における調整 ……………………………………………… 238

(3)　簡易な実効税率計算における租税 …………………………………… 239

(4)　通常利益要件の経過措置の適用 ……………………………………… 241

(5)　パーチェス会計による調整 …………………………………………… 241

(6)　CbCRセーフ・ハーバーにおけるグルーピング ………………… 243

(7)　CbCRの提供義務がない場合のIIRにおけるセーフ・ハーバーの
　　　適用 ………………………………………………………………………… 243

(8)　PEの適格財務諸表 ……………………………………………………… 244

(9)　ハイブリッド裁定取引取決め ………………………………………… 244

(10)　実務上の留意点 ………………………………………………………… 245

10　GIRに関する問題 ………………………………………………………… 246

(1)　GIRとCbCR ……………………………………………………………… 246

(2)　実務への影響 …………………………………………………………… 247

(3)　税情報の開示とGIR …………………………………………………… 248

参考資料1

　≪申告書　様式≫……………………………………………………………… 251

参考資料2

　≪OECD「GloBEルール」関係資料（目次)≫……………………………… 259

索引 …………………………………………………………………………… 279

〖凡例〗

【関係法令等】

法人税法	法法
地方法人税法	地方法
租税特別措置法	措法
法人税法施行令	法令
地方法人税法施行令	地方法令
法人税法施行規則	法規
法人税法（附則令和5年）	令和5年改正法附則
法人税法施行令（附則令和5年）	令和5年改正法令附則
法人税法施行規則（附則令和5年）	令和5年改正法規附則
法人税基本通達（法令解釈通達）	法基通
租税特別措置法（法人税関係）通達	措通
各対象会計年度の国際最低課税額に対する 法人税に関するQ&A（令和5年12月）	Q&A

なお、本書で引用した法令、通達、国税庁情報（Q&A）は、原則、令和6（2024）年1月1日現在によるものですが、本書の校正期間において令和6年度税制改正法案が成立・施行した関係から、必要性に応じて「新」を付して改正後（令和6年4月施行）の法令を示しています。

【OECD関連】

・OECDモデルルール（2021.12）〔グローバル税源浸食防止（GloBE）Pillar Two〕
「Tax Challenges Arising from the Digitalisation of the Economy - Global Anti-Base Erosion Model Rules (Pillar Two)」
https://www.oecd-ilibrary.org/taxation/tax-challenges-arising-from-digitalisation-of-the-economy-global-anti-base-erosion-model-rules-pillar-two_782bac33-en

・OECDモデルルールコメンタリー（2022.3）〔グローバル税源浸食防止（GloBE）Pillar Two〕
「Tax Challenges Arising from the Digitalisation of the Economy - Commentary to the Global Anti-Base Erosion Model Rules (Pillar Two), First Edition」
https://www.oecd-ilibrary.org/taxation/tax-challenges-arising-from-the-digitalisation-of-the-economy-commentary-to-the-global-anti-base-erosion-model-rules-pillar-two-first-edition_1e0e9cd8-en

・OECDセーフ・ハーバー等ガイダンス（2022.12）［グローバル税源浸食防止（GloBE)Pillar Two］
「Safe Harbours and Penalty Relief: Global Anti-Base Erosion Rules (Pillar Two)（2022.12)」
https://www.oecd.org/tax/beps/safe-harbours-and-penalty-relief-global-anti-base-erosion-rules-pillar-two.pdf

・OECD執行ガイダンス（2023.2）［グローバル税源浸食防止（GloBE)Pillar Two］
「Tax Challenges Arising from the Digitalisation of the Economy-Administrative Guidance on the Global Anti-Base Erosion Model Rules (Pillar Two)」
https://www.oecd.org/tax/beps/agreed-administrative-guidance-for-the-pillar-two-globe-rules.pdf

・OECD執行ガイダンス（2023.7）［グローバル税源浸食防止（GloBE)Pillar Two］
「Tax Challenges Arising from the Digitalisation of the Economy-Administrative Guidance on the Global Anti-Base Erosion Model Rules (Pillar Two), July 2023」
https://www.oecd.org/tax/beps/administrative-guidance-global-anti-base-erosion-rules-pillar-two-july-2023.pdf

・OECD GloBE 情報申告書（2023.7）［グローバル税源浸食防止（GloBE) Pillar Two］
「Tax Challenges Arising from the Digitalisation of the Economy -GloBE Information Return (Pillar Two)」
https://www.oecd.org/tax/beps/globe-information-return-pillar-two.pdf

・OECD執行ガイダンス（2023.12）［グローバル税源浸食防止（GloBE)Pillar Two］
「Tax Challenges Arising from the Digitalisation of the Economy-Administrative Guidance on the Global Anti-Base Erosion Model Rules (Pillar Two), December 2023」
https://www.oecd.org/tax/beps/administrative-guidance-global-anti-base-erosion-rules-pillar-two-december-2023.pdf

・OECDモデルルールコメンタリー2023年版（2024.4）［グローバル税源浸食防止（GloBE）Pillar Two］

「Tax Challenges Arising from the Digitalisation of the Economy – Consolidated Commentary to the Global Anti Base Erosion Model Rules (2023)」

https://www.oecd.org/tax/tax-challenges-arising-from-the-digitalisation-of-the-economy-consolidated-commentary-to-the-global-anti-base-erosion-model-b849f926-en.htm

総　論

グローバル・ミニマム課税制度の
概要とポイント

I 国際最低課税額制度（グローバル・ミニマム課税制度）の創設

1 制度創設の背景

　国際化が進展する中、近年、①市場国に物理的な拠点（PE：Permanent Establishment）を置かずにビジネスを行う企業が増加し、旧来型の国際課税原則に従った税務に支障が生じてきたこと、②無形固定資産を軽課税国に移転し税負担の軽減を図るケース（BEPS：Base Erosion and Profit Shifting）が増加してきたこと、③海外企業の誘致を狙った法人税率引下げ競争が国際的に激化していること等が問題視されてきたところです。これらについて、国際課税ルール全体を見直す取組みとして2015年に「BEPS最終報告書」が公表され、これに基づきわが国でも税制改正が行われてきました。BEPSプロジェクトにおける「行動計画1：電子経済の課税上の課題への対処」では、消費税課税の課題について見直しの提言がされたものの、法人税課税については合意されず、将来に向けて検討を継続することとされました。その後、更なる検討を経て、2021（令和3）年10月、OECD／G20「BEPS包摂的枠組み（Inclusive Framework）」において、グローバル・ミニマム課税（BEPS 2.0 - Pillar Two）についての国際合意がされました。【図表1】

　本合意は、約140の国・地域が合意したもので、OECDはその合意内容である「経済のデジタル化に伴う課税上の課題に対処するための2つの柱」のうち、第2の柱（Pillar Two）に関するモデルルールを同年12月20日に公表しています[1]。

1　OECDモデルルール（2021.12）Tax Challenges Arising from the Digitalisation of the Economy - Global Anti-Base Erosion Model Rules（Pillar Two）
　（参考）　https://www.oecd-ilibrary.org/taxation/tax-challenges-arising-from-digitalisation-of-the-economy-global-anti-base-erosion-model-rules-pillar-two_782bac33-en

図表 1　≪導入の背景≫

- 無形資産の軽課税国移転による税負担軽減（BEPS）
- 市場国に物理的拠点（PE）を置かずにビジネスを行う企業の増加
- 低い法人税率や優遇税制による海外企業の誘致

OECDでの議論を踏まえた合意　2015年10月「BEPS最終報告書」
2019年5月（OECD）経済のデジタル化から生ずる課税上の課題への解決プログラム公表

2021年10月「BEPS包摂的枠組み（Inclusive Framework）」（OECD/G20）
- PillarⅠ―市場国への新たな課税権の配分【国際課税原則の見直し】
- PillarⅡ―国際最低課税（グローバル・ミニマム課税）【軽課税国利益移転対抗策】

2021年12月（OECD）PillarⅡのモデルルール公表
2022年3月（OECD）モデルルールコメンタリー公表
2022年12月（OECD）PillarⅡの実施パッケージ（セーフ・ハーバー）公表
2023年2月（OECD）グローバル・ミニマム課税に関する執行ガイダンス公表

- グローバル・ミニマム課税（IIR）の国内法制化（令和5年度改正、5年3月改正法成立・公布）

（法制化後）
2023年7月（OECD）グローバル・ミニマム課税に関する執行ガイダンス第2弾公表
2023年7月（OECD）GloBE情報申告書（GIR）の様式公表
2023年12月（OECD）グローバル・ミニマム課税に関する執行ガイダンス第3弾公表

　この「グローバル・ミニマム課税」は、全ての多国籍企業グループ（MNE Group）が世界中のどこで利益を稼得しても、最終的にはグループで最低税率15％の法人税の負担をすることを柱に課税制度が構築されており、低い法人税率や優遇税制によって外国企業を誘致する法人税率の引下げ競争に歯止めをかけ、税制面における企業間の公平な競争条件を確保するための対応策と位置付けられています[2]。

---

[2]　財務省「令和5年度税制改正の解説『国際課税関係の改正（各対象会計年度の国際最低課税額に対する法人税の創設等関係）』」745頁。

2 グローバル・ミニマム課税とGloBEルール

　グローバル・ミニマム課税は、下記(1)～(3)のルールで構成されています。【図表2】

　このうち、次の(1)、(2)のルールを合わせてGloBE（Global Anti-Base Erosion）ルールといい、これは狭義のグローバル・ミニマム課税制度と整理することができます。

(1)　所得合算ルール（IIR）

　所得合算ルール（IIR：Income Inclusion Rule）は、GloBEルールにおいて最も基本とされる課税ルールで、多国籍企業グループ（MNE Group）に属する子会社等（CE：Constituent Entity）の所在する国又は地域（所在地国）におけるその国単位の実効税率（ETR＝Effective Tax Rate）が最低税率（15%）に満たない場合、これが15%に達するまでの不足分について、そのグループの親会社の所在地国でその親会社に対して課税するものです。

　仮に、親会社の所在地国の税制上、IIRが導入されていない場合には、基本的にそのグループ企業の株式保有階層の高い会社（事業体）から優先してIIRを適用することとされています（トップダウンアプローチ課税）。このため、一般的には、その直下の階層会社（中間親会社）がIIRの適用対象となります。

　このように、IIR制度は、軽課税国の課税権を事実上、別の国に移譲するといった強力な仕組みであるとも評価することができますが、本制度は最終的にはグループで最低税率15%の法人税の負担を確保することを柱に制度が構築されているものです。

　わが国も令和5年度税制改正において、このIIRにつき、「国際最低課税額に対する法人税」制度として創設され、一定の内国法人について令和6年4月1日以後に開始する対象会計年度から適用することとされました。

図表2　≪IIR、UTPRのイメージ≫

■ 全ての多国籍企業グループが最低限の法人税負担をすることを確保するため、以下のルール等を導入。これらのルールを合わせてGloBE（Global Anti-Base Erosion）ルールという。【法人税率引下げ競争等への対応】

■ 年間のグループ総収入金額が7.5億ユーロ（約1,100億円）以上を基準とする一定の多国籍企業が対象【「国別報告事項（CbCR）」の提供対象企業と同水準】

（1）所得合算ルール（IIR：Income Inclusion Rule）◀ 令和5年度税制改正で対応
　軽課税国にあるグループ内企業のその国の税負担が基準税率（15％）に至るまで親会社の国で課税

（2）軽課税所得ルール（UTPR：Undertaxed Profits Rule）
　軽課税国にあるグループ内企業のその国の税負担が基準税率（15％）に至るまで子会社の国で課税

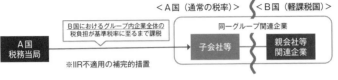

≪QDMTTのイメージ≫

（3）適格国内ミニマムトップアップ課税（QDMTT：Qualified Domestic Minimum Top-up Tax）

　自国に所在する事業体全体の税負担が15％未満の場合に、他国において上乗せ課税されるのを防ぐため、各国が導入できる制度

■ 日本においては、租税特別措置法（措置法）の税額控除の適用等によりわが国における企業グループの税負担（実効税率）が15％を下回った場合に、QDMTTにより実効税率を15％まで引き戻す（自国課税）効果あり。

■ QDMTTの適用により実効税率が15％まで引き上げられた場合、IIR及びUTPRの課税（他国課税）は、原則行われない。

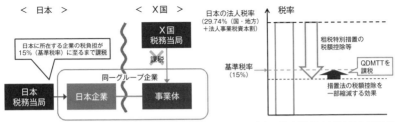

※日本の法人税率は2024年4月現在

（2）軽課税所得ルール（UTPR）

　軽課税所得ルール（UTPR：Undertaxed Profits Rule）は、IIRの補完

機能（バックストップ）とされるもので、多国籍企業グループの親会社等の所在地国における国単位の実効税率が最低税率（15%）に満たない場合、これが15%に達するまでの不足分について、そのグループの子会社等の所在地国で課税できるとするものです。

UTPRは、IIRによる課税が行われない場合にのみ適用されることを想定しています。例えば、IIRの課税対象となるべき親会社を軽課税国へ移転するなどの行動によりIIRの課税自体を回避することが考えられますが、このUTPRの適用によってこれを防止することが可能となります。そのような意味でIIR課税を補完する機能を有するものとされています。

⑶ 適格国内ミニマムトップアップ課税（QDMTT）

IIRとUTPRの２つのルールによって、多国籍企業グループが世界中のどこの国で利益を稼得しても、最終的には、同グループとして最低税率（15%）の税負担を確保できることとなります。この場合の課税客体として、一般に同グループに属する軽課税国（地域を含む。）所在の子会社等がその対象とされますが、他方、課税対象となる事業体（課税主体）は、一般にIIRの場合は同グループの親会社とされ、UTPRの場合は同グループの子会社等とされています。

そして、これら２つのルールに先立って、自国所在の会社等について課税することができるルールが用意されており、これを適格国内ミニマムトップアップ課税（QDMTT：Qualified Domestic Minimum Top-up Tax）と呼んでいます。

これは、多国籍企業グループに属する会社等の所在地国の実効税率が15%を下回る場合に、当該所在地国（軽課税国等）自らがその親会社等の所在地国でIIR課税やUTPR課税が行われる前に当該会社等に対し最低税率（15%）に至るまで（自国で）課税する仕組みです。そして、このQDMTTの適用によって税率15%まで当該国で課税された場合には、その課税額を他国のIIRやUTPRの課税額の計算上、控除することができると

されています。

　わが国においても優遇税制等の適用等により自国（日本）に所在する会社全体の実効税率が15％に満たない場合に、他国において上乗せ課税（他国に親会社がある場合はIIR、他国に子会社がある場合はUTPR）がなされるのを防ぐため、QDMTTを導入することで、自国（日本）において課税（先取り課税）できることになります。

　わが国のIIR（国際最低課税額制度）の計算規定においてもQDMTTと同様の概念が導入されており、「自国内最低課税額に係る税」（法法82三十一）と規定されています。この「自国内」はその文言から「日本国内」と捉えがちですが、これを「自国親会社に属する軽課税国所在の子会社」と捉えて、「当該子会社がQDMTTによって課された税」と整理することが大切です。

　法律の規定もわが国以外の国又は地域の租税に関する法令において、その国又は地域を所在地国とする特定多国籍企業グループ等に属する構成会社等に対して課される税（その国又は地域における国別実効税率に相当する割合が基準税率15％に満たない場合のその満たない部分の割合を基礎として計算される金額を課税標準とするものに限る。）又はこれに相当する税の額（法法82三十一）とされています。

（参考）　2023（令和5）年7月、OECDは、執行ガイダンス（Tax Challenges Arising from the Digitalisation of the Economy-Administrative Guidance on the Global Anti-Base Erosion Model Rules (Pillar Two), July 2023 OECD）を公表しました。ここでは、経過措置として「UTPRセーフ・ハーバー」の導入が合意され、この内容が明記されています[3]。これは、最終親会社の所在地国に表面税率で20％以上の法人所得税が課されている場合（地方税含む。）、その最終親会社の所在地国に対するUTPRによる課税額を一定期間（2025［令和7］年12月31日以前に開始し、2026［令和8］年12月31日より前に終了する対象会計年度）零とするものです。この点、わが国では、地方税も含め20％以上の税率で法人税等が課されているため（2024年3月現在）、原則としてこの期間、わが国では

3　OECD執行ガイダンス（2023.7）「Tax Challenges Arising from the Digitalisation of the Economy-Administrative Guidance on the Global Anti-Base Erosion Model Rules（Pillar Two), July 2023」(5.2 Transitional UTPR Safe Harbour)89頁。
　（参考）　https://www.oecd.org/tax/beps/administrative-guidance-global-anti-base-erosion-rules-pillar-two-july-2023.pdf

QDMTT制度がなくても、他国のUTPRの適用によって課税されることはないものと考えられます。

⑷　IIR、UTPR、QDMTTの適用関係

IIR、UTPR、QDMTTの適用関係を図示すると【図表3】のとおりです。

Aを最終親会社（UPE）とする特定多国籍企業グループ等（A、B、C）について、Z国（軽課税国、IIR導入なし）所在のCに係る国別ETRが7％であるとすると、基準税率との差の8％（15％－7％）相当額のトップアップ税がAに課されることになります（①IIR）。そして、仮に、UPEの所在地国（X国）にIIR制度が導入されておらず、子会社の所在地国（Y国）にIIR制度がある場合は、当該Y国所在のB（IPE）に対し、IIR課税が生じます（②IIR）。

他方、IIRの適用を受けるUPEを軽課税国に移転することでIIR課税を回避することができるため、この対応策として、グループの子会社等に対しても不足税額の課税が可能となる仕組み（UTPR）が補完的に用意されています。具体的には、Z国所在のFを最終親会社とする特定多国籍企業グループ（F、E、D）が仮に存在するとすれば、上記と同様の不足税額

図表3　IIR、UTPR、QDMTTの適用関係

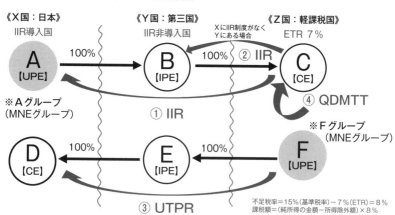

出典：「月刊 国際税務」2024年2月号56頁

（税率８％相当額）は、Ｙ国にUTPR制度がないことを前提とするとＸ国（IIR導入国）所在のＤに対し課されることになります（③UTPR）。仮に、Ｘ国・Ｙ国双方にUTPR制度がある場合は、両国に配分することになります。

　そして、Ｚ国（軽課税国）所在の会社等（Ｃ）について、その親会社（Ａ）又は他の子会社（Ｂ）の所在地国（Ｘ国又はＹ国）でIIR課税やUTPR課税が行われる前に自らがその会社等（Ｃ）に対し最低税率（15％）に至るまで課税する仕組みがQDMTTとされます（④QDMTT）。

　この場合、ＡやＢに対するグローバル・ミニマム課税は、原則、生じないことになります。

3　国際最低課税額に対する法人税の創設

　わが国においても、上記「BEPS包摂的枠組み（Inclusive Framework）」の合意等を受け、また、制度に関する国際的な議論の進展や諸外国における実施に向けた動向等を踏まえ、令和５年度税制改正において、グローバル・ミニマム課税ルールのうち、所得合算ルール（Income Inclusion Rule：IIR）が「各対象会計年度の国際最低課税額に対する法人税」として法制化されました（法法６の２）。

　本制度は、内国法人の令和６（2024）年４月１日以後に開始する対象会計年度の国際最低課税額に対する法人税について適用されます（令和５年改正法附則11）。

≪今後の見直しの方向性≫

　OECD公表の各執行ガイダンスの内容等を踏まえ、また、明確化等の観点から「令和６年度税制改正大綱」において、グローバル・ミニマム課税（国際最低課税額に対する法人税）に関する見直し事項が盛り込まれてい

ます。その主要事項は次のとおりです[4]。

① 構成会社等（法法82十三）がその所在地国において一定の要件を満たす自国内最低課税額に係る税（法法82三十一：QDMTT）を課することとされている場合には、その所在地国に係るグループ国際最低課税額を零とする適用免除基準を設ける（新法法82の2⑥）。

② 無国籍構成会社等（法法82十八）が自国内最低課税額に係る税（QDMTT）を課されている場合には、グループ国際最低課税額の計算においてその税の額を控除する（新法法82の2②四〜六）。

③ 個別計算所得等の金額から除外される一定の所有持分の時価評価損益等について、特定多国籍企業グループ等に係る国又は地域単位の選択により、個別計算所得等の金額に含める（新法令155の24の2、新法規38の20の2）。

④ 導管会社等（法法82五）に対する所有持分を有することにより適用を受けることができる税額控除の額（一定の要件を満たすものに限る。）について、特定多国籍企業グループ等に係る国又は地域単位の選択により、調整後対象租税額（法法82三十）に加算する（新法令155の35⑦、新法規38の29⑪〜⑰）。

（注） 上記「令和6年度税制改正大綱」で明記されたグローバル・ミニマム課税に関する見直し事項は、令和6年2月2日にその法案が国会に提出され、同年3月28日に成立（同年3月30日公布）し、同年4月1日から施行されています。

①は2023（令和5）年7月にOECDから公表された執行ガイダンスにおいて、QDMTTセーフ・ハーバーの要件が合意されたこと[5]に伴い国内法上措置されたものと考えます（後掲、Ⅶ2(5)参照）。また、②は同ガイダンスにおいて、無国籍構成会社等（Stateless Entity）がQDMTTの対象

---

4 自由民主党/公明党「令和6年度税制改正大綱」(令和5年12月14日)「第二、五、1」104頁。
5 OECD・前掲（注3)「5.1 QDMTT Safe Harbour」(パラ5) 77-78頁。

となり得ることが明確化されたこと[6]に伴って措置されたものと考えます。また、③及び④は、2023（令和5）年2月にOECDから公表された執行ガイダンス記載の事項で、納税者の選択により、除外資本損益（後掲、Ⅲ6⑴ロ(C)参照）を個別計算所得等の金額に含めることができることや適格所有持分（Qualified Ownership Interest）における税額控除の額やタックスベネフィット（損失の税効果額）をETR計算の分子の額に加算することができることを措置したものと考えられます[7]。

　さらに、外国税額控除について、IIRとUTPRは外国税額控除の対象から除かれ（新法令141③四、五）、QDMTTは外国税額控除の対象とする見直しがされています（新法令141②五）。IIRとUTPRは外国税額控除の対象とすると循環計算になると考えられるところ、QDMTTはCFC（外国子会社合算税制）に優先されることが合意された[8]ため、これを踏まえた改正と思われます。

　なお、グローバル・ミニマム課税ルールのうち、QDMTTについては、令和7年度税制改正以降の法制化が検討されています[9]。この法制のタイミングに関していえば、上記2⑶（参考）のとおり、UTPRセーフ・ハーバーの導入が合意されたことにより、このセーフ・ハーバーが適用される期間（3月決算の場合、令和8（2026）年3月期まで）、わが国は他国からUTPRの適用によって課されることはないと考えられるところであり、これも法制のタイミングと無関係ではないものと考えます。

　一方で、軽課税所得ルール（UTPR）に関する法制化については明記されていませんので、その動向については今後も注視する必要があります。

6　OECD・前掲（注3）「4 Qualified Domestic Minimum Top-up Tax」(Treatment of Stateless Constituent Entities) Guidance（パラ17）60頁。

7　OECD執行ガイダンス（2023.2)「Tax Challenges Arising from the Digitalisation of the Economy-Administrative Guidance on the Global Anti-Base Erosion Model Rules (Pillar Two)」(2.9 Equity Gain or loss inclusion election and Qualified Flow-Through tax benefits) 61頁。
　（参考）　https://www.oecd.org/tax/beps/agreed-administrative-guidance-for-the-pillar-two-globe-rules.pdf

8　OECD・前掲（注7）「5 Qualified Domestic Minimum Top-up Taxes」（パラ118.30）105−106頁。

9　自由民主党／公明党・前掲（注4）「第一、3、⑶」15頁。

4 特定基準法人税額に対する地方法人税の創設

　グローバル・ミニマム課税の導入に伴い、各対象会計年度の国際最低課税額に対する法人税の対象とされる特定多国籍企業グループ等に属する内国法人につき、「特定基準法人税額に対する地方法人税」が新たに創設されました。

　特定基準法人税額に対する地方法人税（国税）の額は、各課税対象会計年度の課税標準特定法人税額に907分の93の税率を乗じて計算した金額とされています（地方法法24の3）。

　本制度は、内国法人の令和6（2024）年4月1日以後に開始する課税対象会計年度の特定基準法人税額に対する地方法人税について適用されます（令和5年改正法附則17）。

Ⅱ　制度理解のポイント

1　IIRと法人税法

　本制度は、法人税法で規定された恒久的措置（制度）です。次の「2　IIRの全体像」とも関連しますが、IIRはその仕組みがCFC税制（外国子会社合算税制、タックスヘイブン対策税制）に似通ったところがあります。国際課税におけるProfit Shiftingへの対応措置としてCFC税制（外国子会社合算税制：措法66の6）、TP税制（移転価格税制：措法66の6）があり、いずれも租税特別措置法で規定されているのがわが国の法体系です。これに対し、このIIRは法人税法で規定された恒久的措置[10]であり、この点は大変意義深いものと考えます。

2　IIRの全体像

　本制度は、一定の多国籍企業グループに属する子会社（構成会社等）がその所在地国（地域を含む。）において稼得する一定の所得に対して、その所在地国（単位）の実効税率（ETR＝Effective Tax Rate）が15％（最低税率・基準税率[11]）に満たない場合に、これが15％に至るまでそのグループの親会社に対して課税するものです。これは、子会社の所在地国で計算された不足税額をその親会社に対し課税するもので、いわば子会社所在地国の課税権を事実上、別の国に移譲する強力な仕組みとなっており、「トップアップ課税」と呼ばれています。

10　本制度を法人税として措置する意義として、財務省・前掲（注2）752頁。
11　いずれも、国単位で最低限負担すべき税率の15％を指すものであるが、法令上は「基準税率」と定義されている（法法82の2②一）。

　この不足税額の計算は、グループ法人に係る恒久的施設（PE）も含め、国単位の実効税率と基準税率（15％）の差を使って計算されます。国単位の実効税率（ETR）の計算は、大まかには「国単位の所得金額」のうちに「国単位の税額」の占める割合となりますが、法律上は、分母の額は「国別グループ純所得の金額」とされ、他方、分子の額は「国別調整後対象租税額」とされています（法法82の2②一イ(3)）。【図表4】

　これは基本的には、当該対象会計年度のその国に所在するすべての子会社（構成会社等）の当期純損益金額の合計額に占めるその租税の額の合計額となりますが、ここからスタートして加減算調整が行われます。そして、「調整後」の租税の額がポイントになります。この租税に含めるものとしては、例えば、過去の対象年度に係る租税で当期に納税したもの等があり、逆に、これに含めないものとしては、例えば、3年以内に支払う見込みのない租税の額や不確実な税務処理に係る法人税等の額等です。詳細は政省令で定められていますが、ここでの加減算調整が、ETRの閾値とされる15％判断の基礎要素になるので課税実務上も重要です。

　IIRの全体像のイメージは、CFC税制（外国子会社合算税制）と捉える

図表4　≪IIRの全体像≫

- ■ 一定の多国籍企業グループ（連結）が<u>各国・地域において稼得する一定の所得に対し、基準税率（15％）まで課税するルール。</u>
- ■ <u>国・地域別の実効税率（国別実効税率：ETR）が基準税率（15％）に満たない国・地域（軽課税国）がある場合</u>、その一定の所得に対する租税負担が15％に達するまで企業グループの<u>親会社（原則）</u>の所在地国において<u>課税（トップアップ課税）を行う。</u>
- ■ 国別実効税率 ＝ 国別調整後対象租税額（合計額）【分子】／国別グループ純所得の金額【分母】（法法82の2②一イ(3)）
　　　　　　　　　　　　　　　　　　　　　　　　　※一の所在地国に所在する全ての構成会社等（子会社・PE）が対象

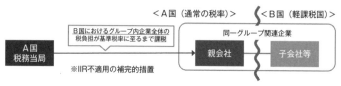

出典：「月刊 国際税務」2023年10月号

ことができますが、その仕組みは大きく異なっています。CFC税制は、軽課税国にある子会社の所得をわが国の親会社の所得に合算する「所得合算課税」ですが、その課される税率はわが国の法人税率の約30％です。他方、IIRは、15％に満たない不足税率につき、これを子会社の所得に乗じて（帰属額を加味した上）わが国で課税するというものです。ただ、厳密にいうとある軽課税国に複数の子会社が存在する場合には、これらの子会社群を国単位で括り全体として不足税額を計算するため、必ずしも子会社単体の所得に対する課税額とはならない場合があります。このように、基本構造としては子会社群の総所得について、15％に満たない不足税率を乗じて課税（税額合算）するものです。IIRは「所得合算ルール」と訳されますが、見方を変えるとこの課税制度は分離課税と捉えることもでき、子会社に係る税金の不足額を親会社で別課税（追加課税）するという整理の仕方もあり得るものと考えます。

　なお、IIR制度の適用とその計算プロセスを簡記すると【図表５】のとおりです。

図表５　≪適用・計算プロセス≫

Step 1	適用対象となる多国籍企業グループ等及び構成会社等の特定【グループ全体】
	● 多国籍企業グループ等が本制度の適用対象となる「特定多国籍企業グループ等（法法82四）」に該当するものであるかを判定するとともに、グループを構成する法人等（構成会社等）とその所在地国（地域）を特定する

Step 2	個別計算所得金額・個別計算損失金額の決定【単体】
	● 財務諸表上の純損益（当期純損益金額）からスタートし、一定の調整等を加えて各構成会社等の「個別計算所得等の金額（法法82二十六）」を決定

Step 3	調整後対象租税額の決定【単体】
	● 財務諸表上の対象租税を特定し、一定の調整等を加えて各構成会社等の「調整後対象租税額（法法82三十）」を決定

Step 4	国別実効税率（ETR）及び国単位・会社単位の国際最低課税額の計算【国単位】
	● 国別実効税率を計算し、基準税率（15％）を下回る所在地国について、国単位の「国際最低課税額（法法82の2①）」を計算。構成会社等の個別計算所得に応じて、各構成会社単位の国際最低課税額（会社等別国際最低課税額）を算定

Step 5	各対象会計年度の国際最低課税額に対する法人税の額を計算【単体】
	● 内国法人の各構成会社等に対する帰属割合等を勘案して、各対象会計年度の国際最低課税額（課税標準）を計算。各対象会計年度の国際最低課税額（課税標準：税額）に90.7％の税率を乗じて法人税額を決定（法法82の4、82の5）

まず、Step 1 として、一の企業グループ及びそれを構成する会社等（構成会社等）をその所在地国も含め特定し、これら企業グループがIIRの適用対象となる「特定多国籍企業グループ等」に該当するものであるかを検証します。この作業は基本的には連結財務諸表における連結の範囲に従って行うことになります。

次に、Step 2 として、国別実効税率（ETR）計算の算式の分母となる「国別グループ純所得の金額」の要素である「個別計算所得金額」や「個別計算損失金額」について、会社等の損益計算書（P/L）上の当期純利益等の金額をベースとして最終的に「個別計算所得等の金額」を決定します。

さらに、Step 3 として、ETR計算の分子となる調整後対象租税額を決定します。上記のとおりP/L上の対象租税を特定し、これに一定の調整等を加えて各構成会社等の「調整後」の金額を求めるのがポイントです。

次に、Step 4 として、Step 2 とStep 3 の確定額を用いて所在地国（地域を含む。）ごとのETRを計算し、これが基準税率（15%）に満たない所在地国の国際最低課税額（トップアップ税額）を算出し、その国の構成会社等の所得に応じて按分することで会社単位の国際最低課税額（会社等別国際最低課税額）を計算します。

最後に、Step 5 として、その構成会社等に対する所有持分等（帰属割合）を勘案して、内国法人の各対象会計年度の国際最低課税額（課税標準［税額］）を決定します（課税標準に90.7%の税率を乗じて法人税額を決定。）。

3 CFCとIIR

CFCとIIRは、それぞれ趣旨・目的が異なり、制度上併存することになります。ここで、同一の外国関係会社の同一年度について、CFCとIIRの双方の適用による課税はあり得るかという問題があります。この点に関し、IIRにおいては、CFC子会社の所得の合算課税に対応する税額につい

て、プッシュダウンと呼ばれる調整方法があり、一定の要件の下、その税額をCFC子会社の実効税率（正確には、CFC子会社の所在地国における国別実効税率）の計算に加味することで二重課税が極力生じないような仕組みとされています。しかしながら、外国関係会社の所得についてCFC課税（所得合算課税）が行われ、さらにその所得に対し、IIRの課税（税額合算課税）が生じることは（税率は異なるものの）状況に応じてあり得ます。CFCとIIRは別制度であるとしても同一の外国関係会社の所得に対して双方の課税の適用が同一年度で生じることは、制度上好ましくないことと考えますが、適用要件や仕組み等の相違、さらには、親会社、子会社の決算期のタイミングや会計処理の相違によってこの双方の課税は、現行法上、あり得るものと考えています（詳細は、Ⅶ7⑵「CFCとIIRの双方課税」参照）。

　なお、「BEPS包摂的枠組み」の「第2の柱」とされるグローバル・ミニマム課税（IIR）とCFCの関係について、税制改正大綱（令和6年度）では、実務における「追加的な事務負担」に配意しつつも、「外国子会社合算税制（CFC）については、国際的なルールにおいても『第2の柱』に併存するものとされており、『第2の柱』の導入以降も、外国子会社を通じた租税回避を抑制するための措置としてその重要性は変わらない。」[12]と明記されています。

4　グローバルスタンダードと課税のミスマッチ

⑴　OECDモデルルールとOECDモデルルールコメンタリー

　本制度は、2021年12月及び2022年3月にOECD／G20「BEPS包摂的枠組み」において承認されたOECDモデルルール[13]及びOECDモデルルールコ

12　自由民主党／公明党・前掲（注4）「第二、3、⑶」16頁。
13　OECD・前掲（注1）参照。

メンタリー[14]（以下２つ合わせて「モデルルール等」という。）に則って法制化が行われています。モデルルール等は、各国又は地域に対してグローバル・ミニマム課税の導入を義務付けるものではなく、コモン・アプローチとしての位置付けとされていますが、各国又は地域がグローバル・ミニマム課税を導入する場合には、モデルルール等が意図する結果と整合する形で導入・実施をすることとされており、モデルルール等に沿った運用が求められています。

このような背景から、本制度に関する課税実務（税務通達[15]）を参照してもモデルルール等の趣旨を十分に踏まえたものとなっており、また、諸外国の税制や会計制度は区々であることから一義的な取扱いを定めることができないケースについては、例示をするに留めたものとなっています。このため、通達中に例示がないことや通達に定められていない等の理由で法令の規定の趣旨、本制度の導入の背景等に即さない解釈に陥ることのないよう留意が必要です。

このように本制度は、国際合意された「BEPS包摂的枠組み」において承認されたモデルルール等を柱とするもので、その制度フレーム、適用範囲、適用免除基準、計算構造等はグローバルスタンダードとなっています。

(2)　国内法との相違による課税のミスマッチ

本制度はこのようにグローバルスタンダードであるが故、各国の国内法制の相違や会計処理の相違を要因として、課税のミスマッチが起こり得る懸念があります。IIRにおいても数多くの税務調整がありますが、この調整は、多くの国又は地域において重要で一般的なものに限って行うことと

14　OECDモデルルールコメンタリー（2022.3）「Tax Challenges Arising from the Digitalisation of the Economy - Commentary to the Global Anti-Base Erosion Model Rules（Pillar Two), First Edition」
　　（参考）https://www.oecd-ilibrary.org/taxation/tax-challenges-arising-from-the-digitalisation-of-the-economy-commentary-to-the-global-anti-base-erosion-model-rules-pillar-two-first-edition_1e0e9cd8-en
15　国税庁「令和５年９月21日付課法２-17ほか２課共同『法人税基本通達の一部改正について』(法令解釈通達)『法人税基本通達の主要改正項目について』」１頁。

されています[16]。このため、わが国の所得に対する法人税課税において求められる税務調整とIIR上求められる税務調整は、調整項目自体は同様なものであっても調整基準（ルール）が相違するものがあり、税務上ミスマッチを生じさせる要因となります。例えば、「外国子会社から受ける配当等の益金不算入制度（法法23の２）」は、各国にも多く存在しますが、配当を受ける法人（株主）が益金不算入となるわが国の要件は、その外国子会社の発行済株式等の所有持分割合が25％以上で、かつ、継続保有期間が６か月以上と定めています（法法23の２①、法令22の４①）。この益金不算入の税務調整を求める国は他にも存在しますが、例えば、ある国はこのための要件が所有持分割合10％以上であったり、あるいは、継続保有期間１年以上であったりと必ずしもわが国とイコールではありません。わが国のIIRは、GloBEルールを踏まえ[17]、この要件を「所有持分割合10％以上又は継続保有期間１年以上」としており、わが国の所得に対する法人税におけるルールと既に異なるものとなっています。このように同一取引について異なる要件での税務調整が求められる状況下において、このグローバル・ミニマム課税を捉えようとすると、どうしても課税にミスマッチが起こる可能性があります。このことは、課税実務に影響を及ぼす要素となり得るものであって、本制度の適用上、認識しておくことの１つと考えます。

16　OECD・前掲（注14）「Article 3.2 Adjustments to determine GloBE Income or Loss」（Article 3.2.1 パラ21）47頁。

17　OECD・前掲（注１）「Article 10.1 Defined Terms」では、「Excluded Dividends means dividends or other distributions received or accrued in respect of an Ownership Interest, except for:（a）a Short-term Portfolio Shareholding, and（b）an Ownership Interest in an Investment Entity that is subject to an election under Article 7.6.」とされており、「Short-term Portfolio Shareholding」とは、「Portfolio Shareholding that has been economically held by the Constituent Entity that receives or accrues the dividends or other distributions for less than one year at the date of the distribution.」、「Portfolio Shareholding」とは、「Ownership Interests in an Entity that are held by the MNE Group and that carry rights to less than 10% of the profits, capital, reserves, or voting rights of that Entity at the date of the distribution or disposition.」とされ、10％未満の所有持分割合（Portfolio Shareholding）及び継続保有期間１年未満（Short-term Portfolio Shareholding）の配当が除外配当から除かれている。このため、所有持分割合10％以上又は継続保有期間１年以上であれば除外配当として所得計算から除外（益金不算入）されることとなる。

5 会計ベースの規定

　従来の法人税法は、その課税計算のベースを確定決算と事業年度としてきました。これに対しIIRは、法律の規定からも分かるとおり、連結財務諸表ベース（会計ベース）で、その期間も会計年度ベース（対象会計年度）とされています。従来は会社法・商法に裏付けられた確定決算に係る利益というものが課税計算の発射台とされていました。

　IIRは会計がベースで、しかも確立された特定の会計処理しか認めないというものではなく、ある程度幅のある連結財務諸表の作成がベースとなっています。国際会計基準（IFRS）によったものでなくとも、その所在地国において、一般に公正妥当と認められる会計処理基準（GAAP：Generally Accepted Accounting Principles）であれば認められるものとされています。一番オーソドックスなのものがJapan GAAP（J-GAAP）ですが、US-GAAP、中国GAAP、韓国GAAP等もその対象とされ、具体的には省令で列挙されています（法規38の4）。イメージとして、会計監査人による監査が担保され客観的にも認知度の高い財務諸表であれば制度上容認されると整理できる一方で、排除される会計処理の例としては、一般の会社等であることが前提ですが、管理会計ベースのものが挙げられます。ある程度の幅があるとしても、連結財務諸表の記載事項が課税の本質に影響を与えるものであることから、課税実務上は、一定程度の質が求められるはずです。そしてこれに関連し、物量的にもボリュームのある財務データを対象にすることになりますので、実務上は質のみならず量への対応も当然必要になってきます。

　なお、「会計ベースの規定」であることに関連し、IIRにおける実効税率（ETR）の計算上、「法人税等調整額（法規38の28①②）」が求められますが、この算出のため、「税効果会計（注）」の適用による計算の理解やこの計算要素とされる「繰延税金資産」「繰延税金負債」の増減、あるいは確定額の把握が必須とされます。

(**注**) 「税効果会計」とは、貸借対照表（B/S）又は連結貸借対照表に計上され
ている資産及び負債の金額と課税所得の計算の結果算定された資産及び負
債の金額との間に差異がある場合において、その差異に係る法人税等の額
を適切に期間配分することより、法人税等を控除する前の当期純利益の金
額と法人税等の額を合理的に対応させるための会計処理をいいます（法規
38の28①）。

6 トップアップ課税

　特定多国籍企業グループ等（連結グループ）の親会社を税法上は「最終
親会社」と規定し（法法82二イ）、また、OECDのガイダンスでは「UPE
(Ultimate Parent Entity)」とされています。IIRは、軽課税国に所在する
子会社に係る不足税額をこの最終親会社に対して課税することを基本（一
定の場合、その資本系列下の会社等に課税）としており、これをトップ
アップ課税と呼んでいます。わが国の税法上は、これを「特定多国籍企業
グループ等に属する内国法人に対する課税」として、従来の所得に対する
法人税の課税とは区別し「各対象会計年度の国際最低課税額に対する法人
税の課税」と規定しています（法法6の2）。

7 計算場面や計算単位が多様

　本制度は、計算場面が多様です。①グループ単位で計算する場面、②国
単位で計算する場面、そして、③単体として計算する場面があります。単
体とは一の子会社を指す概念で、法律では個々の会社や事業体（外国事業
体を含む。）を総称して「会社等（法法82一ハ）」とした上、企業グループ
等の属する会社等を「構成会社等（法法82十三）」と規定していますが、こ
の「会社等」「構成会社等」といった子会社単位での計算もあります。そし
て、この会社等や構成会社等には、これらに係る恒久的施設（PE）も含
むとした上、会社等が恒久的施設等を有する場合における実効税率の計算

は、会社等の所在地国と恒久的施設等の所在地国のそれぞれについて行うこととされており、企業グループに属する会社等（事業体）に係るPEについても１社とカウントされ、所得、税額等の計算が求められる制度となっています。

　また、単一年度での計算、３年間平均での計算といったように、計算の括りにも相違があります。適用場面をその都度確認し、求められる単位や括りで計算を行う必要があります。

8　適用対象や適用免除の検証場面が多様

　本制度では、課税に至らないセーフ・ハーバーとしての適用免除基準（法法82の２⑥）が用意されています（デミニマス除外）。これは国単位で計算、判定することになり、①収入金額要件と②所得金額要件のいずれも満たす必要があります。具体的には、構成会社等の「対象会計年度及びその対象会計年度の直前の２対象会計年度」、すなわち当期（対象会計年度）を含め３年間が検証対象で、この３年間の国（又は地域）単位の総収入金額の平均額が1,000万ユーロ相当額（約14〜15億円）に満たないことと、これに加え、利益又は損失が３年間平均で100万ユーロ相当額（約1.4〜1.5億円）に満たないことの２つの要件を満たす場合は、この国のIIRの課税額（当期国別国際最低課税額）は零として取り扱われることとなります。これは恒久的措置とされています。効果としては、この基準を満たせば、この国についての当期分（当期のみ）のIIRの税額計算は行わなくてよいことになります（「Ⅲ7　恒久的適用免除（デミニマス除外）」参照）。

　そして、この適用免除に関し、本制度導入後３年間の時限措置ですが、上記恒久的措置の基準より緩やかでかつ簡易とされるルール「適格CbCRセーフ・ハーバー[18]（移行期間CbCRセーフ・ハーバー）」が別に用意され

---

18 「適格CbCRセーフ・ハーバー」は、税制の企画立案当局担当者がその解説で使用する「移行期間CbCRセーフ・ハーバー（前掲・財務省（注２）919頁）」と同義であるが、本書では、従来のCbCRとの違いを明確にする趣旨で「適格CbCRセーフ・ハーバー」と表現する。

ています（令和5年度改正法附則14）。

　これは「適格CbCR」に基づいて判断されますが、この要件を満たす場合は、「構成会社等に係るグループ国際最低課税額」が零（上記デミニマス除外の場合は、「当期国別国際最低課税額」が零）とされます。

　この他にも、制度の対象とされる企業グループとなるか否か等を判定する場面（「Ⅲ3　制度対象企業グループの意義」参照）もあるなど、検証場面が多様です。制度に係る適用対象の検証場面、適用免除の検証場面、部分的に免除とされる場面などです。その場面場面で個別に用意されたルールを当てはめることになりますが、その単位も対象企業グループ全体で判定する場面、個社ベースで判定する場面、さらには、国別で判定する場面と区々です。また、恒久的措置とされるものや、一定の特例期間についてのものなど、対象会計年度によって異なる検証作業が求められるため、その時々に応じた詳細な理解と区分整理が必要です。

9　対象グループの特定とETR

　本制度の適用対象となる企業グループか否かの判定の最初の作業として、対象企業グループの範囲の特定が重要となります。まず、最終親会社の特定とその資本系列（支配持分を直接又は間接に有するもの）に基づき自社の立ち位置はどこかということについて押さえておく必要があります。税法上、対象事業体についていくつかのカテゴリーがあります。例えば、最終親会社等、被部分保有親会社等、中間親会社等、共同支配会社等、構成会社等です。また、この構成会社等には外国の多様な事業体（LLC、LPS等）も含まれ、事業体に係るPEも把握しておく必要があります。そして、これらを体系的に把握・整理し、「多国籍企業グループ等」（法法82三）として確認しておく必要があります。【図表6】

　その上で、IIR制度の対象となる企業グループは、「特定多国籍企業グ

図表6 ≪課税対象の企業グループ≫

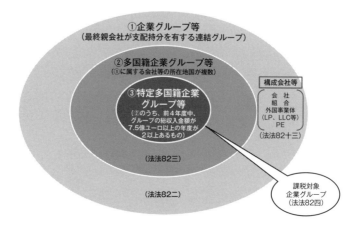

・法人税の納税義務者の範囲に「特定多国籍企業グループ等に属する場合の内国法人（公共法人を除く。）」が新たに追加（法法4①②）
・会社、組合その他これらに準ずる事業体（外国事業体を含む。）を「会社等」と定義（法法82一ハ）

ループ等」（法法82四）とされ、これは原則、企業グループに係る各対象会計年度の直前の4対象会計年度を振り返り、そのうちそのグループレベルの年間総収入金額が7.5億ユーロ相当額（1,100億円）以上である年度が2以上ある場合の多国籍企業グループ等とされています。

　このように、課税の対象となるか否かのポイントは、この「特定多国籍企業グループ等」に該当するか否かであるため、まずは、この対象グループ法人の把握が必要となります。そして、次に必要なのは、そのグループ法人が所在する国における国別実効税率（ETR）の計算です。このETRの計算は大まかに言って、分母が「国別グループの純所得の金額」で、分子が「国別の租税の額の総額（国別調整後対象租税額)」です。さらに、「2　IIRの全体像」のとおり、この分母・分子にはどういうものが入るのか、また、どういうものを加算し、どういうものを減算するのかということが重要なポイントになります。そして、このETRが基準税率の15％に至るか否かが課税対象の鍵となります。

10　地方法人税課税の創設

　IIRについて地方法人税課税が新たに創設されました（「**Ⅳ**　特定基準法人税額に対する地方法人税」参照）。「地方」という名称であっても国税であり、税法上は、「特定基準法人税額に対する地方法人税」とされています。これは、わが国IIRの導入にあたっては、法人税による課税と地方法人税による課税をあわせて実効税率が基準税率に達するまでの課税を確保する仕組みが採用されたことによるものです。地方法人税は法人税の附加税であることから、特定多国籍企業グループ等の属する内国法人の各課税対象会計年度の特定基準法人税額には、特定基準法人税額に対する地方法人税を課することとされています（地方法法4、5②）。国際最低課税額に対する法人税についてもその財源を地方に配分する必要があるとされたことから最終的な課税額（国際最低課税額）に一定の率を掛けて国と地方に配分します。その配分比は法人税907に対し、地方法人税93です。地方法人税の額は、従来から法人税に10.3の率を乗じたものとされており、これとの平仄を合わせて、特定基準法人税額に対する地方法人税の額は、各課税対象会計年度の課税標準特定法人税額（国際最低課税額）に907分の93の税率を乗じて計算した金額とされています（地方法法24の3）。

11　新たな情報申告（GloBE情報申告書）制度の導入

　IIRの導入に伴い新たな情報申告制度が創設されました（「**Ⅴ**　情報申告制度」参照）。OECDのモデルルールやOECDモデルルールコメンタリーにおいては、「GloBE情報申告書（GIR＝GloBE Information Return)」と称され、わが国の法令上は「特定多国籍企業グループ等報告事項等」とされています（法法150の3①）。特定多国籍企業グループ等に属する構成会社等である内国法人は、e-Tax（特定電子情報処理組織）を使用する方法で、所轄税務署長に「特定多国籍グループ等報告事項等」（GIR）を提供す

る必要があります（法法150の3①）。

　このGIRの提出期限は、法人税確定申告書における提出期限のように各事業年度終了の日の翌日から2か月、或いは3か月以内といったように短いタームではなく、各対象会計年度終了の日の翌日から1年3か月と長めになっています。これは、国境を越えたデータに基づき情報申告書を作成するが故、膨大な作業が生ずることを考慮したものと考えられます。ただし、適用初年度は、一層の事務負担等を考慮し、特例として上記の期間に3か月プラスされ、1年6か月とされています。このようにGIRの期限は対象会計年度終了の日の翌日から1年3か月、初年度は特別に1年6か月とされていますが、この期限は、国際最低課税額に係る納税申告書（国際最低課税額確定申告書）の提出期限やその納付期限（法法2三十一の二、82の6①）と同様です。また、GIRは情報交換により各国で共有されることが前提とされていることから、英語で、かつ、e-Taxでの提出が条件とされます。

　本制度の適用開始時期は、令和6（2024）年4月1日以後開始する対象会計年度からであり、3月31日決算の法人である場合、令和7（2025）年3月期から同制度の適用対象となるので、この場合のGIRの提出期限は、令和8（2026）年9月30日となります（ただし、決算期変更等により決算最終日が前倒しされても、提出期限が令和8（2026）年6月より前とならないことについては、後述（**V 1**(1)（注））参照）。

　実務上の論点としては、このGIRの作成に関する質・量の理解、それから段階的な実務対応への準備が挙げられます。この情報申告書（GIR）は、国際最低課税額が算出されず、IIR自体の申告書を提出する必要がない場合であっても、一定の要件を満たす多国籍企業グループに属する構成会社等については提出する必要があります。

　税務に関する情報申告として、移転価格税制に関する国別報告事項（CbCR＝Country-by-Country Report：措法66の4の4）がありますが、今後、移行期といわれるIIR導入後の3年間はこのCbCRをグレードアッ

プさせた「適格CbCR」をTP（移転価格税制）対応とともに、IIRにおいても活用することになります。さらに、これに加えGIRもIIR対応として提出が求められることになります。GIRを提出すれば、従来から存在するCbCRの提出は不要との誤解も聞かれるところですが、現行法上、GIRは、各対象会計年度の国際最低課税額の租税債務の正確性を評価するために提供されるものであるのに対し、CbCRは、主に移転価格リスクやその他のBEPSリスク等に関するリスク評価や統計に用いられる手段として提供するものとされています。したがって、これらは、それぞれ異なる目的を有する別制度と位置付けられており、仮に移行期の特例期間であったとしても適格CbCRに加え、GIRの作成は必要となります。

各論 I

グローバル・ミニマム課税制度の詳細

Ⅲ 国際最低課税額に対する法人税

　上記Ⅰ3のとおり、わが国においてはグローバル・ミニマム課税のルールのうち、所得合算ルール（IIR）が法制化され、「各対象会計年度の国際最低課税額に対する法人税」として創設されました（令和5年度税制改正）。

　この各対象会計年度の国際最低課税額に対する法人税の制度は、一定の多国籍企業グループ全体の年間総収入金額が「7.5億ユーロ以上」の多国籍企業グループ等を対象にしており、実質ベースの所得除外額（支払給与等の額及び有形固定資産の額の一定額）を除く所得について国ごとに基準税率15％以上の課税を確保することを目的に、子会社等の所在する国又は地域での租税負担が税率15％に至るまで、日本に所在する親会社等に対して上乗せ（トップアップ）課税するものです。

1　納税義務者・課税の範囲・対象会計年度

　「特定多国籍企業グループ等」に属する内国法人に対して、各対象会計年度の国際最低課税額について、各対象会計年度の国際最低課税額に対する法人税が課されます（法法4①、6の2）。ただし、公共法人についてはその対象とされていません（法法4②）。

　なお、多国籍企業グループ等の最終親会社等（法法82十）の連結等財務諸表の作成に係る期間は法令上、「対象会計年度」とされており（法法15の2）、個社の事業年度ではなく、最終親会社等の連結等財務諸表の連結会計年度が計算期間とされるのが特徴です。

2　特定多国籍企業グループ等

　上記1のとおり、本制度の対象とされる企業グループは、税法上、「特定多国籍企業グループ等」とされています。この「特定多国籍企業グループ等」とは、「多国籍企業グループ等（以下(4)）」のうち、各対象会計年度の「直前の4対象会計年度（以下(3)）」のうち2以上の対象会計年度の「総収入金額（以下(1)）」が7.5億ユーロ相当額以上であるもの等（グループ内組織再編があった場合の判定は別）とされています（法法82四）。【図表7】

　なお、上記「7.5億ユーロ」の円換算については、「前年12月における欧

図表7　≪特定多国籍企業グループ等の意義≫

■　「特定多国籍企業グループ等」とは、多国籍企業グループ等で、①各対象会計年度の直前の4対象会計年度のうち2以上の対象会計年度の総収入金額が7.5億ユーロ（約1,100億円）以上であるもの、②その他一定の多国籍企業グループ等［判定対象年度にグループ結合・分離があった場合の判定は、政令委任］（法法82四、法令155の6③）

(単位：ユーロ)

	年度	2020	2021	2022	2023	2024	2025
Aグループ	総収入	6億	7億	8億	9億	10億	11億
	判定					○	○
Bグループ	総収入	8億	8億	6億	6億	6億	8億
	判定					○	×
Cグループ	総収入	4億	5億	7億	9億	10億	5億
	判定					×	○

（図説）
　多国籍企業（MNE）グループであるAグループについて「特定多国籍企業グループ等」該当の有無を検討すると、2024年度、2025年度（対象会計年度）とも、それぞれの前4年間の総収入金額は、いずれも基準金額（7.5億ユーロ）以上である年が2つ以上あるため、当グループは、当該「特定多国籍企業グループ等」に該当することとなるが、Bグループについては、2024年度はこの基準金額に係る要件を満たすが、2025年度は、基準金額以上の年が1つ（2021年度のみ）であるため、これには該当しない。また、Cグループについては、Bグループとは逆に、2025年度のみ当該「特定多国籍企業グループ等」に該当することとなる。

州中央銀行公表の平均レート」を適用することとされています（法規38の3）。

≪参考１≫　法人税法施行規則38条の３（抄）

「……規定の適用に係る対象会計年度（……）開始の日（……）の属する年の前年12月における欧州中央銀行によって公表された外国為替の売買相場の平均値により、本邦通貨表示の金額に換算した金額とする。」

≪参考２≫　為替相場の具体的確認

上記「7.5億ユーロ」の円換算に関し、欧州中央銀行によって公表された外国為替の具体的売買相場の確認手段として、欧州中央銀行ＨＰアクセスへのリンクとその確認方法が国税庁発信の情報（Q&A・Q２）[19]で紹介されています。

以下、「特定多国籍企業グループ等」の該当性の判断に際し、必要となる事項（用語の意義等）を掲げると(1)～(9)のとおりです。

(1)　総収入金額

上記２の「総収入金額」は、多国籍企業グループ等（以下(4)）に係る最終親会社等の「連結等財務諸表」（以下(2)）における売上金額、収入金額その他の収益の額の合計額とされており（法規38の６①）、この「売上金額、収入金額その他の収益の額の合計額」には、売上高のほか、受取利息、有価証券利息、受取配当金、有価証券売却益、為替差益、貸倒引当金戻入益、持分法による投資利益、固定資産売却益及び負ののれん発生益の科目など、計算書類における全ての収益の額が含まれ（法基通18－１－７）、「総収入金額」には、年金基金等の除外会社等（法法82十四）に係る収益の額が含まれます（同通達（注））。

この「総収入金額」の意義に関し、CbCRの提供基準となる総収入金額（措法66の４の４④三）についても上記と同様の税務通達（措通66の４の４－１）がありますが、当該通達に関する趣旨説明（国税庁）[20]では、有価証券

19　国税庁「各対象会計年度の国際最低課税額に対する法人税に関するQ&A（令和５年12月）」Q２「本邦通貨表示の金額に換算する方法」５頁。

20　国税庁「平成28年６月28日付課法２－11ほか１課共同『法人税基本通達等の一部改正について』（法令解釈通達）の趣旨説明」措通66の４の４－１。

や固定資産などの売却益の金額を純額（ネット金額）とするか、総額（グロス金額）とするかの問題につき、連結財務諸表における計上方法に従う旨が明らかにされています。この点、2022（令和４）年３月OECD公表のモデルルールコメンタリー（第１章パラ4b）では、特定多国籍企業グループ等の判定は、「CbCRルールで用いられる収入基準に基づく判定」とされる[21]一方で、2023（令和５）年12月OECD公表の執行ガイダンスでは、投資収益については、会計基準の計上方法により有利不利になる状況を避けるため、ネット計上された金額によることが明らかにされています[22]。IIRにおける総収入金額は、法令上、CbCRにおける総収入金額と同様の文言で規定され、また、法基通18－１－７においても「計算書類における全ての収益の額」とされていることからこの執行ガイダンスの内容と相違があり、これとの整合性が求められるところです。

⑵　連結等財務諸表

　IIRが前提とする連結財務諸表は「連結等財務諸表」と定義され、以下のものをいいます（法法82一）。

イ　国際的に共通した会計処理の基準等【特定財務会計基準】又は最終親会社等の所在地国で一般に公正妥当と認められる会計処理の基準（特定財務会計基準を除く。）【適格財務会計基準】に従って企業集団の財産及び損益の状況を連結して記載した計算書類

ロ　上記イの計算書類を作成していない企業集団については、特定財務会

21　OECD・前掲（注14）Article 1.1.1 4b「…a revenue threshold based on that used in the CbCR rules.」14頁。

22　OECD執行ガイダンス（2023.12）「Tax Challenges Arising from the Digitalisation of the Economy-Administrative Guidance on the Global Anti-Base Erosion Model Rules（Pillar Two), December 2023」（3.1 Consolidated revenue thresholdパラ10.4)「If the MNE Group's consolidated profit and loss statement presents gross gains from investments and gross losses from investments separately, the MNE Group shall reduce revenues by the amount of such gross losses to the extent of gross gains from investments in determining revenues for purposes of Article 1.1)」23頁。

（参考）　https://www.oecd.org/tax/beps/administrative-guidance-global-anti-base-erosion-rules-pillar-two-december-2023.pdf

　計基準又は適格財務会計基準に従って暦年の財産及び損益の状況につい
て作成するとしたならば作成されることとなる計算書類

ハ　上記イの基準に従って会社等（会社、組合その他これらに準ずる事業
　体（外国事業体を含む。））の財産及び損益の状況を記載した計算書類

ニ　上記ハの計算書類を作成していない会社等については、特定財務会計
　基準又は適格財務会計基準に従って暦年の財産及び損益の状況について
　作成するとしたならば作成されることとなる計算書類

　そして、IIRが対象とする会計基準は、国際的に共通した会計処理の基
準として、国際会計基準（連結財務諸表の用語、様式及び作成方法に関す
る規則第93条：IFRS）を掲げ（法規38の4①）、さらに、これに準ずるも
のとして、わが国の会計基準（J-GAAP）のほか、以下の国における会計
基準を指定しています（法規38の4②）。

　　①アメリカ合衆国、②インド、③英国、④オーストラリア、⑤カナ
　　ダ、⑥シンガポール、⑦スイス、⑧大韓民国、⑨中華人民共和国、⑩

図表8　≪連結等財務諸表の意義≫

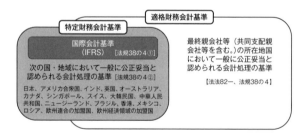

1　企業集団に係る次の計算書類
　（1）　特定財務会計基準又は適格財務会計基準に従って企業集団の財産・損益の状況を連結して記載した計算書類
　（2）　（1）の計算書類が作成されていない場合には、特定財務会計基準又は適格財務会計基準に従って暦年ベースで企業
　　集団の財産・損益の状況を連結して記載した計算書類を作成するとしたならば作成されることとなる計算書類

2　企業集団に属さない会社等の次の計算書類
　（1）　特定財務会計基準又は適格財務会計基準に従って会社等の財産・損益の状況を記載した計算書類
　（2）　（1）の計算書類が作成されていない場合には、特定財務会計基準又は適格財務会計基準に従って暦年ベースで会社
　　等の財産・損益の状況を記載した計算書類を作成するとしたならば作成されることとなる計算書類

出典：財務省「税制改正の解説（令和5年度）『国際課税関係の改正（各対象会計年度の国際最低課税額に
　　　対する法人税の創設等関係）』」757頁

ニュージーランド、⑪ブラジル、⑫香港、⑬メキシコ、⑭ロシア、⑮
欧州連合の加盟国、⑯欧州経済領域の加盟国（⑮に掲げる国を除く。）

　これらは、法令上「特定財務会計基準」とされ、これらの指定された国
以外の最終親会社等の所在地国で一般に公正妥当と認められる会計処理の
基準を「適格財務会計基準」としています。【図表8】

　なお、OECDモデルルールによると、連結等財務諸表が特定財務会計基
準に従って作成されていない場合には、「重要な競争上の歪み」（IFRSと比
較して一会計年度において75百万ユーロを超える差異）を調整しなければ
ならないとしています[23]が、現行法上その定めはなく、モデルルールとの
相違が生じています。この点については、「重要な競争上の歪みの詳細及
びその調整方法が明らかにされていないため、令和5年度税制改正では織
り込まず、今後重要な競争上の歪みの調整方法等について国際的な合意に
至った後に、その合意を踏まえた対応を行う」とするアナウンスがありま
す[24]。今後は、モデルルールとの整合性を踏まえた法改正が行われる可能
性もあるため、注視しておく必要があります（代用財務会計基準の適用
（Ⅲ6⑴イ(a)≪代用財務会計基準の適用≫）における100万ユーロの永久差
異調整も同様。）。

⑶　直前の4対象会計年度

　本制度の対象とされる「特定多国籍企業グループ等」の判定は、上記Ⅲ
2のとおり、原則、「各対象会計年度の直前の4対象会計年度」のうち2
以上の対象会計年度の総収入金額（7.5億ユーロ相当額）で行うことにな
ります。そして、「各対象会計年度の直前の4対象会計年度」のその直前
の対象会計年度の数が3である場合は、その3の対象会計年度で判定を行
い、また、その直前のこれが2である場合は、その2の対象会計年度で判

23　OECD・前掲（注1）「Article10.1 Defined Terms Consolidated Financial Statements（c）」
　54頁、「Material Competitive Distortion」60頁。
24　財務省・前掲（注2）756頁。

定を行うことになります【図表7】参照。

　以上の判定により特定多国籍企業グループ等（法法82四）に該当することとなる多国籍企業グループ等は「対象多国籍企業グループ等」（法令155の6④一）とされますが、特定多国籍企業グループ等の判定上、グループ結合（注1）やグループ分離（注2）が行われた場合には、別途判定のための規定が用意されています（法令155の6③）。

　すなわち、多国籍企業グループ等の各対象会計年度の直前の4対象会計年度までの間にグループ結合があった場合は、そのグループ結合に係る被支配企業グループ等（注3）の各会計年度の総収入金額をその多国籍企業グループ等の総収入金額に含めて判定することとされ（同項一）、他方、多国籍企業グループ等に係るグループ分離があった場合は、その分離後の最初の対象会計年度については当該年度の総収入金額が7.5億ユーロ以上であるか否かにより判定し（同項二）、また、分離後最初の対象会計年度後の3対象会計年度のいずれかについては、その各年度のうち2以上の対象会計年度が7.5億ユーロ以上か否かにより判定する（同項三）こととされています。

（注1）「グループ結合」とは、異なる企業グループ等に属する会社等の全部又はおおむね全部と認められる部分の会社等が一の企業グループ等に属することとなることその他一定のものをいう（法令155の6④二）。

（注2）「グループ分離」とは、多国籍企業グループ等に属する会社等のうち2以上の会社等がこれらの会社等から構成される他の企業グループ等に属することその他一定のものをいう（法令155の6④五）。

（注3）「被支配企業グループ等」とは、①グループ結合の直前に属していた企業グループ等又は②グループ結合により支配持分を保有されることとなる非グループ会社等（企業グループに属さない会社等）をいう（法令155の6④三）。

　なお、直前の対象会計年度の数が1であるもの又はないものについては、「対象多国籍企業グループ等」（法令155の6④一）に該当しないとされています（法基通18－1－6（注））が、グループ結合又はグループ分離がある場合の判定上は「特定多国籍企業グループ等」に該当する可能性があ

るので注意が必要です。

⑷　多国籍企業グループ等

　上記２の「多国籍企業グループ等」とは、次のものをいいます（法法82
三）。

　　イ　下記⑸イの企業グループ等に属する「会社等」の「所在地国」(その
　　　　会社等の「恒久的施設等」がある場合には、その恒久的施設等の所在
　　　　地国を含む。) が２以上ある場合のその企業グループ等その他一定の
　　　　企業グループ等（注）

　　ロ　下記⑸ロの企業グループ等

　　(注)　「その他一定の企業グループ等」とは、上記の要件を満たさないもの
　　　　で、所在地国のない無国籍会社等が属する企業グループ等（パスス
　　　　ルー収入（特定収入等）のみを有する導管会社等とその他の収入等の
　　　　みを有する導管会社等以外の会社等があるものとみなした場合に該当
　　　　することとなるものも含む。) をいう（法令155の５）。

⑸　企業グループ等

　上記２⑷の「企業グループ等」とは、次のものをいいます（法法82二）。

　　イ　連結等財務諸表に財産及び損益の状況が連結して記載される又は記
　　　　載されることとなる会社等に係る企業集団のうち、最終親会社（注）
　　　　に係るもの

　　(注)　「最終親会社」とは、他の会社等の支配持分を直接又は間接に有する
　　　　会社等(他の会社等が支配持分を直接又は間接に有しないものに限る。)
　　　　と定義されている（法法82二イ）。

　　ロ　会社等（上記イの企業集団に属する会社等を除く。) のうち、その
　　　　会社等の「恒久的施設等」の所在地がその会社等の所在地国以外の
　　　　国又は地域であるもの

　　ハ　重要性や譲渡目的保有により連結の範囲から除かれる又は除かれる
　　　　こととなるもの（議決権の過半数を所有していること等によりその会

社等の財務及び営業又は事業の方針を決定する機関を支配している場合におけるその会社等に限る。)(法令155の４、法規38の５)

≪企業集団が複数ある場合の判定≫

　上記のとおり、本制度の対象となる企業グループ等とは、基本的には、連結会計により連結財務諸表に連結される（又は連結されることとなる）会社等に、会計上の重要性の原則や譲渡目的保有により連結の範囲から除かれた（又は除かれることとなる）会社等を加えたものがベースになります。そして、この企業グループ等は最終親会社を基準に判定することになるので、例えば、業界の法令等の規定により、グループ内で親会社とその中間親会社の双方で連結財務諸表を作成している場合であっても、本制度の対象となる企業グループ等は最終親会社の連結財務諸表をベースに判定されるため、最終親会社、中間親会社の各グループについてそれぞれ本制度が適用されることはありません。

　この点につき、税務通達（法基通18－１－１）は、「会社等が当該会社等に係る企業集団の財産及び損益の状況を連結して記載した計算書類を作成していたとしても、当該会社等の最終親会社が特定財務会計基準又は適格財務会計基準に従って当該最終親会社に係る企業集団の財産及び損益の状況を連結して記載した計算書類を作成している場合には、当該最終親会社に係る企業集団のみが企業グループ等に該当し、当該会社等に係る企業集団は企業グループ等に該当しない」と規定し、企業グループ等の判定上、いわゆるサブ連結グループは企業グループ等に該当しないことを明らかにしています。

≪財産及び損益の状況が連結して記載される会社等≫

　最終親会社に係る企業集団に属する会社等が「財産及び損益の状況が連結して記載される会社等」に該当するかどうかは、当該会社等に係る最終親会社の連結等財務諸表の会計処理の基準（最終親会社財務会計基準）に

従って判定することとされています。したがって、適用されている最終親会社財務会計基準がJ-GAAPであるかIFRSであるか、あるいはUS-GAAPであるかにより、それぞれの会計処理の基準に従って判定することとなりますが、この点、税務通達（法基通18－1－2）では、J-GAAPを適用している場合の例として、最終親会社財務会計基準において、「連結財務諸表に関する会計基準」が適用される場合には、その連結財務諸表に関する会計基準により連結の範囲に含まれる会社等がこれに該当すること、また、この場合において、その連結財務諸表に関する会計基準における更生会社、破産会社等でかつ、有効な支配従属関係が存在しないと認められる会社等、「持分法に関する会計基準」における関連会社は、「財産及び損益の状況が連結して記載される会社等」に該当しないことが明らかにされています。

≪特定財務会計基準等に従って計算書類が作成されていない企業集団≫

　企業グループ等の判定に当たり、特定財務会計基準又は適格財務会計基準に従って企業集団の財産及び損益の状況を連結して記載した計算書類が作成されていない企業集団であっても、特定財務会計基準又は適格財務会計基準において、最終親会社に係る企業集団の財産及び損益の状況を連結して記載した計算書類を作成することとされている企業集団は、企業グループ等に該当するとされています（法基通18－1－5）。すなわち、非上場であるなどの理由により連結財務諸表を作成していない企業集団であっても、その最終親会社に係る企業集団を会計処理の基準に当てはめた場合に、連結財務諸表を作成することが求められる企業集団については、本制度の対象となる企業グループ等に該当することになります。この点に関し、税務通達（同通達（注））では、最終親会社の所在地国において複数の会計処理の基準の適用が認められている場合であって、そのいずれかの会計処理の基準において、当該最終親会社に係る企業集団の財産及び損益の状況を連結して記載した計算書類を作成することとされない企業集団は、

企業グループ等に該当しないことが明らかにされています。これは、2023（令和5）年2月OECD公表の執行ガイダンス[25]の内容が明確化されたものと考えられます。

この執行ガイダンスでは、最終親会社がIFRSによって投資企業（Investment Entity）に該当すると判断され、当該IFRSに従い連結財務諸表の作成が求められないケースは、IIRの対象となる企業グループ等には該当しないと例示されています。この点、わが国においては、IFRSに従った連結財務諸表の作成が認められていることから、本制度の適用においてもこのような場合（IFRSに従い連結財務諸表の作成が求められないケース）は企業グループ等に該当しないこととなり、わが国IIR上もこの執行ガイダンスの例と同様の取扱いになるものと考えます。

≪連結の範囲から除かれる会社等≫

上記のとおり、企業グループ等には、連結財務諸表に連結して記載される会社等だけではなく、連結会計上重要性の原則の観点から非連結とされる（連結の範囲から除かれる）会社等や譲渡目的保有の会社等も含まれることとなります（法令155の4①二、法規38の5）。

他方で、重要性の原則や譲渡目的保有の理由以外の理由により最終親会社財務会計基準に従って連結の範囲から除かれる会社等は、企業グループ等には含まれないとされています（法基通18-1-3）。

また、国税庁発信の情報（Q&A・Q1）において、いわゆるベンチャーキャピタル条項（平成20年5月13日付企業会計基準適用指針第22号「連結財務諸表における子会社及び関連会社の範囲の決定に関する適用指針」第16項(4)）に該当する子会社は、上記の譲渡目的保有に該当するものであっても、法令第155条の4第1項第2号の「その会社等の財務及び営業又は事業の方針を決定する機関（……）を支配している場合」における会社等に限られ

25　OECD・前掲（注7）「1.2 Deemed consolidation test」（Example 10.1-4「Non-investment entity dose not prepare financial statements」）17頁。

ることとの要件に該当せず、企業グループ等に含まれないことが明らかにされています[26]。

(6)　会社等

　上記(4)(5)の「会社等」とは、会社、組合その他これらに準ずる事業体（外国におけるこれらに相当するものを含む。）をいいます（法法82一ハ）。

　なお、「共同支配会社等」（法法82十五：Ⅲ3(2)リ）は、この会社等に含まれますが、当該共同支配会社等は企業グループ等に属する会社等には該当しないことから「構成会社等」（法法82十三：Ⅲ3(2)ト）には該当しません。

(7)　導管会社等

　会社等について、課税上透明なものとして取り扱われている会社等は、他の会社等とは区別して、「導管会社等」とされています。導管会社等は、法令上、次のイ・ロとされ、イは、その会社等の設立国の税制上構成員（パススルー）課税されるもので、ロは、設立国の税制上パススルーとされないが、実態上設立国では課税されず、その会社等の構成員の所在地国において構成員課税されるものが該当します（法法82五、法令155の7）。

イ　会社等（その設立国以外の国又は地域の租税に関する法令において、当該国又は地域に本店若しくは主たる事務所又はその事業が管理され、かつ、支配されている場所を有することその他当該国又は地域にこれらに類する場所を有することにより、対象租税を課することとされるものを除く。）に係る収入等のうち、その設立国の租税に関する法令において、その会社等の構成員の収入等として取り扱われるもの

ロ　会社等に係る収入等のうち、次に掲げる要件のいずれも満たすもの（イの収入等を除く。）

26　国税庁・前掲（注19）Q1「会社等の財務及び営業又は事業の方針を決定する機関（意思決定機関）を支配している場合に該当しない場合」3頁。

(a) その会社等の構成員の所在する国又は地域の租税に関する法令においてその構成員の収入等として取り扱われること

(b) その会社等の恒久的施設等に帰せられないこと

> **(注)** ロの会社等については、いずれかの国又は地域において居住者とされることにより①対象租税やQDMTTが課されることとされているもの又は、②設立国に事業を行う場所を有しているもののいずれかの要件を満たしている場合は、「導管会社等」に該当しない。

(8) 恒久的施設等

　IIRでは、国又は地域ごとの実効税率の計算を適切に行うため、会社等とその「恒久的施設等（PE）」の所在地国をそれぞれ別計算することとしています。上記**2**(4)(5)の「恒久的施設等」とは、会社等の所在地国以外の国又は地域（他方の国）において、その会社等の事業が行われる場合における場所をいい、おおむね次の4つに区分されます（法法82六）。

イ　租税条約等がある場合に、その条約に基づきPEとされるもの（同号イ）

ロ　租税条約等がない場合に、会社等の他方の国の税法においてPEとされるもの（同号ロ）

ハ　他方の国に法人税制がない場合にOECDモデル租税条約5条[27]に基づきPEとされるもの（同号ハ）

ニ　いわゆる無国籍PEとされるもの（同号ニ）

　なお、これら租税条約等には、日台民間租税取決めも含まれ、OECDモデル租税条約に準拠したものだけでなく、国連モデル租税条約に準拠したものも含まれるとされ（法基通18-1-11）、さらには、租税条約や他方の国の法令等において、恒久的施設（PE）とされるもののみならず、PEに相当するものとして取り扱われる代理人も含まれるとされています（法基通18-1-9）。

27　法人税法における「恒久的施設」は、OECDモデル租税条約第5条の内容に沿って定められている（法法2二十二の十九）。

　また、これらのPEにつき、税務通達は「会社等の所在地国以外の一の国又は地域に当該会社等の事業活動の拠点が複数ある場合には、複数の当該事業活動の拠点全体が一の恒久的施設等となる」（法基通18-1-10）旨が明らかとされており、本制度上は、いわゆる1国1PEとする実務を採用しています。

(9)　所在地国

　IIRの実効税率の計算は国又は地域単位で計算するため、企業グループ等に属する会社等の所在地国の決定が重要になります。上記2(4)の「所在地国」とは、導管会社等を除く会社等で、本店若しくは主たる事務所又は事業の管理支配を行う場所を有することその他これらに類する場所を有することで、法人税又は法人税に相当する税を課することとされる会社等については、これらの国又は地域をいい、それ以外の会社等については、その会社等の設立国をいいます。恒久的施設等については、上記の恒久的施設等の4つの区分に応じてその事業が行われる国又は地域（他方の国）とされています（法法82七イハ）。

　なお、導管会社等の場合、事業体が認識されず（disregard）、それ自体が課税されないものは、原則、その所在地国はないものとされ、無国籍会社等とされるが、その導管会社等が最終親会社等や国際最低課税額に対する法人税に相当する税を課されている場合には、その設立国が所在地国とされます（法法82七ロ）。

　また、所在地国の判定において、国又は地域が2以上となり、所在地国が定まらない場合がありますが、実効税率の計算上はいずれかの国に決定する必要があるため、別途その決定ルールが定められています（法令155の8）。

≪所在地国が定まらない場合における判定方法≫

イ　租税条約等がある場合

　　上記の国又は地域が２以上ある場合におけるこれらの国又は地域の間に租税条約等がある場合（ロに該当する場合を除く。）には、その租税条約等の規定により決定されるその国又は地域が所在地国とされます。

ロ　租税条約等がない場合（イにより国又は地域が定まらない場合を含む。）

　　これらの国又は地域における各対象会計年度に係る会社等の対象租税の額（次の金額を除く。）が最も多い国又は地域が所在地国とされます。

①　外国税額の控除の規定又は我が国以外のこれに相当する規定によりその対象会計年度に係る法人税の額又は法人税に相当する税の額から控除することとされる額

②　CFC税制により益金の額に算入される金額に対応する法人税の額又は法人税に相当する税の額として計算した金額

　　上記ロの「イにより国又は地域が定まらない場合」とは、例えば、租税条約上その居住地国をこれらの国又は地域の権限ある当局間の協議（以下「相互協議」という。）によって定めることとされる場合において、相互協議中でその合意が成立していないときや、租税条約上双方いずれの国等の居住地国として取り扱われないときが考えられます。この点に関し、税務通達（法基通18-1-12）では、以下の２点の例示を掲げていますが、実務上は、そもそも相互協議条項自体がない場合など、租税条約等の規定に従って所在地国が決定されない場合はあると考えられるので、まずは、租税条約等の規定を確認した上で、当該条約等によっても所在地国の決定ができない場合は、次の「ハ」以下の、所在地国決定のための判定を順次行うことになります。

〔例示〕

①　租税条約等の規定により、いずれか一の国又は地域の会社等とされるかについて、これらの国又は地域間の相互協議により定めることと

される場合で、その相互協議に基づく合意が成立していないとき

②　租税条約等の規定により、国又は地域が２以上ある場合には、これらの国又は地域のいずれの国又は地域の会社等にもならないこととされているとき

なお、所在地国の決定を相互協議に基づく合意で決する場合において、これが成立していないため、その協議中の対象会計年度においては所在地国の判定に関する法令の規定（法令155の８二～四、法規38の９③）より所在地国を判定したところ、その後の対象会計年度においてその合意が成立したとしても、その合意の結果は、当該判定した対象会計年度に係る所在地国の判定結果には影響しないとする旨、また、合意があった日を含む対象会計年度後の対象会計年度における所在地国は、当該合意によって定められた国又は地域となる旨が税務通達（法基通18－１－12（注））によって明らかにされています。これは、対象会計年度の中途において所在地国が異なることとなった場合においては、その対象会計年度に係る所在地国は、その対象会計年度開始の時における所在地国とみなすこととされていることから（法規38の９④）、同一の対象会計年度に相互協議の合意により居住地国が変わる場面があったとしても、その対象会計年度の所在地国に変更はないこと、そして、その翌対象会計年度においては、その開始時に租税条約等に基づき（相互協議に基づく合意により）、居住地国が決定されていることからその合意に基づき決定された国又は地域が所在地国になることを明確化したものと考えます。

ハ　ロによっても定まらない場合

上記の国又は地域における各対象会計年度に係る次の金額の合計額が最も多い国又は地域が所在地国とされます。

①　会社等のその対象会計年度に係る国又は地域において行う勤務その他の人的役務の提供に基因する会社等の特定費用に相当する費用の額（当期純損益金額に係るもの及び有形資産（特定資産を除く。）の帳簿

価額に含まれるものに限る。）の5％相当額（法規38の9①）

(注)「特定費用」とは、会社等の従業員又はこれに類する者に係る給与等をいう（法令155の38①一）。

② 会社等のその対象会計年度に係るその会社等が有する特定資産のその対象会計年度開始の時の帳簿価額（その開始の時においてその特定資産を有しない場合には、零）とその対象会計年度終了の時の帳簿価額（その終了の時においてその特定資産を有しない場合には、零）の平均額の5％相当額（法規38の9②）

(注)「特定資産」とは、最終親会社等財務会計基準（法令155の16①一）における有形資産等（投資、売却又はリースを目的として有するものを除く。）をいうが（法令155の38①二）、この場合の「最終親会社等財務会計基準」には、「代用財務会計基準」（法令155の16②、**6**(1)**イ**(a)≪代用財務会計基準の適用≫参照）が含まれる。

なお、上記①及び②における「5％」の割合については、令和6年中に開始する対象会計年度に係る①における割合は「9.8％」、②における割合は「7.8％」とし、それぞれ9年間で5％に逓減する経過措置が設けられています（令和5年改正法令附則3）。

ニ ハによって定まらない場合（会社等が最終親会社等である場合に限る。）

その会社等の設立国が所在地国とされます。

ホ イからニまでによっても定まらない場合

その会社等の所在地国はないものとみなされる（法規38の9③）ので、その会社等は、「無国籍会社等」（**3**(2)**ル**参照）となります。

3 制度対象企業グループの意義

(1) 課税対象企業グループの判定［図説］

IIRの課税対象とされる「企業グループ」は、【**図表6**】のとおり、まず、上記「企業グループ等」（法法82二）に該当する必要があり、その「企

図表６　≪課税対象の企業グループ≫【再掲】

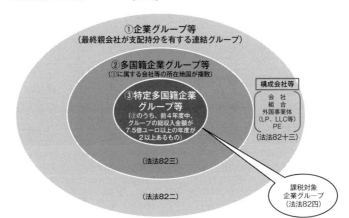

・法人税の納税義務者の範囲に「特定多国籍企業グループ等に属する場合の内国法人（公共法人を除く。）」が新たに追加（法法４①②）
・会社、組合その他これらに準ずる事業体（外国事業体を含む。）を「会社等」と定義（法法82一ハ）

業グループ等」のうち、所在地国が複数あるもの、例えば、Ａ国、Ｂ国の２国だけでもこの複数に該当し、これが「多国籍企業グループ等」と定義されます（法法82三）。そして、これが一義的に対象グループの枠に入ります。極端なケースとして、親１、子１の連結グループでも、親子が異なる国・地域に存在すれば、この複数に該当し、そして究極的には、親会社とその親会社の国外PEが１つあれば、この複数としてこの「多国籍企業グループ等」に該当します。さらに、基本的には、その「多国籍企業グループ等」全体の総収入金額が前４対象会計年度中7.5億ユーロ以上の年度が２以上あるものが「特定多国籍企業グループ等」としてIIR制度の対象になる企業グループとなります（法法82四）。

　また、この企業グループの構成要素の主たるものは、構成会社等（子会社）とされます（法法82十三）。個々の事業体について、法律上は、「会社等」と括り、これは①会社、②組合、③事業体（外国事業体を含む。）と規定している（法法82一ハ）ことから、LP（Limited Partnership）やLLC（Limited Liability Company）といった外国の多様な事業体もこの会社等

の概念を経て、最終的には、構成会社等に含まれ得るものと考えます。「匿名組合」（商法535）の構成会社等該当性については、この匿名組合自体が1つのビークル（事業体）としてこの連結財務諸表の連結対象に含まれるものであるとすれば、当該匿名組合も入る要素はあるかもしれませんが、匿名組合は契約上の概念であることを踏まえると、収益・費用の計算上取り込まれるもの（対象となるもの）に過ぎないと考えます。また、計算上認識するものか、それともビークル（事業体）として認識するものかについては、本制度が会計ベースの規定となっている点を踏まえれば、会計制度に依拠されるものと考えられます。さらに、パススルー課税選択のLLCや法人課税選択のLLCの場合等、これら多様な事業体の扱いやその連結財務諸表上の取り込み計算をどのように行うかという問題も生じるところです。その一方で、政府関係会社等、非営利会社等、年金基金といったものは、仮に企業集団に属するものであったとしても「除外会社等」（法法82十四）として構成会社等から除かれ、制度上は国際最低課税額の計算には含まれないこととされています。ただし、特定多国籍企業グループ等の判定においては、これらの除外会社等の収入金額も総収入金額に含めて判定されます（法基通18-1-7（注）、**2**(1)の「総収入金額」参照）。

(2)　特定多国籍企業グループ等の判定　[図説]

【図表7】は、課税対象となる企業グループ（特定多国籍企業グループ等）の判定において過去の4対象会計年度のうち、総収入金額が7.5億ユーロ以上ある対象会計年度が2以上あるか否かの判定について例示したものです。まず、2024年度（対象会計年度）の判定について、Aグループは当該2024年度から過去に遡って4年間を見ると、2022年度が8億ユーロ、2023年度が9億ユーロと共に7.5億ユーロを超えており、超える対象会計年度が2以上ありますので「特定多国籍企業グループ等」に該当し、本制度の対象になります。次にBグループの2024年度から過去4年間を見ると、2020年度が8億ユーロ、2021年度が8億ユーロとこれも2以上あり、

図表7　≪特定多国籍企業グループ等の意義≫【再掲】

■ 「特定多国籍企業グループ等」とは、多国籍企業グループ等で、①各対象会計年度の直前の４対象会計年度のうち２以上の対象会計年度の総収入金額が7.5億ユーロ（約1,100億円）以上であるもの、②その他一定の多国籍企業グループ等［判定対象年度にグループ結合・分離があった場合の判定は、政令委任］（法法82四、法令155の6③）

（単位：ユーロ）

	年度	2020	2021	2022	2023	2024	2025
Aグループ	総収入	6億	7億	8億	9億	10億	11億
	判定					○	○
Bグループ	総収入	8億	8億	6億	6億	6億	8億
	判定					○	×
Cグループ	総収入	4億	5億	7億	9億	10億	5億
	判定					×	○

本制度の対象になります。次にＣグループの2024年度から過去４年間を見ると、2023年度は９億ユーロと満たす年が１年だけありますが、7.5億ユーロを超える会計年度は過去４年中この１年だけですので同グループの2024年度は、本制度の対象となりません。しかし、同グループの2025年度については、この年度から遡る過去４年の2021～2024年度を見ると、2023年度が９億ユーロ、2024年度が10億ユーロと２以上あり、結果、本制度の適用対象になります。逆にＢグループの2025年度は、2021年度の８億ユーロの１年だけですので、この年度は適用対象にならず、他方、Ａグループの2025年度は、2022年～2024年の３年間のすべてが基準額（7.5億ユーロ）を超えていますので、適用対象となります。

　次に、【図表7】の枠内の②の記載「グループ結合・分離があった場合の判定」ですが、例えば、合併、分割といった組織再編がグループ内にあった場合には、法人税法施行令第155条の6第3項の規定に従って制度の適用対象となる特定多国籍グループ等となるか否かの判定を行う必要があります（判定の詳細は、前記2(3)「直前の4対象会計年度」参照）。

　また、本制度は、ユーロベースの金額で規定されていますが、わが国IIRにおける最終的な課税額は邦貨であることからこの「ユーロ」に関し、どのタイミングにおいて、いつの為替レートを用いてどのようなルールに基づき為替換算を行うかという問題があります。上記のとおり、制度の対象となる企業グループの判定における「7.5億ユーロ」の本邦通貨への換算は、「対象会計年度開始の日の属する年の前年12月における欧州中央銀行によって公表された外国為替の売買相場の平均値」とされています（法規38の3）。また、対象会計年度が1年に満たないものの総収入金額の判定は、月数按分で判定することになります（法令155の6①）。

　なお、対象企業グループを構成する事業体を示す用語、例えば、「最終親会社」、「最終親会社等」等、あるいは、これらの関連性や関係性を示す用語、例えば、「支配持分」、「所有持分」等、税法上似通ったものが使用されており、その相違も含め、整理と留意が必要です。これらに係る税法上の用語の意義は、以下のとおりです。

≪税法用語の意義≫

イ　最終親会社

　　最終親会社とは、他の会社等の支配持分を直接又は間接に有する会社等で、他の会社等がその支配持分を直接又は間接に有しないものをいいます（法法82二イ）。

（注）「会社等」（法法82一ハ）の意義については、2(6)「会社等」参照。

ロ　最終親会社等

　　最終親会社等とは、最終親会社や、会社等（企業集団に属するものを除く。）で恒久的施設等がその会社等の所在地国以外の国又は地域にあるものをいいます（法法82十）。

ハ　中間親会社等

　　中間親会社等とは、特定多国籍企業グループ等に属する構成会社等（恒久的施設等に該当するものを除く。）のうち、その特定多国籍企業グループ等に属する他の構成会社等又はその特定多国籍企業グループ等に

係る共同支配会社等に対する所有持分を直接又は間接に有する構成会社
等（最終親会社等、被部分保有親会社等及び各種投資会社等を除く。）
をいいます（法法82十一）。

ニ　被部分保有親会社等

被部分保有親会社等とは、特定多国籍企業グループ等に属する構成会
社等（恒久的施設等に該当するものを除く。）のうち、次の要件の全て
を満たすもの（最終親会社等及び各種投資会社等を除く。）をいいます
（法法82十二、法令155の10①）。

①　その特定多国籍企業グループ等に属する他の構成会社等又はその特
　定多国籍企業グループ等に係る共同支配会社等に対する所有持分を直
　接又は間接に有すること

②　非関連者の請求権割合の合計割合（注）が20％を超えること

(注)　「合計割合」とは非関連者における直接割合と間接割合の合計割合をい
　　い、この「請求権割合」の判定では、会社等に対する所有持分に係る「利
　　益を受ける配当の権利」の割合に限定されていることに注意が必要（法
　　令155の10②）。

ホ　支配持分

支配持分とは、連結等財務諸表に財産及び損益の状況が連結して記載
される又は記載されることとなる会社等に対する所有持分の全部をい
い、会社等の恒久的施設等がある場合においては、会社等はその恒久的
施設等に対する支配持分を有するものとみなされます（法法82九）。

ヘ　所有持分

所有持分とは、連結等財務諸表の作成に用いる会計処理の基準によっ
て会社等の純資産の部に計上されるその会社等に対する持分のうち次の
①・②の権利が付されたものをいいます（法法82八、法令155の９）。

①　利益の配当を受ける権利

②　残余財産の分配を受ける権利

　　会社等の恒久的施設等がある場合においては、会社等はその恒久
　的施設等に対する所有持分を有するものとみなされます（法法82八、

法令155の9）。

　例えば、利益の配当を受ける権利等が付された株式や出資をいいます。なお、OECDモデルルールでは、「所有持分」について、資本持分のうち、(a)会社等の当期利益に対する権利、(b)会社等の利益剰余金（過去の利益）に対する権利、(c)会社等の資本に対する権利と定められていますが[28]、この利益の配当を受ける権利について、税制の企画立案当局担当者の解説[29]では、わが国においては、配当の原資の違いによって請求権を区分されることは一般的とは言えず、(a)と(b)の権利を併せて上記①の「利益の配当を受ける権利」として規定したとされており、諸外国において(a)と(b)の権利がそれぞれ独立して付された持分が発行されている場合には、(a)と(b)の権利をそれぞれ認識して、所有持分に係る請求権割合の計算を行うこととされています。

　また、(c)については、上記②の「残余財産の分配を受ける権利」として規定したとされています。

　上記に関し、国税庁発信の情報（Q&A・Q3）では、所有持分の計算について、(a)異なる種類の株式を発行している場合であっても、異なる種類の株式ごとに請求権割合を計算する取扱いとはならないこと（権利に基づき受けることができる金額での判定）、(b)請求権割合の計算上、自己株式は考慮されないこと、(c)利益の配当を受ける権利は有しているが、残余財産の分配を受ける権利は有していない場合の計算方法を明らかにしています[30]。

28　OECD・前掲（注1）「Article 10.1 Defined Terms」「Ownership Interest means any equity interest that carries rights to the profits, capital or reserves of an Entity, including the profits, capital or reserves of a Main Entity's Permanent Establishment（s）」62頁。
　（参考）　https://www.oecd-ilibrary.org/taxation/tax-challenges-arising-from-digitalisation-of-the-economy-global-anti-base-erosion-model-rules-pillar-two_782bac33-en
29　財務省・前掲（注2）767頁。
30　国税庁・前掲（注19）Q3「所有持分に係る請求権割合の計算方法」10頁。なお、①利益の配当を受ける権利（各対象会計年度の直前の対象会計年度に生じた利益の配当を受ける権利とそれ以外の権利とに区分されていないことが前提。）は有しているが、②残余財産の分配を受ける権利は有していない場合、請求権割合は、①×2/3＋②×1/3で計算し、残余財産の分配を受ける権利が付されていない場合にあっては、請求権割合は、①利益の配当を受ける権利に係る割合となることを明らかにしている。

ト　構成会社等

　構成会社等とは、本制度の対象とされる特定多国籍グループ等に属する会社等（重要性の原則により非連結とされている会社等や譲渡目的保有のため非連結とされている会社等を含む。）をいいます。本税制が国又は地域単位の実効税率に着目したものであることから会社等の恒久的施設（PE）についても、構成会社等として認識することとされている点に特徴があります。具体的には、以下のものをいいます（法法82十三）。

①　企業グループ等に属する会社等（除外会社等を除く。）

②　会社等（企業集団に属するものを除く。）で恒久的施設等がその会社等の所在地国以外の国又は地域にあるもの（除外会社等を除く。）

③　上記①及び②の会社等の恒久的施設等

チ　除外会社等

　除外会社等とは、政府関係会社等、国際機関関係会社等、非営利会社等、年金基金、最終親会社等である投資会社等又は不動産投資会社等その他一定の会社等とされています（法法82十四）。除外会社等は、基本的にグループの連結財務諸表にその財産及び損益の状況が連結して記載されることはなく構成会社等の性質を有さないことから構成会社等や共同支配会社等から除かれます（法法82十三、十四）。このため、本制度の適用上、当該除外会社等に係る損益、発生税額、有形資産等については、各対象会計年度の国際最低課税額に対する法人税及び下記**6(4)**の国別実効税率（ETR）の計算の対象から除外されます。注意が必要なのは、除外会社等であっても、特定多国籍企業グループ等の判定のためのグループの総収入金額の計算の対象からは除外されないことです。

　しかし、一定の除外会社等については、除外会社等に該当しないものとして、構成会社等に該当することを特例として選択できます（法法82の3）。この選択を行った除外会社等は構成会社等として、各対象会計年度の国際最低課税額に対する法人税及び下記**6(4)**の国別実効税率

（ETR）の計算の対象となります。

　なお、この特例は、5年選択とされています（法法82の3④）。

リ　共同支配会社等

　　共同支配会社とは、最終親会社等の連結等財務諸表において会社等が
　有する持分に応じた金額を連結等財務諸表に反映させる一定の方法（持
　分法：法規38の11①）が適用され、又は適用されることとなる会社等で、
　その最終親会社等が、直接又は間接に有する所有持分に係る権利に基づ
　き受けることができる金額の合計額が、その会社等に対する所有持分に
　係る権利に基づき受けることができる金額の総額のうちに占める割合と
　して、一定の計算をした割合（注）が50％以上であるもの（特定多国籍
　企業グループ等の最終親会社等その他一定の会社等を除く。）、その会社
　等の連結等財務諸表に財産及び損益の状況が連結して記載される又は記
　載されることとなる会社等（除外会社等を除く。）及びこれらの恒久的
　施設等とされています（法法82十五）。

(注)　「一定の計算をした割合」とは、請求権割合（法令155の12②）の合計
　　割合（直接割合と間接割合）をいい、請求権割合の計算に当たっては、
　　①利益の配当を受ける権利（直前の利益と過去の利益を区分できる場合
　　は区分。3(2)へ所有持分参照）、②残余財産の分配を受ける権利のそれぞ
　　れの割合を加重平均して計算することとされている。

　　共同支配会社等とは、例えば、一定のジョイント・ベンチャーやその
　子会社及びこれらの恒久的施設等をいいます。そして、この共同支配会
　社等の判定等について、税務通達では企業グループ等の判定と同様に行
　う旨が明記されています（法基通18－1－14～18－1－18）。

　　なお、共同支配会社等については、企業グループ等のように、非連結
　の子会社を企業グループ等に含める規定がないため、例えば、JVグルー
　プについて、JVグループの連結財務諸表に連結されない子会社がある
　場合、当該子会社は共同支配会社等には該当しないとして取り扱われま
　す（法基通18－1－17）。

ヌ　各種投資会社等

　各種投資会社等とは、(a)投資会社等、(b)不動産投資会社等、(c)投資会社等又は不動産投資会社等が直接又は間接に有する一定の会社等、(d)保険投資会社等をいいます（法法82十六、法令155の13）。

ル　無国籍会社等

　無国籍会社等とは、所在地国がない会社等又は恒久的施設等をいい（法法82十七）、構成会社等のうち無国籍会社等に該当するものを「無国籍構成会社等」とされ（法法82十八）、共同支配会社等のうち無国籍会社等に該当するものを「無国籍共同支配会社等」とされます（法法82二十二）。

4　制度対象企業グループの全体像［図説］

　【図表9】は、制度の対象となる企業グループの範囲を示すことを目的に、日本の親会社（A）とその子会社等との出資関係（所有持分関係）を示しています。まず、税法上の「特定多国籍企業グループ等」の対象とされるのもの（構成会社等）は、AからG（網掛け部分）となります。一番シンプルな関係は、例えば、AとE、AとFの関係で、所有持分100%の関係です。本図は、国別実行税率（ETR）が15%に満たない「軽課税国」をX国、Y国、Z国として、これらの国に所在する事業体についてAとの関係で国際最低課税額が算出される可能性があるものを表示しています。そして、最終的にこのA（最終親会社等）に対して軽課税国での不足税額がトップアップ課税（追加課税）されるという仕組みがこのIIR制度です。

　親会社とされるAからの出資をたどって傘下の事業体との関係をみると、この軽課税国の会社等に辿り着くまでに様々な出資スタイルがあります。Aが直接的に完全支配しているもの（E、F）や、途中、別の国（第三国）の会社等を介しているため、軽課税国の会社等への出資が間接出資となるもの（D、G、R）です。

図表9 ≪対象グループの範囲と課税≫

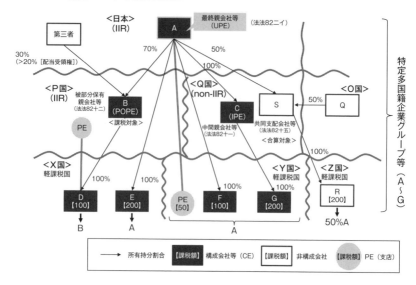

　そのことを前提として、例えば、Dの不足税額（100）の課税先（課税
主体）を検討すると、Dの親会社であるBが所在するP国ではIIRが導入
されているものの最終親会社がわが国所在のAであるため、一義的には、
Aに対しトップアップ課税されることとなりますが、AのBに対する所有
持分割合（正確には、直接又は間接に有する所有持分に係る権利に基づき
受けることができる金額の総額の割合［配当受領権の割合］）が70％（第
三者が20％以上）であることからIIR上はAに対する課税は成立しないこと
になります。その理由は、BがGloBEルール上のPOPE（Partially Owned
Parent Entity）と呼ばれるものに該当するからであり、わが国税法上は、
これを「被部分保有親会社等」（法法82十二）と定義しています。これに該
当するか否かは、その事業体（D）の属する特定多国籍グループ等の他の
構成会社等以外の者（グループ外の第三者）が当該事業体（D）に対し、
直接又は間接に有する配当受領権の割合（20％ルール）で判定されます。
すなわち、この割合が20％超となり、当該グループ外の第三者が有するも
のである場合には、この事業体は「被部分保有親会社等（POPE）」とさ

れ、この場合のトップアップ課税の対象とされる会社等は、その最終親会社等（A）ではなく、当該POPEとなります。本図のBに対し、配当受領権を有する割合は、Aが70％、Aグループ以外の第三者が30％であることから、このBはPOPEに該当することになります。したがって、このBが100％所有する軽課税国所在のDに係る不足税額はAではなくBに追加課税されます（スプリット・オーナーシップ・ルール）。

　また、Gの不足税額（200）の課税先（課税主体）を検討すると、その親会社であるCが所在するQ国ではIIRが導入されておらず、一義的にはこの不足税額はAに追加課税されることになります（トップダウンアプローチ課税）。

　ただし、仮にQ国にIIRが導入されていたとしても、最終親会社等Aの所在地国（日本）でIIRが導入されていれば、日本の最終親会社等Aへの課税権が優先されるため、Cは課税対象とはなりません。ただし、最終親会社等の所在地国においてIIR制度がない場合には、Cのような最終親会社等の傘下に位置する事業体が課税対象になります。このように、関係各国におけるIIRの導入の有無を考慮して課税関係を考える必要があります。

　なお、このCは、わが国IIR上は「中間親会社等」（法法82十一）と定義され、GloBEルール上は、IPE（Intermediate Parent Entity）と呼ばれています。

　次に、Q国に所在するSのようにAを最終親会社等とする特定多国籍企業グループ等内の構成会社等に位置する事業体ではない（グループ外法人等である）が、いわゆるジョイント・ベンチャー(50％出資)の器として機能しているビークル（事業体）である場合には、その株主（A）の当該事業体（S）に対する所有持分が50％以上である場合には、IIRの適用上課税の検討が必要となります。

　すなわち、当該Sの傘下に軽課税国所在の法人Rがあり、このRに不足税額（200）があると、SはAグループの法人ではありませんが、AのSに対する所有持分（50％）に応じて、当該Aに対し追加課税されることに

なります。このＳは税法上、「共同支配会社等」（法法82十五）と定義され、これに該当する場合は、これ自体が親会社であるとしてその傘下の法人（Ｒ）に係る不足税額を計算し、これを最終的には当該共同支配会社等の株主である法人（Ａ）に対し、その所有持分に応じ、他のグループ内の構成会社に係る不足税額に加え、追加課税するという仕組みとなっています。

　次に、親会社ＡのＰＥが軽課税国Ｙにありますが、このＰＥについては、これがあたかも事業体であるかのように捉えて、本制度を適用していくことになります。

　このように、ＰＯＰＥのようなケースを除き、原則的には最終親会社等に追加課税されることになり、この最終親会社等（Ａ）は、GloBEルール上、UPE（Ultimate Parent Entity）と呼ばれます。

5　国際最低課税額の計算構造（計算フロー）

(1)　会社類型別計算と計算手順

　国際最低課税額の具体的計算は、【図表10】≪国際最低課税額の計算フロー≫に従って計算することになります。ただし、法令上は、特定多国籍企業グループ等に係る会社等の種別（事業体の類型）が「構成会社等（法法82十三）」、「無国籍構成会社等（法法82十八）」、「特定構成会社等（法法82の2③）」、「共同支配会社等（法法82十五）」、「無国籍共同支配会社等（法法82二十二）」、「特定共同支配会社等（法法82の2⑤）」のいずれであるかによって異なる適用条文が用意され、計算方法がそれぞれ異なる構造になっています。以下の計算手順や具体的計算方法は、実務の適用場面が多いとされる「構成会社等」の場合を例に記載しています。

　国際最低課税額算出に係る計算順序については、特に定まったルールはありませんが、法令の建付けや計算構造を踏まえると【図表10】の上から下に向かって順次計算するのが適当と考えます。

　各箱枠の上に小さい枠で囲み簡記したワード（例えば、「個別所得」、「国別合計税額」）がありますが、これは、そのセクションで求められる大枠の計算事項をワン・ワードでイメージ表記したものです。

　なお、図の右側記載の縦矢印で示した範囲が原則、国単位で計算する場面と考えられます。

(2)　個別計算と国別計算

　具体的計算の第１は、特定多国籍企業グループ等が特定された後、そのグループに属する各構成会社等（個社）の所得金額（個別計算所得等の金額：法法82二十六）と税額（調整後対象租税額：法法82三十）を確定させます（【図表10】(1)、(2)）。次にこの(1)個別計算所得等の金額、(2)調整後

図表10　≪国際最低課税額の計算フロー≫

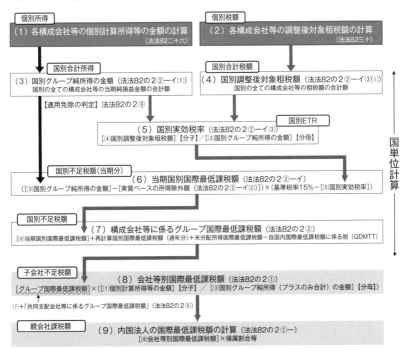

出典：「月刊 国際税務」2024年３月号

対象租税額をそれぞれ国（又は地域）単位で括り、国別グループの個別計算所得等の金額の合計額（＝(3)国別グループ純所得の金額）と国別グループの調整後対象租税額の合計額（＝(4)国別調整後対象租税額）をそれぞれ算出します。そして、この租税額の計算については、各構成会社等がそれぞれの所得に対して課された税の額を単純に国単位で合計するのではなく、その「対象租税（法法82二十九、法令155の34）」の該当性を判断した後、調整後対象租税に含めるものと含めないものを色分けし、加算減算調整を行う必要があります。これが「調整後」と表現される所以です。加減算調整項目は、法人税法施行令第155条の35《調整後対象租税額の計算》以下において詳細に規定されています。例えば、ある構成会社等が過去の対象会計年度において過少申告が判明し、これに係る税額を支払った場合は、その納付した対象会計年度（当期）において加算する（含める）ことになります（法令155の35②二ロ）。IIRにおいては、過去の年度に係る増加税額については、その増加する対象会計年度に遡って対象租税を認識し、国別実効税率（ETR）の再計算を行うことはせずに、原則としてこれが確定した当該年度（進行期）で対象租税を認識し、ETR計算に反映させるのがルールとされます。また、逆に調整後対象租税額に含めずに減算すべき項目としては、例えば、対象租税の額ではあるが3年以内に支払うことが見込まれない金額（法令155の35②三ホ）や不確実性がある金額（同号ニ）などがこれに当たります。

(3)　国別ETRと国別不足税額

上記「(3)国別グループ純所得の金額」と「(4)国別調整後対象租税額」が揃ったら、これらを使って、国単位の実効税率（＝(5)国別実効税率：国別ETR）を算出します。算式は、「(4)国別調整後対象租税額【分子】」／「(3)国別グループ純所得の金額【分母】」となります。そして、この「国別実効税率」と「基準税率（15％）」の差が、不足税率（満たない税率）となり、これを「(3)国別グループ純所得の金額」から「実質ベースの所得除外

額（人件費の額と有形固定資産の額のそれぞれ５％相当額）」を差し引いた残りの金額に乗ずることで、国別の「当期分」の不足税額（＝⑹当期国別国際最低課税額）が求められることになります。

⑷　国別不足税額の調整

　国別不足税額の「当期分」という意味は、当該対象年度に係る国際最低課税額を指し、さらにもう１回加減算の調整が入ります。この当期分の国別不足税額（＝⑹当期国別国際最低課税額）にさらに「再計算国別国際最低課税額」と「未分配所得国際最低課税額」が加算され、ここから「自国内国際最低課税額に係る税（QDMTT）」の額が差し引かれ、「当期分」ではない正式の「国別不足税額」（＝⑺構成会社等に係るグループ国際最低課税額）が算出されることになります。ここで最初に加算されることとなる「再計算国別国際最低課税額」は、従来の「所得に対する法人税」とは異なった概念を有する特異な調整事項とされており、重要です（法法82の２②一ハ）。すなわち、ある所在地国の構成会社等の過去年度に係る⑹当期国別国際最低課税額について、その計算の基となる過年度の対象租税の額が更正処分等により減少し、これが過少であることが判明したときは、その判明した時点（当期）において、これ（過去の不足税額）を加算します。

　換言すれば、過年度の構成会社等に係る対象租税の額が更正処分等により減額となった場合で、改めて過年度の国別ETRを計算した結果、その過年度のIIR課税額（過年度の「当期国際最低課税額」）が過少であることが発覚した場合には、当該発覚した年度（当期）において、この不足税額を「再計算国別国際最低課税額」として当期に加算することになります（法法82の２②一ロ、法令155の40）。このように、IIRの不足税額が算出されたその期に遡ってIIR計算をやり直すということはせずに、計算自体は、過年度で再計算した上、その不足税額を当期で調整します（ただし、過年度の対象租税の額の減少額が100万ユーロ未満であり、少額である場合の

特例（法令155の35④）の適用を受ける場合は、再計算国別国際最低課税額の計算対象とはならず当期の国別ETR計算において調整（分子減算）されることになります。）。また、これとは逆に構成会社等に係る過去の対象租税の額が更正処分等により増額した場合で、国別ETRが上昇し、過年度のIIR課税額が過大となった場合は、この「再計算国別国際最低課税額」でマイナスすることはせずに、当期における個々の国別ETR計算の分子の額としてその増額した対象租税の額を加算調整することになります（法令155の35②二二）。実務の簡便性を考慮してこのような制度となっているものと考えますが、従来の課税実務における過年度修正の概念とは異なりますので新たな整理が必要です。

(5) 過年度修正等が生じた場合の当期IIR計算への影響と税務処理

　構成会社等に関し過年度の対象租税の額が更正処分等により増減した場合は上記の取扱いのとおりですが、対象租税とすべきではないものを対象租税に含めていた場合（対象租税の判定誤り）は、「再計算国別国際最低課税額」としての計算を行うのではなく（法基通18－2－5）、過年度IIRの修正申告が必要となります。これは、前者の場面（過年度更正処分等による税額変動）は、過年度の対象租税の額が後続の事象（更正処分等）により修正されるものであり、いわば過年度申告時の対象租税の額としては正当なものであったと整理され得るものであるのに対し、後者の場面（対象租税の判定誤り）は、そもそも過年度申告時のIIR計算自体に誤りがあったものである点に違いがあります。これらの適用関係を整理すると次表のとおりになります。なお、再計算国別国際最低課税額の計算については、過年度の対象租税の額が更正処分等により減額した場合のほか、繰延対象租税額の変動があった場合等において再計算が必要となる場合が限定列挙されています（法令155の40、法規38の32）。

構成会社等の過年度対象租税の額の変更	修正方法	過年度のIIR
更正処分等により過年度対象租税の額が減額（過年度ETRが減少）	再計算国別国際最低課税額の計算が必要	過年度IIR修正不要
更正処分等により過年度対象租税の額が増額（過年度ETRが増加）	更正処分時（当期）のETR計算で増額分を調整（分子加算）	過年度IIR修正不要
対象租税の判定誤りにより過年度対象租税の額が減額（過年度ETRが減少）	過年度のETR計算でその減額分を調整（分子減算での再計算）	過年度IIR要修正
対象租税の判定誤りにより過年度対象租税の額が増額（過年度ETRが増加）	過年度のETR計算でその増額分を調整（分子加算での再計算）	過年度IIR減額更正

出典：「月刊 国際税務」2024年3月号

⑹　未分配所得国際最低課税額の加算

　国別の不足税額の調整（【**図表10⑺**】）における算式の次のプラス項目である「未分配所得国際最低課税額」は、「各種投資会社等（法法82十六、法令155の13）」に該当する構成会社等に限定された計算項目で、当該構成会社等に係る個別計算所得等の金額のうち、他の構成会社等に分配されなかった部分に対応する国際最低課税額とされています。具体的には課税分配法（各種投資会社等に係る個別計算所得等の金額の計算の特例）において4年以内に分配されなかった金額に対して課税がされることになります（法法82の2②一ハ、法令155の42①②）。

⑺　自国内国際最低課税額に係る税の額の控除

　図表10⑺の算式でマイナス項目とされる「自国内国際最低課税額に係る税（QDMTT）」について、この「自国内」という用語は、その文言上、「わが国国内」、すなわち「日本国内」と捉えがちですが、ここでは「日本国内」という物理的範囲を示した表現ではなくて、「特定多国籍企業グループ等に属する他国所在の構成会社等のその所在地国内」と捉えたほう

が理解しやすいかもしれません。最終親会社等がIIRの計算をする上で、その親会社に属する他国所在（軽課税国所在）の子会社（構成会社等）がその他国（自国）のQDMTTの適用によって課税された場合には、二重課税となるため、この算式上控除するという意味です。すなわち、この算式の一番左の「(6)当期国別国際最低課税額」を計算した上で、QDMTTの課税額を控除するという構造です。その趣旨は、QDMTT計算は、各構成会社等の所在地国の国内法によって計算されるものであって、わが国のIIRで計算されるこの対象子会社（構成会社等）に係る課税計算と必ずしも一致しない場合があることによります。相手国のQDMTT計算と日本のIIR計算に差が生じる場合があることを想定して、一旦は、この左端の「(6)当期国別国際最低課税額」を計算した上で最後に現地で課されたQDMTTを差し引くという構造になっています。

(8) 共同支配会社等に係る税額加算

　上記(7)までの計算で、軽課税国所在の構成会社等に係るその国別の課税額の総額が算出されます。これに対し、「共同支配会社等（法法82十五）」、すなわち「ジョイント・ベンチャー企業」の傘下企業について不足税額があればこの「(7)グループ国際最低課税額」として合算することになります。この時点で初めて共同支配会社等に係る不足税額が取り込まれる構造です。

(9) 親会社等に対する具体的課税計算

　最後に、上記(8)に従って取り込みが行われた国別の課税額の総額（＝(7)グループ国際最低課税額）をその国に所在する構成会社等や共同支配会社等のそれぞれの所得比で配分します（ただし、構成会社等と共同支配会社等は別計算）。これで各個社に係る課税額が確定します。これが「(8)会社等別国際最低課税額の計算」です。仮に軽課税国とされるA国にX、Yという構成会社等（子会社）が存在する場合は、A国全体の不足税額をX、

Ｙのそれぞれの所得比で分配します（法法82の２①）。

　最後に、最終親会社等から見た各構成会社等（子会社）の帰属割合（所有持分等）に応じてこれを最終的なIIR課税額として配分することになります（法法82の２①一）。これが、「(9)内国法人の国際最低課税額の計算」です。親会社の所有持分等（出資割合、帰属割合）に応じて各子会社に係る税を追加課税（合算課税）する仕組みは、その合算の対象が「税」か「所得」かの違いはあるもののCFC税制（外国子会社合算税制）に似通っています。

6　国際最低課税額の具体的計算

　国際最低課税額とは、特定多国籍グループ等に属する構成会社等である内国法人の各対象会計年度に係るその特定多国籍企業グループ等の「グループ国際最低課税額」のうち、その特定多国籍企業グループ等に属する構成会社等又は当該グループ等に係る共同支配会社等（我が国を所在地国とするものを除く。）の個別計算所得金額に応じて配賦される「会社等別国際最低課税額」について、内国法人の所有持分等を勘案して計算した帰属割合を乗じて計算した金額（内国法人が他の構成会社等を通じて間接に有する一定の構成会社等又は共同支配会社等については、その計算した金額からその計算した金額のうち他の構成会社等に帰せられる部分の金額として計算した金額を控除した残額）の合計額とされています（法法82の２①）。

　なお、法令上、その対象となる会社の種別（事業体の類型）が「構成会社等（法法82三）」、「無国籍構成会社等（法法82十八）」、「特定構成会社等（法法82の２③）」、「共同支配会社等（法法82十五）」、「無国籍共同支配会社等（法法82二十二）」、「特定共同支配会社等（法法82の２⑤）」のいずれであるかによって異なる適用条文が用意され、計算方法がそれぞれ異なります。以下は、適用場面が多いとされる一般的な「構成会社等」を例に、そ

の「国際最低課税額」を算出する際に必要な計算要素（計算事項）を示したものです。具体的計算フローは【図表10】を参照してください。

(1) 個別計算所得等の金額

　実効税率の分母となる「国別グループ純所得の金額」は、その国を所在地国とする全ての構成会社等の個別計算所得金額から個別計算損失金額を控除した残額とされています（法法82の2②一イ(1)）。

　この個別計算所得金額と個別計算損失金額は、「個別計算所得等の金額（各対象会計年度に係る特定連結等財務諸表の作成の基礎となる構成会社等の当期純損益金額［法法82二十六]）」が零を超えるか否かにより区分されるものですが、この個別計算所得等の金額の計算に当たっては、構成会社等、共同支配会社等に区分して、各個社の会計上の損益計算書（P/L）の当期純損益金額を出発点として計算されることから、実効税率の計算においては、この会計をベースにした「当期純損益金額」の計算がとても重要な要素となります（法法82二十六）。

　そして、当期純損益金額は、IIRの規定に従って調整された金額にさらにIIR特有の加算減算調整を行うことにより「特例適用前個別計算所得等の金額」（法令155の18①二）を算出することになります。その上で、特定業種のみに適用される調整や特定多国籍企業グループ等の選択により適用できる調整等を行うことによって個別計算所得等の金額を算出することになります。【図表11】【図表12】

イ　当期純損益金額の計算

(a) 当期純損益金額

　　当期純損益金額は、会社等（構成会社等又は共同支配会社等）の当期純損益金額と恒久的施設等の当期純損益金額を区別して規定されています（法令155の16①一～三）。

図表11　≪個別計算所得等の金額の計算イメージ≫

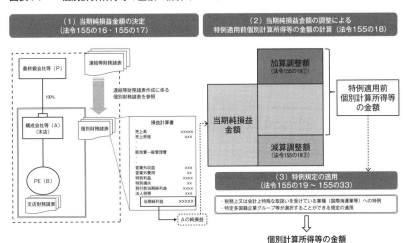

出典：財務省「税制改正の解説（令和5年度）『国際課税関係の改正（各対象会計年度の国際最低課税額に
　　　対する法人税の創設等関係）』」790頁

≪会社等の当期純損益金額≫

　会社等の当期純損益金額は、各対象会計年度に係る特定連結等財務諸
表（構成会社等にあっては①に掲げる連結等財務諸表をいい、共同支配
会社等にあっては②に掲げる連結等財務諸表をいう。）の作成の基礎と
なる構成会社等又は共同支配会社等の「税引後当期純損益金額」をいい
ます（法法82二十六、法令155の16①一）。

①　その構成会社等に係る最終親会社等の連結等財務諸表

②　その共同支配会社等に係る共同支配親会社等の連結等財務諸表

　この「税引後当期純損益金額」とは、最終親会社等財務会計基準（特
定連結等財務諸表に係る会計処理の基準をいう。）に基づき計算される
構成会社等又は共同支配会社等の「当期純利益金額又は当期純損失金
額」（注1）であって、「特定連結等財務諸表の作成において必要とされ
る一定の会計処理」（注2）が行われなかったものとしたならば算出され
ることとなる金額をいいます（法令155の16①一、法規38の13①②）。

図表12　≪「国別グループ純所得の金額」の構成要素≫

「当期純損益金額（※）」（法法82二十六、法令155の16①）

「特定連結等財務諸表」の作成の基礎となる会社等の「当期純利益」又は「当期純損失」の金額【個別P/Lの金額】（法規38の13①）

※ALP調整、特定組織再編成に係る調整、導管会社等の計算特例に係る調整等の後の金額

特例適用前個別計算所得等の金額（法令155の18）

＋　加算調整（法令155の18②）［例：政策上の否認費用（6(1)ロ(f)(g)）］
－　減算調整（法令155の18③）［例：除外配当（6(1)ロ(b)）］

特定業種及び選択適用による調整（法令155の19～同155の33による調整）

個別計算所得等の金額（法法82二十六）

個別計算所得金額＞0（法法82二十七）
個別計算損失金額≦0（法法82二十八）

 国単位の合計額

＋　「個別計算所得金額」の合計額（法法82②一イ(1)ⅰ）… ①
－　「個別計算損失金額」の合計額（法法82②一イ(1)ⅱ）… ②

⬇ ①＋②

国別グループ純所得の金額【ETRの分母】（法法82の2②一イ(3)ⅱ）

《図表12　「当期純損益金額」から「国別グループ純所得の金額（ETRの分母）」への計算》

　　国別実効税率（ETR）は、「国別調整後対象租税額」（分子）が「国別グループ純所得の金額」（分母）のうちに占める割合で計算されます（法法82の2②一イ(3)）。そして、この分母の「国別グループ純所得の金額」は、その国又は地域を所在地国とする全ての構成会社等（又は各共同支配会社等）の「個別計算所得金額」の合計額から「個別計算損失金額」の合計額を控除した残額とされています（法法82の2②一イ(1)）。この「個別計算所得金額」、「個別計算損失金額」の該当の可否は、「個別計算所得等の金額」が零を超えるか否かにより区分されます（法法82二十七、二十八）。

　　また、この「個別計算所得等の金額」の計算は、構成会社等、共同支配会社等に区分して、各個社の会計上の損益計算書（P/L）の当期純損益金額を出発点として計算されますが（法法82二十六）、この「当期純損益金額」から「個別計算所得等の金額」に至る計算過程で、2段階の調整計算が行われる仕組みとなっています。

　　すなわち、第一段階の調整は、「当期純損益金額」に対し、課税所得の計算上、多くの国又は地域において一般に採用されている税務調整項目について加減算調整を行います。なお、この当期純損益金額は、独立企業間価格に基づく調整（ALP調整）、特定組織再編成に係る調整、導管会社等の計算特例に係る調整等を行った後の金額となることに注意が必要です。そして、この調整後の金額をIIR上、「特例適用前個別計算所得等の金額（法令155の18①）」といい、さらに、この「特例適用前個別計算所得等の金額」に、第二段階の調整として特定業種のみに適用される調整や特定多国籍企業グループ等の選択により適用できる調整等を行うことによって、最終的な「個別計算所得等の金額」を算出することになります。

　　特に「当期純損益金額」から「特例適用前個別計算所得等の金額」に至るまでの加算・減算の調整項目は、10種類以上と多種・多様で、IIRの計算上、注視すべき事項です。

(注1)　「当期純利益金額又は当期純損失金額」とは、基本的に会社等の各対象会計年度に係る損益計算書の税引後当期純利益（損失）をいいますが、会社等単体の損益計算書の項目に計上されない金額であっても、その会社等に係る特定連結等財務諸表における損益計算書の項目に計上される金額で、その金額がその会社等に帰せられるものは、これに含まれます。

(注2)　「特定連結等財務諸表の作成において必要とされる一定の会計処理」とは、連結財務諸表を作成する際に行われるグループ内取引の相殺処理と連結財務諸表の作成において子会社を時価評価するいわゆるパーチェス会計による処理をいいます。

　ここで、注意を要するのは、会社等の「税引後当期純損益金額」（法令155の16①一）は、会社等の単体の損益計算書が基準となりますが、ここでの金額は「最終親会社等財務会計基準」に基づくものである必要があるということです（後述する代用財務会計基準の適用が認められるケースを除く。）。なお、この最終親会社等財務会計基準とは、構成会社等であれば、上記①の連結等財務諸表で適用されている会計処理の基準（最終親会社の会計基準）をいい、共同支配会社等であれば上記②の連結等財務諸表で適用されている会計処理の基準（JV親会社の会計基準）をいいます（法基通18－1－25）。

　したがって、親会社と子会社の会計基準が異なる場合でこれらに係る連結財務諸表を作成するときは、一般に子会社の会計基準を親会社の会計基準に合わせる作業（GAAP調整）を行うことが多いと思われますが、このGAAP調整に係る金額も基本的には税引後当期純損益金額を構成することになります。ただし、税務通達（法基通18－1－26）では、「構成会社等の損益計算書が最終親会社財務会計基準と異なる会計処理の基準により作成されている場合であっても、最終親会社財務会計基準において当該損益計算書を用いて連結等財務諸表を作成することが認められているときには、その認められる限りにおいて、当該構成会社等の税引後当期純損益金額の計算につき、最終親会社財務会計基準に基づき

再計算することを要しない。」とされており、税務実務上は、連結財務
諸表を作成する際に、その適用される親会社の会計基準が親会社と子会
社の会計基準の相違を許容している（会計基準が相違したまま子会社の
財務諸表が連結されている）場合には、本制度のためにあえて、子会社
の会計基準を親会社の会計基準に引き直して計算することまで求めない
としたものと考えます。J-GAAPにおいては、子会社がIFRSやUS-
GAAPを適用している場合の会計処理の調整方法の特例があります[31]。
会計実務においては、この特例の取扱いを適用しているケースが多いと
思われますが、上記税務通達の取扱いを踏まえ、この特例の要件に従っ
ている限りにおいては、子会社が適用したIFRSやUS-GAAPの会計処理
のJ-GAAPへの調整は不要になるものと考えます。この点に関し、税制
の企画立案当局担当者の解説[32]では「財務会計基準の中には、例えば、
最終親会社等がいわゆる連結財務諸表を作成する場合において、最終親
会社等の財務会計基準とは異なる財務会計基準で作成されたその在外子
会社たる構成会社等の財務諸表を使用することが許容されている場合が
あり……このような場合には、その構成会社等の当期純損益金額は最終
親会社等財務会計基準に基づくものと考えられます。」としており、こ
れとも整合するところです。

　また、税引後当期純損益金額の計算においては、①対象会計年度の税
引後当期純損益金額に含まれない「その他の包括利益の金額」が、いわ
ゆる組替調整（リサイクリング）により当該対象会計年度後の対象会計
年度の損益計算書の項目に計上される金額に含まれることとなった場合
には、当該「その他の包括利益の金額」を含めて行うこと、②非支配株
主に帰属する金額を含めて行うことが、税務上明らかにされています
（法基通18－1－24）。

31　「連結財務諸表作成における在外子会社等の会計処理に関する当面の取扱い」（改正実務対応
　報告第18号）
32　財務省・前掲（注2）793頁（参考2）。

≪決算日が相違する場合の取扱い≫

　親会社と子会社の決算日が相違する場合、税引後当期純損益金額の計算をどのように行うかといった問題があります。この点、構成会社等の税引後当期純損益金額は、最終親会社財務会計基準に基づき計算するため、「構成会社等の決算日と対象会計年度終了の日が異なる場合に、当該構成会社等の決算が当該対象会計年度終了の日に行われたものとして当該構成会社等の税引後当期純損益金額の計算を行うかどうかは、最終親会社財務会計基準に従う」こととされています（法基通18－1－28）。

　また、例えば、最終親会社財務会計基準で連結会計基準が適用される場合において、その構成会社等の決算日とその対象会計年度終了の日（最終親会社等の連結決算日）の差異が3か月を超えないため、その構成会社等の決算日に係る計算書類を用いて連結等財務諸表を作成しているときは、当該計算書類を基礎にその構成会社等の税引後当期純損益金額を計算することとされています（同基通（注））。

　ここでも、連結等財務諸表で適用されている会計基準（最終親会社の会計基準）の取扱いに従うとされており、税務通達では、J-GAAPを例に決算期の相違が3か月を超えない場合、連結会計基準の「決算期の異なる子会社がある場合の取扱い」[33]に従って、その子会社（構成会社等）の計算書類を基礎に税引後当期純損益金額を計算する旨が明らかにされています（法基通18－1－28（注））。したがって、例えば、IFRSを適用している場合には、IFRSにおける親会社の決算日と子会社の決算日の相違に関する取扱いに従うことになるものと考えます。

　なお、共同支配会社等（JV）について、最終親会社の決算日（対象会計年度終了の日）と共同支配会社等の決算日が相違する場合の当該共同支配会社等の税引後当期純損益金額は、最終親会社の決算日（対象会計年度終了の日）の直前の共同支配会社等の決算日に係る計算書類を基

33　企業会計基準委員会「連結財務諸表に関する会計基準」第16項（注4）。

礎に計算しても差し支えない旨が明らかにされています（法基通18－1－30）。すなわち、親会社が3月決算で、JVが12月決算の場合には、JVの税引後当期純損益金額は親会社の決算期（3月）の直前の12月決算に基づいて計算しても差し支えないことになります。この点に関し、税制の企画立案当局担当者の解説[34]においても、持分法が適用されるJVについては、必ずしも決算日の統一が求められず、共同支配会社等の当期純損益金額は、対象会計年度終了の日の直前のその共同支配会社等の決算に基づくものになるとしています。

　また、この決算日が相違する場合の取扱いについて、2023（令和5）年12月OECD公表の執行ガイダンスにおいても上記の通達の定めや税制の企画立案当局担当者の解説と同様の内容が示されており[35]、これらの取扱いは、OECDのガイダンスとも整合しています。

≪恒久的施設等の当期純損益金額≫

　恒久的施設等の当期純損益金額は、上記2(8)「恒久的施設等（PE）」の区分に応じ、それぞれ次の金額とされています。

① 無国籍PE以外のPE

　　次の場合の区分に応じそれぞれ次に定める金額

（イ）　最終親会社等財務会計基準（最終親会社等財務会計基準に基づくことが実務上困難であると認められる場合には、代用財務会計基準。次において同じ。）に従って作成された恒久的施設等の各対象会計年度に係る個別財務諸表（構成会社等又は共同支配会社等ごとの財産及び損益の状況を記載した計算書類をいう。以下同じ。）がある場合…その個別財務諸表に係るその最終親会社等財務会計基準に基づき計算された恒久的施設等の当期純利益金額又

34　財務省・前掲（注2）793頁（参考3）。
35　OECD・前掲（注22）「3.2 Mismatch between Fiscal Years of UPE and another Constituent Entity」24頁。

は当期純損失金額（「恒久的施設等純損益金額」）（法令155の16①二イ）

（ロ）　上記以外の場合…最終親会社等財務会計基準に従って恒久的施設等の各対象会計年度に係る個別財務諸表を作成するとしたならば作成されることとなる個別財務諸表に係るその最終親会社等財務会計基準に基づき計算される恒久的施設等純損益金額（法令155の16①二ロ）

②　無国籍PE

会社等の所在地国以外の国又は地域（他方の国：法法82六）においてその恒久的施設等を通じて行われる会社等の事業から生ずる収益の額（その会社等の税引後当期純損益金額の計算に用いられる会計処理の基準に基づき計算される収益の額で、その会社等の所在地国の租税に関する法令においてその会社等の所得の金額の計算上益金の額に算入されないものに限る。）からその事業から生ずる費用の額（その会社等の税引後当期純損益金額の計算に用いられる会計処理の基準に基づき計算される費用の額で、その会社等の所在地国の租税に関する法令においてその会社等の所得の金額の計算上損金の額に算入されないものに限る。）を減算した金額（法令155の16①三）

≪税引後当期純損益金額の為替換算≫

税引後当期純損益金額については、会社等の損益計算書（P/L）を基準とし、海外子会社のP/L表示通貨と親会社の連結財務諸表の表示通貨が異なる場合、税引後当期純損益金額はどの通貨によって、どのタイミングで換算を行うのかという問題が生じ得ます。この点、税務通達では、構成会社等又は共同支配会社等の税引後当期純損益金額又は恒久的施設等純損益金額（法令155の16①二イ）について、「当該構成会社等又は共同支配会社等の損益計算書に表示される通貨が最終親会社等の連結等財務諸表に表示される通貨と異なる場合には、当該構成会社等又は共

同支配会社等の税引後当期純損益金額又は恒久的施設等純損益金額を最終親会社財務会計基準に基づき連結等財務諸表に表示される通貨に換算する」(法基通18-1-31)とされており、また、税制の企画立案当局担当者の解説[36]においても同様の説明がなされています(**Ⅶ5**「IIRと為替換算」参照)。

≪代用財務会計基準の適用≫

上記のとおり、税引後当期純損益金額は、基本的に最終親会社等財務会計基準に基づいて計算されますが、例外として、これに代わり、「代用財務会計基準(注)」に基づいて計算することが認められるケースがあります。具体的には、会社等が企業グループ等に新たに属することとなった日からその企業グループ等に係る最終親会社等の連結等財務諸表を作成するまでの期間が著しく短いことその他の事由により、最終親会社等財務会計基準に基づくことが実務上困難であると認められる場合には、代用財務会計基準に基づき計算されるものを使用することが認められています(法令155の16②、法規38の13④)。ただし、これが認められるためにはその会社等の個別財務諸表が、実際に代用財務会計基準に基づいて作成されている必要があります。

(注) 代用財務会計基準とは、その最終親会社等財務会計基準以外の特定財務会計基準又はその最終親会社等財務会計基準以外の構成会社等若しくは共同支配会社等の所在地国(その構成会社等又は共同支配会社等が無国籍会社等である場合には、その設立国)において一般に公正妥当と認められる会計処理の基準(特定財務会計基準を除く。)とされます。

そして、この「最終親会社等財務会計基準に基づくことが実務上困難であると認められる場合」について、税務通達(法基通18-1-32)では、例示として「会社等の所有持分(法法82八)が取得され、当該会社等が企業グループ等(法法82二)に属することとなった場合に、当該会

---

36 財務省・前掲(注2)884頁。

社等が使用する会計システムが最終親会社等財務会計基準に対応していないことにより、直ちに当該最終親会社等財務会計基準を適用して税引後当期純損益金額又は恒久的施設等純損益金額の計算を行うことができないとき」を挙げています。この例示を踏まえるとその適用場面は限定的であると考えます。

　このように、代用財務会計基準の使用が認められるケースが限定的であるとすると、J-GAAPの特例のような最終親会社等財務会計基準で認められるケースを除き、会計実務上再計算していない場合に全ての子会社について親会社の会計基準に基づき計算することは実務上負担が相当大きくなることが想定されるところです。例えば、企業グループ等には、重要性の基準により連結されないこととなった非連結子会社（非重要性子会社）が含まれることもあり、このような会社等にまで最終親会社等財務会計基準に従って再計算することを求めるとした場合、相当な事務負担となると考えられるところです。

　この点に関し、2022（令和4）年12月OECD公表のセーフ・ハーバー等に関するガイダンスでは、恒久的な取扱いとして、重要性の観点から非連結となった子会社（非重要性子会社）につき、CbCR（国別報告書）を用いた簡易計算を許容する恒久的なセーフ・ハーバー（Simplified Calculation Safe Harbour for Non-Material Constituent Entities：NMCEセーフ・ハーバー）の適用を容認しています[37]。また、2023（令和5）年12月公表のOECD執行ガイダンスにおいても、同様の内容として、当該「NMCEセーフ・ハーバー」がガイダンスとして合意されています[38]。

　他方、わが国IIRでは、OECDで合意された各セーフ・ハーバーのう

37　OECD「Safe Harbours and Penalty Relief: Global Anti-Base Erosion Rules（Pillar Two）」（2022.12）「2 Permanent Safe Harbour」Simplified Calculations Safe Harbour for NMCEs 26頁。（参考）　https://www.oecd.org/tax/beps/safe-harbours-and-penalty-relief-global-anti-base-erosion-rules-pillar-two.pdf

38　OECD・前掲（注22）「6 Simplified Calculation Safe Harbour for Non-Material Constituent Entities」35頁。

ち、令和５年度税制改正では「適格CbCRセーフ・ハーバー」しか法制
化されず、簡易計算としての恒久的なセーフ・ハーバーは導入されませ
んでした。しかしながら、実務の簡便性や効率性の観点からこの非連結
子会社に係るセーフ・ハーバーについても、令和６年度税制改正で法制
化されたところです（新法法82の２⑧）。

(b)　当期純損益金額の調整

　　当期純損益金額は、基本的には、会社等の損益計算書（P/L）を
ベースに計算されますが、IIRでは、財務会計上の帳簿価額とは異な
る価額に基づいて収益や費用の額を計算する調整等が求められていま
す。そして、ここで求められる具体的調整事項は、①独立企業間価格
に基づく当期純損益金額の調整、②特定組織再編成により資産等の移
転が行われた場合の当期純損益金額の調整、③プッシュダウン会計が
適用される場合の当期純損益金額の調整、④移行対象会計年度前のグ
ループ内取引等に係る当期純損益金額の調整、⑤恒久的施設等の当期
純損益金額の調整です。

≪独立企業間価格に基づく当期純損益金額の調整［クロスボーダー取
　引］≫
【クロスボーダーのグループ間取引】

　　本制度の実効税率（ETR）計算は国又は地域ごとに計算されるた
め、その計算の基となる所得（個別計算所得等の金額）の計算も国又
は地域ごとで計算されます。したがって、グローバル・ミニマム課税
制度におけるIIR上も国又は地域間での所得の移転を防止する必要が
あるため、当期純損益金額の計算においても、クロスボーダーのグ
ループ間取引（資本等取引は除く。以下「対象取引」という。）につ
いては、移転価格税制における独立企業間価格（ALP：注）で行わ
れたものとして当期純損益金額を計算することとされています（法令

155の16③)。【図表13】

(注)　「独立企業間価格」とは、租税特別措置法第66条の4第1項(国外関
　　連者との取引に係る課税の特例)に規定する独立企業間価格又はわが
　　国以外の国若しくは地域の租税に関する法令の規定におけるこれに相
　　当する金額をいいます(法令155の16③一)。

　具体的には、以下の場合に応じ、それぞれ独立企業間価格とみなさ
れる場面が定められています。

①　その構成会社等又は共同支配会社等の税引後当期純損益金額又は
　恒久的施設等純損益金額の基礎となるその取引に係る金額(以下の
　②、③において「一方の取引金額」という。)と当該他の構成会社
　等又は他の共同支配会社等の税引後当期純損益金額又は恒久的施設
　等純損益金額の基礎となるその取引に係る金額(以下の②、③にお
　いて「他方の取引金額」という。)のいずれもが独立企業間価格と
　異なる場合…その取引は独立企業間価格で行われたものとみなす
　[みなして計算する](法令155の16③一)。

②　一方の取引金額と他方の取引金額のいずれかが独立企業間価格で
　ある場合…その取引はその独立企業間価格で行われたものとみなす
　[みなして計算する](法令155の16③二)。

③　一方の取引金額と他方の取引金額のいずれもが独立企業間価格で
　あって、これらの独立企業間価格が異なる場合…その取引はこれら
　のいずれかの独立企業間価格で行われたものとみなす[みなして計
　算する](法令155の16③三)。

　(注)　上記③の場合、いずれもが独立企業間価格(ALP)であることか
　　ら、いずれの価格を用いても、IIR上はALPとされるが、その価格は
　　いずれか一方に合わせる(同額となる)必要がある(法基通18-1
　　-35)。

OECDモデルルールコメンタリー（2022.3）[39]では、ALP調整（the transfer pricing adjustment）を行うことによって二重課税又は二重非課税が生じる場合には当該ALP調整は行わないこととされていますが、わが国IIRには、このような規定はありません。この点につき、税制の企画立案当局担当者の解説[40]では、「二重課税又は二重非課税を生じさせないための適切な調整方法等について国際的な合意に至った後に、その合意を踏まえた対応を行っていく予定」とされており、この点、今後の動向に注視する必要があります。

他方で、当期純損益金額の計算に当たり、クロスボーダーのグループ間取引のすべてについて、ALPに関する取引検証が必要となるか否かに関し、疑問が生じ得ます。この点につき、税務通達は、構成会社等がその当期純損益金額の計算につき、その対象取引に係る金額は独立企業間価格であるとして、その所在地国の租税に関する法令を執行する当局に対し独立企業原則に従った価格であるとして申告した額が当該対象取引に係る金額と同じである場合には、次の①から⑤に掲げるときを除き、当該対象取引に係る金額は独立企業間価格であるものとして取り扱って差し支えないとしています（法基通18－1－33）。

これは独立企業原則に即した移転価格ポリシー（関連者間取引の価格設定に関する基本方針）等に基づき企業グループ間取引の価格設定がなされているものと考えられることによるものです。

① 対象取引に係る金額につき、構成会社等又は共同支配会社等が当該対象取引の当事者（構成会社等にあっては、当該構成会社等と他の構成会社等をいい、共同支配会社等にあっては、当該共同支配会社等と他の共同支配会社等をいう。）の所在地国の租税に関する法令における独立企業間価格に関する規定により、当該所在地国の租

39 OECD・前掲（注14）「Article 3.2.3 Arm's length requirement for cross-border transactions」（パラ101-103）62頁。
40 財務省・前掲（注2）797頁。

税に関する法令を執行する当局から更正又は決定（外国におけるこれらに相当するものを含む。）があった場合において、それぞれの所在地国の権限ある当局間の条約等に基づく合意（外国におけるこれに相当するものを含む。）が行われたとき

② 対象取引に係る金額につき、独立企業間価格の算定の方法及び対象取引に関する事項について、構成会社等の所在地国の権限ある当局及び他の構成会社等の所在地国の権限ある当局による確認（外国におけるこれに相当するものを含む。）があるとき又は共同支配会社等の所在地国の権限ある当局及び他の共同支配会社等の所在地国の権限ある当局による確認があるとき

③ 対象取引に係る金額につき、独立企業間価格の算定の方法及び対象取引に関する事項について一方の所在地国の権限ある当局のみによる確認があるとき

④ 対象取引に係る金額につき、構成会社等又は共同支配会社等が当該対象取引の当事者の所在地国の租税に関する法令における独立企業間価格に関する規定に従って、当該所在地国の租税に関する法令を執行する当局に当該対象取引に係る金額を修正して申告をしたとき

⑤ 対象取引に係る金額につき、構成会社等又は共同支配会社等が当該対象取引の当事者の所在地国の租税に関する法令における独立企業間価格に関する規定により、当該所在地国の租税に関する法令を執行する当局から更正又は決定を受けたとき（①に掲げるときを除く。）

　(注)　上記①から⑤までの合意、確認、申告、更正又は決定に係る金額は、それぞれが掲げるときにおける独立企業間価格となることに留意が必要です。

　すなわち、財務諸表のP/Lに計上された取引の金額が、独立企業原則（ALP原則）に従っているかを評価・決定した上で、これが現地の税務当局に税務申告した金額と一致していれば、上記①から⑤までの場合を除き、その金額はALPと認められるということになります。上記①か

図表13　≪グループ間取引における独立企業間価格の検証≫

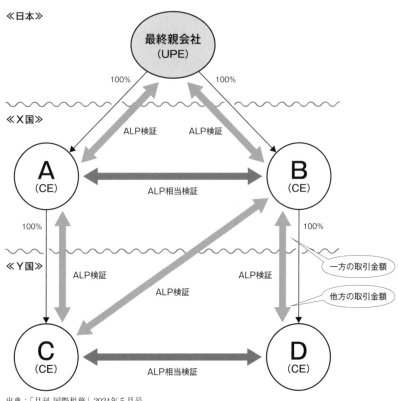

≪日本≫

出典:「月刊 国際税務」2024年5月号

　ら⑤は、それぞれ、①相互協議（MAP）、②バイ（マルチ）APA、③ユ
ニAPA、④一方の国への修正申告、⑤一方の国からの更正処分の場面
を想定してのものと思われますが、これらのケースは、客観的にも
ALPとされる指標が得られている状況を踏まえてのものと考えられ、
この点については、OECDモデルルールコメンタリー(2022.3) におい
ても同様の内容が記載されています[41]。

　なお、上記①から⑤の場合がALPでないとして除かれる趣旨は、こ

41　OECD・前掲（注14）「Article 3.2.3 Arm's length requirement for cross-border transactions」（パラ99-100）61－62頁。

れらは本質的にその現地の税務当局に申告した額が独立企業原則に従った価格であることに疑義が生じている場合であって、このような場合についてまで、その対象取引に係る金額をALPとして取り扱うことは適当ではないと整理したものと考えられます。

　また、IIRにおけるALPについても、移転価格税制（TP）と同様に独立企業間価格レンジ（一定の幅の形成）の考え方（措通66の４（３）－４）が採用されており、IIR上も同様に独立企業間価格レンジ内のALP調整（独立企業間価格で行われたものとみなして取引に係る金額を算定すること。）は行わないとされています（法基通18－１－34）。

≪独立企業間価格相当額に基づく当期純損益金額の調整［同一国内取引]≫

【同一国内のグループ間取引】

　グループ間の取引のうち同一国内取引については、実効税率の計算が国又は地域別で行われ、また、その国内取引相互間の金額は同一税率の下、一般にそれぞれ消去されるので、ALP調整は不要のように思われます。しかしながら、同一所在地国内のグループ間取引であっても独立企業間価格と異なる価格を用いた資産の販売等を行って損失が生じた場合には、計算上消去されず、実効税率の計算にも影響が生じることになります。このように、同一国内の取引であってもそこでのグループ間取引を独立企業間価格（ALP）と異なる価格で行い意図的に損失を生じさせ、当該国の実効税率計算を歪めることが可能となるため、これを防止する必要があります。

　このため、同一国内の取引においても損失が生じた資産の販売等の取引については、独立企業間価格（ALP）で行われたものとして当期純損益金額を計算することとされています（法令155の16④）。

　なお、わが国の移転価格税制はクロスボーダー取引を対象としていることから、この場合のALPを、法令上「独立企業間価格相当額」と定

義し（法令155の16④）、移転価格税制が国内取引にも適用されるとみなして構成会社等又は共同支配会社等の税引後当期純損益金額の計算を行うこととしています（ALP相当額調整：**図表13**)。また、この場合のALP（独立企業間価格相当額）もクロスボーダー取引と同様、独立企業間価格レンジの考え方（一定の幅の形成）が採用されており、レンジ内のALP調整は行わないとされています（法基通18－1－36)。

≪特定組織再編成により資産等の移転が行われた場合の当期純損益金額の調整≫

当期純損益金額については、会計上の損益計算書（P/L）の金額がベースとなって計算されますが、例えば、わが国の適格合併のように組織再編成の実施によって資産又は負債の移転に係る損益が課税所得の計算上繰り延べられた場合、実効税率の計算上分子の租税の額は課税繰延べの影響によりマイナス要因となるのに対し、分母の所得の金額は、会計基準により時価を用いて算定された額とされ、実効税率の計算に歪みが生じる可能性があります。このため、IIRでは一定の組織再編成を「特定組織再編成」と定義した上で（法令155の16⑨一）、この特定組織再編成により資産又は負債の移転が行われた場合は、税務上の取扱いに合わせて（移転に係る利益・損失はないものとして）当期純損益金額を計算することで、実効税率の計算の歪みを解消することとしています（法令155の16⑦)。

なお、上記「特定組織再編成」とは、組織再編成（合併、分割、清算その他これらに類する事由をいう。）のうち、次の①～③の全ての要件を満たすものをいいます（法令155の16⑨一）。

① 組織再編成により移転を受けた資産又は負債に係る対価として交付される資産の全部又は大部分と認められる部分の資産が取得会社等（組織再編成により資産又は負債の移転を受けた会社等をいう。）又はその取得会社等と特殊の関係にある会社等に対する持分であること

（その組織再編成により移転を受けた資産又は負債に係る対価が交付されない場合にあっては、その持分の交付が省略されたと認められるものであること）

② 組織再編成により移転をした資産のその移転に係る利益の額及び損失の額の全部又は一部につき、その移転を行った会社等（移転会社等）の所在地国の租税に関する法令においてその移転会社等の所得の金額の計算上益金の額及び損金の額に算入しないこととされていること

③ 組織再編成により移転を受けた資産の取得価額につき、取得会社等の所在地国の租税に関する法令においてその移転を行った会社等のその組織再編成の直前の帳簿価額を基礎として計算することとされていること

　(注)　「特定組織再編成」における上記要件①の「持分の交付が省略されたと認められるもの」は、組織再編成の前後において株主等の持分割合に変更が生じないため、組織再編成の対価として持分を交付しなかったものをいうとされ（法基通18-1-39）、完全支配関係を有する場合などにおいて、対価の交付が省略されるものがこれに該当すると考えます。

　そして、「特定組織再編成」が行われた場合の具体的計算は、次のとおりです（法令155の16⑦）。

① 各対象会計年度において構成会社等又は共同支配会社等が特定組織再編成により他の会社等にその有する資産又は負債の移転をした場合には、その移転に係る利益の額又は損失の額はないものとして、その対象会計年度に係るその構成会社等又は共同支配会社等の税引後当期純損益金額又は恒久的施設等純損益金額を計算する。

② 各対象会計年度において構成会社等又は共同支配会社等が特定組織再編成により他の会社等から資産又は負債の移転を受けた場合には、その資産又は負債を当該他の会社等のその特定組織再編成の直前の帳簿価額に相当する金額により取得したものとして、その対象会計年度

　以後の各対象会計年度に係るその構成会社等又は共同支配会社等の税引後当期純損益金額又は恒久的施設等純損益金額を計算する。

　なお、上記の計算は、特定組織再編成による資産等の移転に係る利益又は損失の額が完全に繰り延べられたケースを想定したものですが、一部課税の対象とされた金額（法令上の「特定利益の金額又は特定損失の金額（法令155の16⑨一、二）」）があるときは、その課税された金額を加味して構成会社等又は共同支配会社等の税引後当期純損益金額又は恒久的施設等純損益金額の計算を行うこととされています（法令155の16⑧）。

≪プッシュダウン会計が適用される場合の当期純損益金額の調整≫

　当期純損益金額の計算においては、上記**6**(1)**イ**(a)≪会社等の当期純損益金額≫（注２）「特定連結等財務諸表の作成において必要とされる一定の会計処理」のとおり、パーチェス会計の処理によるものは加味しないこととされていますが、US-GAAPなど、連結財務諸表上パーチェス会計の処理により子会社について時価評価した結果をその子会社の個別財務諸表に反映する、いわゆるプッシュダウン会計処理（新たに企業グループ等に属することとなった会社等の財務諸表の作成をその属することとなった最終親会社等の連結財務諸表の資産・負債の帳簿価額を用いて作成する会計処理）が認められている場合があります。そして、このプッシュダウン会計処理は、法令上「特定会計処理」と定義されています（法令155の16⑩、法規38の15①）。

　プッシュダウン会計が認められると、パーチェス会計による処理を当期純損益金額の計算上加味しないこととの整合性がとれなくなるため、プッシュダウン会計によって反映された個社の収益や費用も当期純損益金額に含めないとする（プッシュダウン会計処理がないものとみなす）ことで、パーチェス会計の処理と整合性を図ることとされています（法令155の16⑩）。

　なお、本取扱いには、例外を定めており、構成会社等が令和３（2021）

年12月１日前に特定多国籍企業グループ等に属することとなった場合において、その属することとなる直前の当該構成会社等の資産又は負債の帳簿価額が不明であるときは、この当期純損益金額の調整規定は適用しないこととされています（法規38の15②）。

≪移行対象会計年度前のグループ間取引等に係る当期純損益金額の調整≫

　IIR制度の適用前にグループ内の法人間で資産の移転が行われ、その資産の帳簿価額が時価によって増加すると、本制度の適用後のその資産に係る減価償却費が大きくなり、本制度の適用となった対象会計年度の当期純損益金額が減少することになります。これにより、実効税率が過大となり、国際最低課税額の減少にも繋がることとなります。そして、このことは、会計方針の変更を行った上、資産を時価評価の対象とすることによっても帳簿価額の変更は生じ得ます。

　このため、令和３（2021）年12月１日からわが国IIR制度（国際最低課税額制度）が適用されるまでの期間（移行対象会計年度：法令155の３②十一）において、このような取引等が行われた場合には、取引前の帳簿価額を引き継ぐこととして当期純損益金額の計算を行うこととされています。

具体的には、次の計算を行います。

【グループ間取引】

　対象会社等（特定多国籍企業グループ等に属する構成会社等をいう。）が他の会社等（その特定多国籍企業グループ等に属する他の構成会社等をいう。）から資産（最終親会社等財務会計基準における棚卸資産を除く。）の移転（令和３（2021）年12月１日から当該他の会社等に係る移行対象会計年度開始の日の前日までの期間において行われたものに限る。）を受けた場合には、その資産を当該他の会社等のその移転の直前の帳簿価額に相当する金額により取得したものとして、その対象会社等のその移行対象会計年度以後の各対象会計年度に係る税引後当期純損益

金額又は恒久的施設等純損益金額を計算します（法規38の15④）。

【会計処理の基準の変更】

　対象会社等が会計処理の基準の変更（注）又はこれに類する事由（特定事由）により資産の帳簿価額の変更（令和3（2021）年12月1日から移行対象会計年度開始の日の前日までの期間において行われたものに限るものとし、その変更の時においてその対象会社等の特定多国籍企業グループ等に属していなかった場合におけるその変更を除く。）を行った場合には、その特定事由によるその資産の帳簿価額の変更がなかったものとみなして、その対象会社等のその移行対象会計年度以後の各対象会計年度に係る税引後当期純損益金額又は恒久的施設等純損益金額を計算します（法規38の15⑤）。

(注)　会計処理の基準の変更とは、最終親会社等財務会計基準を他の会計処理の基準に変更することその他の最終親会社等財務会計基準において過去対象会計年度に係る当期純損益金額を修正することとされる会計方針の変更をいいます。

　なお、いわゆるオペレーティングリースとなっている資産の移転等につき、上記規定の適用上は、この資産の移転等から除くとするほか、これらの取引等について時価により評価した場合に繰延税金資産があるときは、適用除外としてこの規定を適用しないとすることも考えられるところですが、金額基準等を含めた適用除外規定はありません。したがって、少額の取引であっても移行対象会計年度前にこの資産の移転等の取引等が行われれば、本規定の対象となるので、注意が必要です。

≪恒久的施設等の当期純損益金額の調整≫

【恒久的施設等の当期純損益金額の調整】

　恒久的施設等の当期純損益金額は、原則、恒久的施設等当期純損益金額として最終親会社等財務会計基準に従った会計上の金額がベースとなりますが、その恒久的施設等の個別財務諸表には、税務上恒久的施設等に帰属しない所得項目が反映されている場合もあり得ることから、これ

を加味するための一定の調整が必要となります。

　具体的には、恒久的施設等の区分に応じ、次の個別財務諸表の金額を
恒久的施設等純損益金額とすることとされています（法令155の16⑪）。

① 　上記**2**(8)イの恒久的施設等（租税条約等に基づくPE）…条約等にお
　いてその恒久的施設等に帰せられるべきものとされる所得に係る財産
　及び損益の状況を記載した個別財務諸表を作成するとしたならば作成
　されることとなる個別財務諸表

② 　上記**2**(8)ロの恒久的施設等（所在地国法令に基づくPE）…その恒久
　的施設等の所在地国の租税に関する法令においてその恒久的施設等に
　帰せられるべきものとされる所得に係る財産及び損益の状況を記載し
　た個別財務諸表を作成するとしたならば作成されることとなる個別財
　務諸表

③ 　上記**2**(8)ハの恒久的施設等（OECDモデル租税条約に基づくPE）…
　会社等がその恒久的施設等を通じて事業を行う場合において、その恒
　久的施設等がその会社等から独立して事業を行う事業者であったとし
　たならば、その恒久的施設等が果たす機能、その恒久的施設等におい
　て使用する資産、その恒久的施設等とその会社等の本店等との間の内
　部取引その他の状況を勘案して、その恒久的施設等に帰せられるべき
　ものとされる所得に係る財産及び損益の状況を記載した個別財務諸表
　を作成するとしたならば作成されることとなる個別財務諸表

【本店と恒久的施設等との間の当期純損益金額の調整】

　IIRでは、構成会社等や共同支配会社等とそれらの恒久的施設等は、
それぞれの所在地国で別々に実効税率の計算等を行うこととされている
ため、その構成会社等やその共同支配会社等の税引後当期純損益金額に
その恒久的施設等の損益が含まれている場合には、二重計上となること
から、この恒久的施設等の損益をこれらの税引後当期純損益金額から除
外調整し、二重計上を排除することとしています（法令155の16⑫）。

なお、これらの除外調整は、後述（**6**(1)**イ**(c)≪導管会社等に係る当期純損益金額の計算の特例≫）する導管会社等に係る当期純損益金額の計算の特例（法令155の16⑬）の適用がある場合にはその適用後の金額となります。

(c) **当期純損益金額の計算の特例**

　構成会社等が導管会社等や各種投資会社等の場合には、その特殊性から一定の特例計算が設けられています。

≪導管会社等に係る当期純損益金額の計算の特例≫

　導管会社等は、会計上は個別の損益が認識されるものの、税務上その収益・費用は導管会社等の構成員に帰属する（pass-through）ことになるため、その調整が行われない限り、導管会社等の損益に対する対象租税は構成員の実効税率の計算に含まれることになります。このような導管会社等の特殊性に鑑みて、当期純損益金額の計算は、次の特例計算によって行うこととされています（法令155の16⑬⑭）。ただし、導管会社等が最終親会社等である場合は、後述（**6**(1)**ハ**(n)）するように、別途、個別計算所得等の金額の計算の特例（法令155の32）が定められており、この特例計算規定の対象外とされます。

① 　導管会社等の税引後当期純損益金額のうち他の構成会社等以外の構成員又はその導管会社等に係る他の共同支配会社等以外の構成員に帰せられる金額を除外する。すなわち、構成員であるグループ外の非関連者（非関連構成員）の所有持分に応じた金額を本制度の対象外として導管会社等の損益から除外（減算）する。

② 　導管会社等が恒久的施設等（PE）を有している場合は、①によって非関連者に帰属する金額を除外した残額から、さらに、当該PEに帰属する金額（請求権割合に応じて計算した金額）を除外（減算）する。すなわち、上記**6**(1)**イ**(b)≪恒久的施設等の当期純損益金額の調

整≫における本店とPEの配分ルールに基づき、導管会社等の損益についてもPEに帰属する部分は本店の損益（本店、PEそれぞれについて非関連構成員の所有持分に応じた金額を控除した後の損益）から除外（減算）する。

③　②の配分後の金額について、他の構成会社等の構成員又はその導管会社等に係る他の共同支配会社等の構成員に帰せられる金額を当該他の構成会社等又は当該他の共同支配会社等に配分する。すなわち、構成員であるグループ内の構成会社等やグループに係る共同支配会社等の所有持分に応じて損益を配分する。

≪各種投資会社等に係る当期純損益金額の計算の特例≫

　各種投資会社等（法法82十六）については、上記の導管会社等の取扱いと同様に構成会社等である各種投資会社等の所有持分保有者（法令上、「適用株主等」（法令155の17②）という。）に対して、その各種投資会社等の税引後当期純損益金額を配分することとされています（法令155の17）。これは、各種投資会社等は、その所在地国の税制等において、各種投資会社等の段階では課税されていないことが多いため、各種投資会社等で実効税率の計算を行うと零又は著しく低いものとなり、トップアップ課税が生じ得ることから、これを回避し会計上の損益の主体と租税上の計算主体を一致させることを目的にしたものと考えます。

　具体的には、次の計算を行います。

①　各種投資会社等のその対象会計年度以後の各対象会計年度に係る税引後当期純損益金額に所有持分の合計割合を乗じて計算した金額を、その対象各種投資会社等のその対象会計年度以後の各対象会計年度に係る税引後当期純損益金額から減算する。

②　各種投資会社等の①の対象会計年度以後の各対象会計年度に係る税引後当期純損益金額から減算された金額を、その適用株主等のその対象会計年度以後の各対象会計年度に係る税引後当期純損益金額に加算

する。

　ただし、適用株主等の条件として、その各種投資会社等に対する所有持分の変動損益がその保有者において基準税率（15%）以上の税率で法人税又は法人税に相当する税を課することとされていることが必要です。

　また、この特例の適用を受けるためには、GloBE情報申告書（GIR）において適用を受ける旨の選択を行う必要があることとされています（法令155の17①本文）。

　なお、各種投資会社等については、後述（**6**(1)ハ(m)）する課税分配法（各種投資会社等に係る個別計算所得等の金額の計算の特例）など、その特殊性から他の特例の計算が定められています（法令155の31）。

ロ　特例適用前個別計算所得等の金額【図表14】

　上記**イ**の「当期純損益金額の計算」に続いて、この「当期純損益金額」にIIR特有の加算・減算調整を行うことにより「特例適用前個別計算所得等の金額」（法令155の18①）を算出します。これは、当期純損益金額は上記のとおり基本的には会計上の金額に基づいて計算されますが、所得に対する法人税の規定においても別段の定め等の一定の調整が求められているのと同様、IIR制度上も課税上の金額とするために一定の調整（税務調整）を行うものです。しかしながら、IIRは約140の国・地域の合意に基づくGloBEルールを柱とした制度である一方で、各国が行う法人税に係る税務調整も様々であることから、構成会社等の所在地国における国内法に従った税務調整で完結することは現実的ではありません。そこで、OECDモデルルールコメンタリーにおいてIIRにおける税務調整は、多くの国又は地域において重要で一般的とされるものに限って行うこととされています[42]。わが国IIRもこれに沿ったものとされているため、わが国の所得に対する法人税が定める税務調整とIIR上求めら

42　OECD・前掲（注14）「Article 3.2 Adjustments to determine GloBE Income or Loss」（Article 3.2.1 パラ21）47頁。

図表14　≪特例適用前個別計算所得等の金額の計算のための加減算調整≫

モデルルール	調整項目		法人税法施行令第155条の18 2項 加算調整額	法人税法施行令第155条の18 3項 減算調整額
① 3.2.1(a)	税金費用純額		1号 当期純損益金額に係る費用の額としている金額	1号 当期純損益金額に係る収益の額としている金額
② 3.2.1(b) AG2.3	除外配当		−	2号 当期純損益金額に係る収益の額としている金額
③ 3.2.1(c) 除外資本損益	一定の所有持分の時価評価損益		2号 当期純損益金額に係る損失の額としている金額	3号 当期純損益金額に係る利益の額としている金額
	所有持分の持分法による損益		3号 当期純損益金額に係る損失の額としている金額	4号 当期純損益金額に係る利益の額としている金額
	一定の所有持分の譲渡損益		4号 当期純損益金額に係る損失の額としている金額	5号 当期純損益金額に係る利益の額としている金額
④ 3.2.1(d)	再評価法によって含められる損益（有形固定資産の時価評価損益）		5号 その他の包括利益（OCI）の項目の額に算入される利益の額	6号 その他の包括利益（OCI）の項目の額に算入される損失の額
⑤ 3.2.1(f)	非対称外国為替差損益（会計機能通貨と税務機能通貨が異なる場合の外国為替損益）		6号 次に掲げる金額の合計額 (1) 会計・税務機能通貨間の為替変動による税務上の利益の額とされている金額 (2) 会計・税務機能通貨間の為替変動による当期純損益金額に係る損失の額としている金額 (3) 第三通貨・会計機能通貨間の為替変動による当期純損益金額に係る損失の額としている金額 (4) 第三通貨・税務機能通貨間の為替変動による利益の金額	7号 次に掲げる金額の合計額 (1) 会計・税務機能通貨間の為替変動による税務上の損失の額とされている金額 (2) 会計・税務機能通貨間の為替変動による当期純損益金額に係る利益の額としている金額 (3) 第三通貨・会計機能通貨間の為替変動による当期純損益金額に係る利益の額としている金額 (4) 第三通貨・税務機能通貨間の為替変動による損失の金額
⑥ 3.2.1(g) 政策上の否認費用	違法とされる金銭、物品その他の財産上の利益の供与		7号 当期純損益金額に係る費用の額としている金額	−
	5万ユーロ以上の罰金等		8号 当期純損益金額に係る費用の額としている金額	−
⑦ 3.2.1(h)	過去の誤びゅうの訂正及び会計処理の基準の変更		9号 期首の純資産の額の増加額	8号 期首の純資産の額の減少額
⑧ 3.2.1(i) AG2.5	発生年金費用（収益）	費用	10号 (1)の金額が(2)の金額を超える場合の超過額 (1) 当期純損益金額に係る費用の額としている金額 (2) 年金基金に対し支払う掛金の金額	9号 (1)の金額が(2)の金額を超える場合の超過額 (1) 年金基金に対し支払う掛金の金額 (2) 当期純損益金額に係る費用の額としている金額
		収益	11号 年金基金から支払を受けたものの金額	10号 当期純損益金額に係る収益の額としている金額
⑨ 3.2.4	適格給付付き税額控除額・非適格給付付き税額控除額（注）		12号 適格給付付き税額控除に関して、当期純損益金額に係る収益の額としている金額	11号 非適格給付付き税額控除に関して、当期純損益金額に係る収益の額としている金額
⑩ 3.2.7	グループ内金融取決めに係る費用		13号 当期純損益金額に係る費用の額としている金額	−

※AG：2023年2月にOECDより公表された「Administrative Guidance on the Global Anti-Base Erosion Model Rules (Pillar Two)」
(注)　令和6年度税制改正により、法人税法施行令第155条の18第2項第12号（加算調整項目）及び同条第3項第11号（減算調整項目）の規定が改正されました。同条第2項第12号では、「適格給付付き税額控除額」のほか、新たに「適格適用者変更税額控除額」が加算調整項目とされ、同条第3項第11号の減算調整項目として、適格給付付き税額控除額及び適格適用者変更税額控除額以外の税額控除の額がその対象とされました。

出典：財務省「税制改正の解説（令和5年度）『国際課税関係の改正（各対象会計年度の国際最低課税額に対する法人税の創設等関係）』」818頁（一部加筆）

　れる税務調整は項目が必ずしも一致したものとはなっていません。また、受取配当に係る取扱いなど調整項目としては共通しているものの、調整基準が異なっているものもあり、会計上と税務上の算出金額等にミスマッチが生じるケースがあり得ます。この点は、前記Ⅱ4(2)「国内法との相違による課税のミスマッチ」及びⅦ6「配当課税に関する問題」も併せてご参照ください。

　なお、わが国IIRにおける具体的な税務調整は、次の(a)から(k)までの項目につき加算又は減算を行うこととされており、「加算調整」「減産調整」を項目別に整理すると【図表14】のとおりとなります（法令155の

18②③)。また、これら調整を要する主体は構成会社等を念頭に置いた
ものとなっていますが、共同支配会社等も同様の調整を行うことになり
ます（法令155の18①二）。

(a) 税金費用純額

「税金費用純額」の調整とは、対象租税等（対象租税、自国内最低課税
額に係る税（QDMTT）、IIR、UTPR及び非適格還付有インピュテーショ
ン税（注））の額で、当期純損益金額において、法人税等、法人税等調整
額、その他の費用・収益の額としているものを当期純損益金額に加減算調
整するものです（法令155の18②一、同令③一）。これは、当期純損益金額は
税引後の金額であるため、実効税率の計算上、その影響を排除するため
に、税引前の金額に戻す調整となります。留意すべきは、対象租税の額の
うち、個別計算所得等の金額以外の金額に係るものは、実効税率計算の分
子を構成する「調整後対象租税額（法法82三十、法令155の35①）」に含まれ
ないということです（6(3)「調整後対象租税額」参照）。したがって、こ
の金額（個別計算所得等の金額から除外されるもの［例えば、除外資本損
益］に係る対象租税の額）は実効税率の計算の分子において考慮されませ
んが、この税金費用純額に係る調整の対象となります。

> **(注)** 非適格還付有インピュテーション税とは、構成会社等又は共同支配会
> 社等の所得に対する税であって、次の①・②の要件のいずれかを満たすも
> の（適格インピュテーション税（6(2)ロ参照）を除く。）をいいます（法
> 令155の34②四、法規38の27③）。これは、利益の配当を行うことにより
> 任意の時期に還付を受けることが可能となることから、実質的には預け
> 金であるとされ、その額は対象租税の額から除外して実効税率の計算を
> 行う（実効税率の計算上、その分子から除く調整）こととされています。
> ① その構成会社等又は共同支配会社等が利益の配当を行う場合に、そ
> の利益の配当を受ける者がその所得に対する税の額に係る還付を受け、
> 又はその利益の配当を受ける者がその利益の配当に係る税以外の税の
> 額からその所得に対する税の額を控除することができること
> ② その構成会社等又は共同支配会社等が利益の配当を行う場合に、そ
> の構成会社等又は共同支配会社等がその所得に対する税の額に係る還
> 付を受けることができること

(b) 除外配当

「除外配当」の調整とは、短期保有ポートフォリオ株式以外の所有持分に係る利益の配当について、当期純損益金額から減算する調整を行うものです。配当については、多くの国又は地域において、一定の保有期間・保有割合の要件を満たした場合の益金不算入処理等による減免措置が講じられていますが、IIRにおいても、一定の要件を満たす所有持分に係る利益の配当の額を当期純損益金額から減算することとされています。また、配当について課税上減免される基準は各国によって異なる（Ⅱ4⑵、Ⅶ6参照）と思われますが、IIR共通の基準として1年以上の継続所有又は所有持分の10%以上の保有割合（利益配当請求権、残余財産の分配請求権、議決権）の要件が定められています（法令155の18③ニイロ）。

そして、利益の配当のうち、特定多国籍企業グループ等に属する他の構成会社等からの利益の配当であって、その他の構成会社等がその利益の配当（支払配当）の額を当期純損益金額に係る費用の額としているときは、その費用とした額に相当する金額の利益の配当については除外配当の調整から除くこととされています（法令155の18③ニ）。これは、配当を支払う側と配当を受ける側でその配当に対する会計処理の基準が異なることによる二重控除を個別計算所得の金額の計算上、排除する趣旨です。

除外配当の要件を満たすものであっても、各種投資会社等（法法82十六）で、後述する課税分配法（法令155の31）の適用を受ける利益の配当の額については、個別計算所得等の金額に含まれるものとされます。

また、除外配当該当性（減算調整）の判断に関し、「利益の配当の額（法令155の18③ニ）」は、所有持分を有することにより受ける配当の額で、当期純損益金額に係る収益の額としている金額とされ、会計上純資産の部に計上されるもので、所有持分に基づいて受ける分配額に限られます。この点、例えば、「金融商品会計基準」[43]が適用される場合における新株予約権付社債につき受ける利子の額は、当該利益の配当の額には含まれないこと

---

43 企業会計基準委員会「金融商品に関する会計基準（企業会計基準第10号）」1999年1月22日

になります（法基通18-1-48）。

さらに、「『所有持分（……）を有することにより受ける利益の配当の額（……）で、当期純損益金額に係る収益の額としている金額（法令155の18③二)』の算定に当たっては、その利益の配当に係る費用の額を含めない」ことが税務通達において明らかにされる（法基通18-1-49）とともに、「引き続き１年以上その所有持分を有していたこと（１年以上継続所有要件)」の判定は、構成会社等ごとに行うことを前提に、例えば、構成会社等が当該構成会社等の特定多国籍企業グループ等に属する他の構成会社等から所有持分を取得した場合には、一定の場合（法規38の16⑯）を除き、当該構成会社等が当該所有持分の取得をした日から利益の配当を受ける日までの期間に基づき１年以上継続所有要件の判定を行うことが明らかにされています（法基通18-1-50）。

(c) 除外資本損益（時価評価損益、持分法損益、譲渡損益）

「除外資本損益」の調整とは、いわゆるポートフォリオ株式以外の株式に係る損益ついては、資本参加免税（注１）等により多くの国又は地域で課税上、利益については減免措置、損失については損金不算入とされているケースが多いことを踏まえ、本制度（IIR）においても、上記(b)の「除外配当の調整」の場合と同様に一定の要件を満たす所有持分に係る損益を当期純損益金額に加減算することとしています（法令155の18②二～四、同令③三～五）。ただし、IIRにおいてはその対象を上記「除外配当の調整」の場合と同様に一律に所有持分要件（10％以上）で定めているため、この要件が各国国内法が減免の基準として定める所有持分要件と異なる場合には、課税上のミスマッチが起こり得ます。なお、除外資本損益の調整は、「除外配当の調整」の場合とは異なり、１年間の所有期間要件はなく、各対象会計年度の終了の日における所有持分の割合で判定を行うことになります。

具体的には、以下の損益が調整の対象となります。

① 所有持分の時価評価損益

② 所有持分の持分法による損益（注２）

③ 所有持分の譲渡損益

（注１） 国内外の資本参加に係る外国子会社からの配当金や持株の売却処分によるキャピタルゲインなどの利益について、法人税課税の対象外とする免税措置（Participation Exemption）

（注２） 持分法による損益は、親会社で計上される持分法損益と子会社での損益との重複を排除するもので、所有持分要件（10％以上）充足の可否にかかわらず調整の対象となります。

また、国税庁発信の情報（Q&A・Q５）では、所有持分割合の計算に関し、①異なる種類の株式を発行している場合であっても、異なる種類の株式ごとに請求権割合を計算する取扱いとはならないこと（権利に基づき受けることができる金額の割合での判定）、②所有持分割合の計算上、自己株式は考慮されないことが明らかにされています[44]。

なお、除外資本損益に係る調整は当期純損益金額に含まれている場合にのみその対象となるので、会計上、貸借対照表（B/S）の「その他の包括利益」として計上される場合には調整が不要です。この点、例えば、所有持分（有価証券）の時価評価損益について、J-GAAP（日本会計基準）を適用している場合は、これが売買目的有価証券に該当しないときは、その他有価証券評価差額金としてB/Sで処理されるケースが一般的であることを踏まえると、本規定による調整は、一般的には不要になると考えます。他方、IFRS（国際会計基準）を適用している場合には、原則として、損益計算書（P/L）で当期の純損益として処理されるものと思われますので、この場合は調整が必要になるものと考えます。

(d)　再評価法による損益

「再評価法による損益」の調整とは、IFRS（国際会計基準）などで認められているいわゆる再評価法に基づいて生じた損益について、財務諸表に

44　国税庁・前掲（注19）Q５「種類株式がある場合の除外資本損益の判定」19頁。

における貸借対照表（B/S）の「その他の包括利益」として計上されているもの（損益額）を本制度の課税所得として当期純損益金額に加減算するものです。

　会計上の再評価法とは、有形固定資産について、その再評価日の時価（公正価値）から、その後の減価償却累計額及びその後の減損損失累計額を控除した額をB/Sの価額として計上し、その再評価による損益を「その他の包括利益」に計上するものです（ただし、再評価が損失で、これが過去に計上された利益を超える場合、P/L（損益計算書）上で損失の額として計上されるときがあります。）。この場合、再評価による利益はB/Sの「その他の包括利益」に計上され、当期純損益金額には計上されない一方で、再評価により増額された有形固定資産の帳簿価額ベースで減価償却された金額がP/L上の費用として当期純損益金額に含まれることとなるため、これに対し何の調整も行わないとすると個別計算所得等の金額及び実効税率の計算にアンバランスが生じることになります。このため、再評価法の損益がB/Sの「その他の包括利益」として計上され、当期純損益金額の計算に含められていない場合には、その金額を当期純損益金額に加減算することとされています（法令155の18②五、同令③六）。

　そして、ここで調整対象となる「再評価法による損益」（利益の場合）とは、法令上、「その有する有形固定資産（最終親会社等財務会計基準における有形固定資産）を時価により評価した価額がその評価した時の直前の帳簿価額を超える場合におけるその超える部分の金額で、その他の包括利益（最終親会社等財務会計基準におけるその他の包括利益）の項目の額に算入される金額（その対象会計年度後のいずれかの対象会計年度に係る当期純損益金額に係る利益の額となるものを除く。）」とされています（法令155の18②五）。

　なお、いわゆるリサイクリング処理（「その他の包括利益」の認識後、再度純利益を認識すること［組替調整］）がされるものはその処理が行われた対象会計年度の当期純損益金額に含まれることから、調整の対象から

除くことになるので注意が必要です。

(e)　非対称外国為替差損益

「非対称外国為替差損益」の調整とは、構成会社等に係る会計機能通貨（当期純損益金額の計算において使用する通貨：個社のP/L上の通貨）と税務機能通貨（課税所得の計算において使用する通貨：個社の税務申告上の通貨）が異なる場合において、会計上は為替差損益が計上される一方で、税務上はその為替差損益が課税の対象とされないと、実効税率の計算上歪みが生じることから、これを税務上の取扱いに合わせる調整（当期純損益金に加減算）を行うものです。したがって、会計機能通貨と税務機能通貨が同じである場合には本調整の対象とはなりません。

　具体的には、次の為替差損益に係る金額について調整を行います（法令155の18②六）。

①　会計機能通貨と税務機能通貨との間の為替相場の変動による利益の額又は損失の額で、課税所得の金額に含まれるもの（法令155の18②六イ、同令③七イ）

②　会計機能通貨と税務機能通貨との間の為替相場の変動による損失の額又は利益の額で、当期純損益金額に含まれるもの（法令155の18②六ロ、同令③七ロ）

③　第三通貨（会計機能通貨及び税務機能通貨以外の通貨、④において同じ。）と会計機能通貨との間の為替相場の変動による損失の額又は利益の額で、当期純損益金額に含まれるもの（法令155の18②六ハ、同令③七ハ）

④　第三通貨（当期純損益金額の基礎となる取引（資本等取引を除く。）に係る金額を表示するものに限る。）と税務機能通貨との間の為替相場の変動による利益の額又は損失の額（法令155の18②六ニ、同令③七ニ）

　ここで、注意が必要なのは、④については、その損益の額が課税所得の金額に含まれるか否かにかかわらず適用されることです（法基通18－1－42）。したがって、その損益の額が、課税所得の金額に含まれる場合には

その所在地国の税制における税務上の外国為替差損益が調整の対象となり
ますが、課税所得の金額に含まれない場合には、仮に税務機能通貨が会計
機能通貨であったならば当期純損益金額に含まれていたであろう税務機能
通貨と第三通貨との間の為替相場の変動による外国為替差損益の額が調整
の対象となります。

　また、上記①から④までの調整方法につき、国税庁発信の情報（Q&A・
Q6⑴〜⑷）において、具体的な計算例が明らかにされています[45]。

　なお、為替の換算に関し、個別計算所得等の金額は特定多国籍企業グ
ループ等の最終親会社等の連結等財務諸表における表示通貨に為替換算す
ることとなるため、上記のこれら調整額についてもその連結等財務諸表の
表示通貨に換算することが必要です（Ⅶ5「IIRと為替換算」参照）。

⒡　違法支出

　賄賂等の違法な支出額等については、多くの国又は地域において会計上
は費用として認識されるものの、税務上は損金算入を認めていないのが実
態と思われます。「違法支出」の調整とは、構成会社等又は最終親会社等
に適用される法令において違法とされる支出金額等（金銭、物品その他の
財産上の利益の供与の額）については、IIR上も損金算入を認めないもの
としてその金額を当期純損益金額に加算するものです（法令155の18②七）。

　なお、本加算調整の対象とされる「違法とされる金銭、物品その他の財
産上の利益の供与の額で、費用の額としている金額」の意義については、
「刑法第198条《贈賄》に規定する賄賂若しくは不正競争防止法第18条第1項
《外国公務員等に対する不正の利益の供与等の禁止》に規定する金銭その他
の利益に当たるべき金銭の額及び金銭以外の資産の価額並びに経済的な利
益の額の合計額に相当する費用の額（その供与に要する費用の額を含む。）
又は外国におけるこれらに相当するもの」とされています（法基通18－1
－43）。

45　国税庁・前掲（注19）Q6⑴〜⑷「非対称外国為替差損益」23〜30頁。

(g)　5万ユーロ以上の罰金等

　「5万ユーロ以上の罰金等」の調整とは、上記の違法支出と同様、「罰金等」の支出について、多くの国又は地域において税務上損金算入を認めていないことから、IIR上も、一定額以上の罰金等については損金算入を認めないとしてその支出額を当期純損益金額に加算することとしています（法令155の18②八）。ただし、罰金等については、交通違反に対するもの等金額的に軽微かつ頻度が多いものから、課徴金等金額的に多額となるものなど様々であることを踏まえ、5万ユーロ以上のもの（是正措置がとられるまで同一の行為につき、定期的に継続して当該罰金等に処される場合のものについては、1年間の合計額が5万ユーロ以上のもの）のみがこの加算調整の対象とされています。

　なお、「罰金等」の意義については、法令上、「罰金及び科料並びに過料（これらに相当するものを含む。）」（法令155の18②八）とされていますが、例えば、法人税法第55条第5項各号《不正行為等に係る費用等》に掲げるものや外国におけるこれに相当するものがこの「罰金等」に該当することが税務通達によって明らかにされている（法基通18－1－44）とともに、上記「定期的に継続して当該罰金等に処される場合」についても、「同一の行為につき当該罰金等に処される場合をいう。」とされ、「例えば、同じ種類の反則行為に係る交通反則金に複数回処される場合はこれに該当しない」ことが明らかにされています（法基通18－1－45）。

　また、加算税及び延滞税は、行政制裁であり、罰則的な性質を有するものであるから罰金等に含まれ、他方、利子税は、約定利息たる性質を有するものであって、罰則的な性質を有するものではないから罰金等に含まれないことが国税庁発信の情報（Q&A・Q7）において明らかにされています[46]。

46　国税庁・前掲（注19）Q7「罰金等の範囲について」30頁。

⒣ 過去の誤びゅうの訂正又は会計処理の基準の変更

　会計上、過去の対象会計年度の当期純損益金額の計算に「誤びゅう（注１）」があった場合には、過去の対象会計年度に遡及して修正再表示した上、その影響額を期首の純資産の額に含める処理が一般的です。また、「会計処理の基準の変更（注２）」を行った場合には、過去対象会計年度に遡及して適用し、期首の純資産の額の再計算を行うことがあります。

　「過去の誤びゅうの訂正又は会計処理の基準の変更」の調整とは、IIR上、このような誤びゅうの訂正又は会計処理の基準の変更があった場合、その過去の当期純損益金額そのものの金額を修正するのではなく、誤びゅうの訂正又は会計処理の基準の変更を行った対象会計年度の特例適用前個別計算所得等の金額の計算において、その純資産の額に計上された修正額を当期純損益金額に加減算するものです（法令155の18②九、同令③八）。ただし、再計算国別国際最低課税額の計算が必要なものは、本調整の対象外となり、過去の年度に遡って個別計算所得等の金額の再計算が必要となりますので注意が必要です（Ⅲ５⑸参照）。

> **（注１）**　誤びゅうとは、最終親会社等財務会計基準において過去対象会計年度に係る当期純損益金額の計算に誤りがあったとされることをいう（法規38の16⑦）。
>
> **（注２）**　会計処理の基準の変更とは、最終親会社等財務会計基準を他の会計処理の基準に変更することその他の最終親会社等財務会計基準において過去対象会計年度に係る当期純損益金額を修正することとされる会計方針の変更をいう（法規38の16⑧）。

　なお、個別計算所得等の金額以外の金額に係る部分の金額及び構成会社等が特定多国籍企業グループ等に属する前の過去対象会計年度に係る個別計算所得等の金額に係る部分の金額は本調整の対象外とされています（法規38の16⑭）。

　また、税務通達において、誤びゅうの訂正又は会計処理の基準の変更による修正の例として、「平成21年12月４日付企業会計基準第24号『会計方針の開示、会計上の変更及び誤謬の訂正に関する会計基準』第４項⑻の誤

謬又は同項(5)の会計方針の変更により過去対象会計年度に係る当期純損益
金額が訂正又は修正をされた場合」が明らかにされているとともに、重要
性の判断からこれに該当しないものとして、「過去対象会計年度に係る当
期純損益金額について、前期損益の修正として当該過去対象会計年度後の
対象会計年度の当期純損益金額に含まれる場合」が留意的に明らかにされ
ています（法基通18－1－46）。

(i)　発生年金費用・収益

　年金基金の掛金に係る支出については、多くの国又は地域の税制におい
ては会計処理とは異なり、掛金の支払時に損金に算入することとされてお
り、会計上と税務上でミスマッチが生じているものが多いと考えられると
ころです。「発生年金費用・収益」の調整とは、これを解消するために、
税務上の取扱いに修正を加えるもの、すなわち、掛金の支払時に損金算入
とするため当期純損益金額に加減算調整するものです。具体的には、以下
の算式により計算された金額が「正」の値である場合にはその金額を当期
純損益金額に加算し、「負」の値である場合にはその金額を当期純損益金
額から減算することとされています（法令155の18②十、同令③九）。

〔算式〕

退職年金等（注）に係る年金基金に
対する費用の額で、当期純損益金額　－　対象会計年度において、年金
に係る費用の額としている金額　　　　基金に対し支払う掛金の金額

　また、年金基金に係る掛金の運用収益が発生する場合には、同様に調整を
行うこととされています（法令155の18②十一、同令③十）。
(注)　「退職年金等」とは、退職年金、退職手当その他これらに類する報酬を
　　いうとされています。

(j)　適格給付付き税額控除額・非適格給付付き税額控除額

①　給付付き税額控除の概要とIIR

　研究開発等、企業等が行う特定の活動に対し、国等からその活動のため

の援助として給付と税額控除の要素を合わせ持った税額控除（給付付き税額控除）が税制上の措置として導入されている国又は地域が存在します。そして、会計上、給付付き税額控除の額は、補助金としての収益として取り扱う場合がある一方、税額控除として法人税等の額から控除（減額）として取り扱う場合があります。

この点を踏まえ、IIRにおける実効税率計算に当てはめると、収益、税額控除のいずれかにより違いが生ずることになり、課税の可否にも影響が生じます。収益として取り扱われる（算式の分母に加算する）方が、税額控除として取り扱われる（算式の分子から減算する）よりも基本的にその率は高くなり、課税軽減の傾向となります。

この点、IIRにおいては、給付付き税額控除の額は、適格給付付き税額控除額と非適格給付付き税額控除額とに区分して、それぞれ異なる取扱いを定めています。

「適格給付付き税額控除額」とは、国等から受ける給付付き税額控除の額のうち、その国等の租税に関する法令においてその給付付き税額控除を受ける要件を満たすこととなった日から起算して4年以内に現金又はこれに相当するものによる支払が行われる部分の金額とされています（法令155の18②十二）。

これに対し、「非適格給付付き税額控除額」とは、国等から受ける給付付き税額控除の額のうち、適格給付付き税額控除額以外のものをいうとされています（法令155の18③十一）。

②　適格給付付き税額控除額の調整

「適格給付付き税額控除額」の調整とは、適格給付付き税額控除額が補助金と同じ特徴を有しているため、会計処理にかかわらずIIR上は益金の額として取り扱われることから、適格給付付き税額控除額が当期純損益金額に係る収益の額とされていない場合には、その額を当期純損益金額に加算する調整を行うものです（法令155の18②十二）。このため、調整後対象

租税額の計算（**6**(3)「調整後対象租税額」）においては、適格給付付き税額控除額が法人税等の額から減額されている場合、租税に係る税額控除の額ではなく益金の額として取り扱われることから、その額を足し戻す調整を行うことになります（法令155の35②二ハ）。

③　非適格給付付き税額控除額の調整

「非適格給付付き税額控除額」の調整とは、非適格給付付き税額控除額が、会計処理にかかわらずIIR上は税額控除の額として取り扱われることから、非適格給付付き税額控除額が当期純損益金額に係る収益の額とされている場合には、その額を当期純損益金額から減算する調整を行うものです（法令155の18③十一）。このため、調整後対象租税の計算においては、非適格給付付き税額控除額が法人税等の額から減額されていない場合、その額を減算する調整を行います（法令155の35②三ロ）。

④　調整における留意点

このようにIIRにおいては、給付付き税額控除の額を「適格給付付き税額控除額」と「非適格給付付き税額控除額」とに区分し、それぞれ異なる取扱いをするため、「適格給付付き税額控除額」に分類されると、実効税率の計算上、収益（所得）としてその算式の分母の金額に加算されることから、税の減額として算式の分子の金額から減算されるよりも基本的に実効税率が高くなるので課税軽減になります。したがって、適用されている「給付付き税額控除額」が「適格給付付き税額控除額」、「非適格給付付き税額控除額」のいずれに分類されるかにより、最終的な課税額に影響が生じる場合があるため、十分留意する必要があるとともに実務上のポイントになります。

> **(注)**　令和6年度税制改正で「Marketable Tranceferable Tax Credit（市場性譲渡可能性税額控除）」が「適格適用者変更税額控除」として、ETR計算上の分母加算調整項目として措置されています（新法令155の18②十二）[**Ⅶ3**(3)参照]。

(k) グループ内金融取引に係る費用

「グループ内金融取引に係る費用」の調整とは、例えば、グループ内で行う金融取引（資金の貸付け）において、利子の支払が低税率国で生じるように仕組むことにより、本制度（IIR）の適用を回避あるいは課税額を縮減することを防止するため、その低税率国の会社等のグループ内金融取決めに係る費用（当期純損益金額を減少させる要因となった費用）の額を当期純損益金額に加算調整するものです（法令155の18②十三）。

このように、本調整は、グループ内金融取決めにより、例えば、低税率国の構成会社等から高税率国の会社等に対する支払が、その資金供与会社等の税制上、所得控除、免税、損金算入又は税額控除等の措置の対象となっているなど、高税率国の課税所得を増加させることなしに、低税率国の実効税率が上昇する、あるいは個別計算所得等の金額が減少することを防止するためのものです。このため、そのグループ内取引の相手側が本制度（IIR）の対象となる場合には、資金供与等に係る収益がIIRの課税対象となる（資金供与会社等の課税所得の金額に含まれる）ので、この調整は不要とされます。

なお、資金供与会社等の課税所得の金額に含まれないことの例示として、「構成会社等から受ける資金の供与に係る収益の額に相当する金額が、過大支払利子税制（措法66の5の3①②）の規定により、資金供与会社等の超過利子額（措法66の5の3①）に相当する金額又は調整対象超過利子額（同②）に相当する金額（外国におけるこれらに相当するものを含む。）として損金の額に算入されること」が税務通達で留意的に明らかにされています（法基通18-1-47）。

ハ 個別計算所得等の金額の計算の特例【図表15】

「個別計算所得等の金額」は、上記「当期純損益金額」（**6**(1)**イ**(a)）から一定の調整を行って計算した「特例適用前個別計算所得等の金額」（**6**(1)**ロ**）に対し、国際海運業等の特定の業種にのみ適用される調整や特定多国

図表15　≪個別計算所得等の金額の計算の特例≫

【個別計算所得等の金額の前提となる当期純損益金額に係る収益・費用の調整を行う規定】

法令	モデルルール	調整の対象	規定の概要	選択
155の19	3.3	国際海運業に係るあらゆる収益・費用	個別計算所得等の金額の計算において、当期純損益金額に係る左記収益・費用を除外する調整	
155の20	3.2.8	国内グループ内取引に係るあらゆる収益・費用	個別計算所得等の金額の計算において、当期純損益金額に係る左記収益・費用を除外する調整	選択、国別、5年

【特定の業種について、特例適用前個別計算所得等の金額に対し、一定の加減算を行う規定】

法令	モデルルール	調整の対象	規定の概要	選択
155の21	3.2.9 AG3.4	保険会社の投資関連の収益・費用	保険会社が保険契約者に代わり保有する投資資産に係る一定の収益・費用を特例適用前個別計算所得等の金額に含める調整	
155の22	3.2.10 AG3.3	銀行等のその他Tier 1 資本に係る収益・費用	左記収益・費用を特例適用前個別計算所得等の金額に含める調整	

【特定多国籍企業グループ等の選択により、特例適用前個別計算所得等の金額に対し、一定の加減算を行う規定】

法令	モデルルール	調整の対象	規定の概要	選択
155の23	3.2.2	株式報酬費用	税務上の株式報酬費用の取扱いと一致させる調整	選択、国別、5年
155の24	3.2.5	資産・負債の時価評価損益	左記損益を個別計算所得等の金額から除外し、譲渡時等に個別計算所得等の金額に含める調整	選択、国別、5年
155の25	3.2.6	不動産の譲渡益	左記譲渡益を当該対象会計年度以前の5対象会計年度に配分する調整	選択、国別、1年
155の26	AG2.2	所有持分に係るヘッジ処理に係る損益	左記損益を個別計算所得等の金額から除外する調整	選択、個社、5年
155の27	AG3.5	長期保有のポートフォリオ株式からの配当	原則（法令155の18①二）では除外される左記収益を個別計算所得等の金額に含める調整	選択、個社、5年
155の28	AG2.4	債務免除等に係る利益	破産手続等のために生じた債務免除益を個別計算所得等の金額から除外する調整	選択、個社、5年
155の29	6.3.4	税務上認識する資産・負債の時価評価損益	税務上、認識する資産・負債の時価評価損益が課される一定の場合において、その損益を特例適用前個別計算所得等の金額に含め、その後の対象会計年度においては、その税務上の簿価を基礎として、当期純損益金額の計算を行うこととする調整	選択、個社、1年

【上記の調整後の金額の減額等を行う規定】

法令	モデルルール	調整の対象	規定の概要	選択
155の30	3.4.5	上記調整後の金額	上記調整後の恒久的施設等（PE）の損失の金額について、本店・PE間で配分	
155の31	7.6	上記調整後の金額	適用株主等：各種投資会社等からの利益の配当を上記調整後の金額に含める調整 対象各種投資会社等：適用株主等の持分割合に対応する金額を上記調整後の金額から減算する調整	選択、個社、5年
155の32	7.1	上記調整後の金額	導管会社等である最終親会社等及びそのPEに関して、一定の要件の下、上記調整後の金額を控除する調整	
155の33	7.2	上記調整後の金額	配当控除所得課税規定の適用を受ける最終親会社等及び一定の会社等に関して、一定の要件の下、上記調整後の金額を控除する調整	

※AG：2023年2月にOECDより公表された「Administrative Guidance on the Global Anti-Base Erosion Model Rules (Pillar Two)」

出典：財務省「税制改正の解説（令和5年度）『国際課税関係の改正（各対象会計年度の国際最低課税額に対する法人税の創設等関係）』」825頁

　籍企業グループ等の選択により適用することができる特例による調整を加えることにより計算することとされ（法令155の19～155の33）、OECDモデルルール（2021.12）との関係も含めその加減算調整の対象項目を整理すると【図表15】のとおりです。

　なお、以下の説明は構成会社等を念頭に置いていますが、共同支配会社等も基本的に同様の計算を行うことになります。

⒜　国際海運業所得

　国際海運業に対しては、多くの国や地域が資本集約的性質、収益獲得サイクルの長期化といった業態固有の性質を踏まえ、トン数標準税制等、他の業種とは異なる税制を導入しています。このような国際海運業に対しIIR上、特段の調整を行わないとした場合、これらの税制導入国に対する政策目的を損なう可能性があるため、国際海運業に係る一定の収益又は費用については、個別計算所得等の金額の計算上含まないこととしています。

　構成会社等が国際海運業を行う場合において、「国際海運業及び付随的国際海運業」（注１）に係る収益の額若しくは利益の額又は費用の額若しくは損失の額であって、当期純損益金額に係る収益の額若しくは利益の額又は費用の額（注２）若しくは損失の額としている金額があるときは、その構成会社等の各対象会計年度に係る構成会社等個別計算所得等の金額（法令155の18①一）の計算上、その当期純損益金額にはこれらの金額を含まないものとされています（法令155の19①、法規38の17①～③）。

（注１）　税法上、国際海運業及び付随的国際海運業については、OECDモデル租税条約第８条の対象とされる範囲を基礎にそれぞれ次のとおり定義されています（法令155の19①）。
　　≪国際海運業≫
　①　国際航路において運航される船舶（構成会社等が、所有権、賃借権その他これらに類する権利に基づきその船舶を利用することができるものに限る。）による旅客又は貨物の輸送
　②　国際航路において運航される船舶による旅客又は貨物の輸送（上記①を除くものとし、船舶の一部を目的とする運送契約に係るものに限る。）
　③　国際航路において旅客又は貨物の輸送のために運航される船舶（構成会社等が、船員の乗組み、艤装及び需品の補給を行うものに限る。）の貸付けその他これに類するもの
　④　他の構成会社等に対する国際航路において旅客又は貨物の輸送のために運航される船舶の貸付けその他これに類するもの（裸傭船契約（船舶の運航を行う者がその船舶に係る船員の乗組みを行う運送契約で一定のもの）に係るものに限る。）

⑤　国際航路において運航される船舶による旅客又は貨物の輸送の共同経営その他これに類するもの

⑥　国際航路において旅客又は貨物の輸送のために運航された船舶（構成会社等が、利用のために1年以上有していたものに限る。）の譲渡

≪付随的国際海運業≫

①　船舶運航事業者（船舶の運航を行う他の者をいう。）のうち構成会社等の特定多国籍企業グループ等に属する構成会社等以外のものに対する船舶の貸付けその他これに類するもの（裸傭船契約に係るものであって、その契約の期間が3年を超えないものに限る。）(注3)

②　構成会社等が船舶の運航を行う国際航路の一部である内陸水路について船舶運航事業者が船舶の運航を行う場合におけるその運航に係る乗船券の販売

③　コンテナーの貸付け若しくは短期間に限り行われる保管又は貸付けを行ったコンテナーの返還が遅滞した場合における賠償の請求

④　船舶運航事業者に対する人的役務の提供（船舶の運航の事業に係るものに限る。）

⑤　国際海運業のために行う金銭の預託その他の利子若しくは利益の配当又はこれらに類する収益を生ずべき事業（国際海運業又は上記①から④までに掲げる事業に該当するものを除く。）のうち、国際航路における船舶の運航に欠くことのできないもの（法規38の17③）

(注2)　「費用の額」には、国際海運業及び付随的国際海運業のそれぞれにつき、販管費等の共通費用として配分される金額も含まれます（法規38の17①）。

(注3)　上記付随的国際海運業の①の「船舶の貸付けその他これに類するもの」について、次のものはこれに該当しないことが明らかにされている（法基通18−1−52）。

　（イ）　裸傭船契約の期間が3年を超えることが当該裸傭船契約等からみて明らかであるもの

　（ロ）　裸傭船契約の期間が3年以下であっても、当該裸傭船契約の更新をし、当該更新をする前の裸傭船契約の期間と当該更新をした後の裸傭船契約の期間を通算すると3年を超えることとなる場合における当該更新をした後のもの

　なお、構成会社等の所在地国を所在地国とする全ての構成会社等に係る付随的国際海運業所得等の金額の合計額がその全ての構成会社等に係る国際海運業所得等の金額の合計額の50％を超える場合には、その超える部分の金額のうち、その構成会社等に帰せられる金額については、その構成会

社等の特例適用前個別計算所得等の金額に加算することとされています（法令155の19②、法規38の17④〜⑥）。この場合、「実質ベースの所得除外額」（**6**⑹）についてもこの50％を超える課税対象となる部分に対応する部分については、所得除外額計算の対象となります。

　また、国際海運業に係る全ての船舶に係る事業運営上の重要な決定及びその船舶に係る事業活動が構成会社等の所在地国において行われていない場合は、上記の特例（法令155の19①②）の適用はないこととされています（法令155の19③）。

　この点につき、税務通達では、船舶に係る事業運営上の重要な決定、船舶に係る事業活動の意義とその例示について明らかにしています（法基通18−1−53）。

　すなわち、本通達では「船舶に係る事業運営上の重要な決定及び当該船舶に係る事業活動」を他の者に委託している事実があるとしても、そのことのみをもって「船舶に係る事業運営上の重要な決定及び当該船舶に係る事業活動が構成会社等の所在地国において行われていないことにはならない」としています（同通達（注））。このため、これらの事業活動をグループ外の者に委託していたとしても、それがその構成会社等の所在地国と同一国内で行われたものであれば、IIR上は、その構成会社等の所在地国でこれらの活動が行われているものと判断されるものと考えます。

　さらに、「船舶に係る事業活動」の例示として、同通達は「配船若しくは運航計画、貨物若しくは旅客の輸送に係る予約の受付、船舶に係る各種保険の手配、資金調達、輸送行為に必要な陸上人員若しくは船員に係る採用、配置等の人事、輸送行為に必要な設備、機器、燃料、資材等の調達又は輸送行為に必要な技能等に係る教育、訓練若しくは研修に関する管理」を掲げています（同通達本文）。

⒝　**連結等納税規定**

　個別計算所得等の金額の計算の基礎である当期純損益金額は、構成会社

等間の取引の相殺前の金額となるため、その取引に係る収益又は費用が含まれていますが、連結納税制度やグループ通算制度が適用される場合、その所在地国の税法における課税所得は構成会社等間の取引に係る収益又は費用が除外されて計算されるケースがあります。このため、構成会社等の課税所得と特例適用前個別計算所得等の金額との間には差異が生じることとなりますので、その差異を解消するための手段として、GloBE情報申告書（GIR：「特定多国籍企業グループ等報告事項等」をいい、構成会社等及びその構成会社等の所在地国を所在地国とする他の構成会社等の個別計算所得等の金額の計算につき本特例の適用を受けようとする旨を含むものに限る。）（法法82三十二）における特定多国籍企業グループ等の選択により、同一国内のグループ内取引に係る収益又は費用を個別計算所得等の金額から除外することができる特例を設けており、次のとおり計算することとされています（法令155の20①）。

　「特定多国籍企業グループ等の各対象会計年度に係るGIRの提供がある場合又は我が国以外の国若しくは地域の租税に関する法令を執行する当局にGIRの提供がある場合（提供義務免除規定（法法150の3③）の適用がある場合に限る。）において、その構成会社等及び当該他の構成会社等が連結等納税規定（注）の適用を受けるときは、その対象会計年度以後の各対象会計年度の構成会社等個別計算所得等の金額（法令155の18①一）の計算については、当期純損益金額に係る収益の額若しくは利益の額又は費用の額若しくは損失の額には国内構成会社等間取引（その構成会社等と当該他の構成会社等との間で行われる取引（資本等取引を除く。）をいう。）に係るものは含まない」

　なお、本特例は5年選択（過去4年間のうち、適用を受けることとなった年度がないこと。）とされています（法令155の20③④）。

　（注）　「連結等納税規定」とは、次の規定又はこれらに類する規定をいう（法規38の18）。
　　①　構成会社等又は共同支配会社等の属する企業集団の所得に対し租税

を課することとする租税に関する法令の規定
② 構成会社等又は共同支配会社等の所得の金額又は欠損の金額と他の構成会社等又はその共同支配会社等に係る他の共同支配会社等の所得の金額又は欠損の金額とを通算してその構成会社等又はその共同支配会社等の課税標準とされるべき所得の金額を計算することとする租税に関する法令の規定

(c) 保険会社特例

保険契約上、保険会社（保険業法第2条第2項（定義）に規定する保険会社若しくはこれに準ずるもの又はわが国以外の国若しくは地域におけるこれらに相当するものに限る。）が得る投資の利益と連動してその利益を保険契約者に支払うこととなっている場合において、その投資利益に対して課された租税の額を手数料等として保険契約者に求めるケースがあります。これら手数料収入と租税費用は、収益費用の関係にあり、保険会社の投資利益に影響は生じないのが一般的であり、IIR上も保険会社の当期純利益（損失）に影響が生じないよう担保する必要があります。このため、会計処理上、保険会社に対する債務額が増加するものであるが当該保険会社の当期純損益金額に係る収益の額又は利益の額としていない金額や、保険会社に対する債務額が減少するものであるが当該保険会社の当期純損益金額に係る費用の額又は損失の額としていない金額が含まれている場合にはその影響を排除する必要があり、個別計算所得等の金額に与える影響を零とするための加算・減算調整を行う必要があります。

このため、構成会社等である保険会社の各対象会計年度の構成会社等個別計算所得等の金額（法令155の18①一）の具体的計算については、次によることとされています（法令155の21①）。

① 特定投資収益額（保険料として収受した金銭を運用することによって得られる収益の額又は利益の額のうち、その収益又はその利益を得たことにより保険契約者に対する債務の額が増加するものであって、その増加する部分の額を当期純損益金額に係る費用の額又は損失の額としてい

る場合における増加する部分の額に対応するその収益の額又は利益の額をいう。）のうち、当期純損益金額に係る収益の額又は利益の額としていない金額を特例適用前個別計算所得等の金額に加算する。

②　次に掲げる金額を特例適用前個別計算所得等の金額から減算する。

（イ）　特定投資損失額（保険料として収受した金銭を運用することによって生じた費用の額又は損失の額のうち、その費用又はその損失が生じたことにより保険契約者に対する債務の額が減少するものであって、その減少する部分の額を当期純損益金額に係る収益の額又は利益の額としている場合における減少する部分の額に対応するその費用の額又は損失の額をいう。）のうち、当期純損益金額に係る費用の額又は損失の額としていない金額

（ロ）　法人税法施行令第155条の34第2項第5号に掲げる税（保険会社がその保険契約者からのリターンに基づき支払った租税）の金額のうち当期純損益金額に係る費用の額としていない金額

なお、これらの調整は、保険会社の当期純損益金額の影響を排除するために行われるもので、上記の「除外配当」（**6**(1)**ロ**(b)）や「除外資本損益」（**6**(1)**ロ**(c)）の加算調整額、減算調整額には含まれません（法令155の21①三）。

(d)　その他Tier1資本調整

銀行規制におけるいわゆる「その他Tier 1 資本」（銀行業…に関する規制により必要とされる自己資本の充実が図られるもの）について、会計上は純資産として取り扱われる一方で、税務上は負債として取り扱われる場合、その金融商品に係る金銭等の分配は、支払者側から見て会計上は配当として取り扱われますが、税務上は支払利子として損金処理されるため、会計と税務で永久差異が生じます。この永久差異を解消するために、個別計算所得等の金額の計算においては、税務上の取扱いに合わせ、「その他Tier 1 資本」に係る金銭等の分配により生じた構成会社等の純資産の減少額を費用として取り扱い、分配を受けた構成会社等の純資産の増加額を収

益として取り扱うこととされています。また、保険業におけるいわゆる
「制限付Tier 1 資本」（保険業に関する規制により必要とされる自己資本の
充実が図られるもの）についても、同様とされています。

　具体的には、次のとおり計算することとされています。

①　特定金融商品（注）に係る金銭等の分配を行った（純資産の額の減
　少）構成会社等個別計算所得等の金額の調整

　　銀行等（構成会社等のうち、銀行法第2条第1項（定義等）に規定
　する銀行、保険業法第2条第2項（定義）に規定する保険会社若しく
　はこれらに準ずるもの又はわが国以外の国若しくは地域におけるこれ
　らに相当するものをいう。）が、各対象会計年度においてその発行す
　る特定金融商品に係る金銭等の分配を行うことにより純資産の額が減
　少した場合には、その対象会計年度に係る構成会社等個別計算所得等
　の金額（法令155の18①一）の計算については、その減少した部分の金
　額のうち当期純損益金額に係る費用の額としていない金額をその対象
　会計年度の特例適用前個別計算所得等の金額から減算し、又は上記
　「グループ内金融取引に係る費用（**6(1)ロ(k)**）」の加算調整額にはその
　減少した部分の金額のうち当期純損益金額に係る費用の額としている
　金額を含まない（法令155の22①）。

(注)　特定金融商品とは、会社等が発行する金融商品のうち、あらかじめ定
　められた一定の事実が生じた場合に株式への転換が行われるもの若しく
　は元本の削減が行われるもの又はこれらに類するものであって、銀行業
　又は保険業に関する規制により必要とされる自己資本の充実が図られる
　ものをいう（法規38の19）。

②　特定金融商品に係る金銭等の分配を受けた（純資産の額の増加）構
　成会社等個別計算所得等の金額の調整

　　構成会社等が、各対象会計年度において銀行等が発行した特定金融
　商品に係る金銭等の分配を受けることによりその純資産の額が増加し
　た場合には、その対象会計年度に係る構成会社等個別計算所得等の金
　額の計算については、その増加した部分の金額のうち当期純損益金額

に係る収益の額又は利益の額としていない金額をその対象会計年度の
特例適用前個別計算所得等の金額に加算し、又は上記「除外配当（**6**
⑴ロ(b)）」の減算調整額にはその増加した部分の金額のうち当期純損
益金額に係る収益の額としている金額を含まない（法令155の22②）。

　なお、税務通達において、銀行業における「その他Tier 1 資本」につい
てバーゼルⅢ（自己資本強化規制）に対応した金融庁告示の該当箇所の例
示を行うなど銀行業における「その他Tier 1 資本」及び保険業における「制
限付Tier 1 資本」のそれぞれについて、その自己資本の充実が図られるも
のの意義と範囲が明らかにされています（法基通18- 1 -54、同18- 1 -55）。

⒠　**株式報酬費用**

　ストックオプション等の株式報酬費用については、会計上、ストックオ
プションの発行時の時価に基づいて計上したストックオプションを権利行
使期間にわたって費用計上するのに対し、税務上は行使時の時価に基づい
て支払ったストックオプションの価額を損金算入することとされている場
合には、その行使期間中に株式の時価が上昇すれば、会計上の費用計上額
よりも税務上の損金算入額のほうが大きくなり、永久差異が生じます。こ
の永久差異を解消するための手段として、GIRによる特定多国籍企業グ
ループ等の選択により、株式報酬費用について、会計上の費用ではなく、
税務上の損金計上額によって個別計算所得等の金額を計算することができ
ることとされています。なお、本特例は国又は地域ごとの 5 年選択（過去
4 年間のうち、適用を受けることとなった年度がないこと。）とされてい
ます（法令155の23④⑤）。

　すなわち、特定多国籍企業グループ等の各対象会計年度に係るGIRの提
供がある場合又はわが国以外の国若しくは地域の租税に関する法令を執行
する当局にそのGIRに相当する事項の提供がある場合（提供義務免除規定
の適用がある場合に限る。）には、その対象会計年度以後の各対象会計年
度に係る構成会社等個別計算所得等の金額（法令155の18①一）の計算は、

次によることになります（法令155の23①）。

① 構成会社等が、その費用の額につき株式、新株予約権又はこれらに準ずるもの（株式等）を交付する場合には、その費用の額でその構成会社等の所在地国の法人税又は法人税に相当する租税に関する法令の規定において損金の額に算入される金額（法人税等に係る株式報酬費用額）を特例適用前個別計算所得等の金額から減算し、その費用の額でその構成会社等の当期純損益金額に係る費用の額（当期純損益金額に係る株式報酬費用額）としている金額をその特例適用前個別計算所得等の金額に加算する。

② その構成会社等が、過去対象会計年度（本特例の適用を受けていない過去対象会計年度に限る。）においてその費用の額につき株式等（その対象会計年度開始の日において譲渡等（株式の譲渡、新株予約権の行使その他これらに類する権利の行使をいう。）がされていないものに限る。）を交付していた場合において、その過去対象会計年度の当期純損益金額に係る株式報酬費用額（その株式等に係る部分に限る。）の合計額がその過去対象会計年度の法人税等に係る株式報酬費用額（その株式等に係る部分に限る。）の合計額を超えるときは、その超える部分の金額をその対象会計年度の特例適用前個別計算所得等の金額に加算する。

また、本特例の適用により、法人税等に係る株式報酬額を減算した後の対象会計年度において、ストックオプション等の権利が失効した場合には、その失効した日の属する対象会計年度の個別計算所得等の金額の計算上、そのストックオプション等に係る減算した金額を加算することとされています（法令155の23②）。

なお、本調整規定は、実際に構成会社等の役員又は従業員から役務提供を受けた構成会社等で適用されるため、例えば、構成会社等の親会社の株式等を株式報酬としている場合でも、本調整規定が適用されるのは、当該親会社ではなく、役務の提供を受けた当該親会社の子会社たる構成会社等となります（法基通18-1-56）。

(f) 資産等の時価評価損益

　会計基準によっては、一定の資産又は負債について、例えば、時価（公正価値）による評価会計や減損会計により損益の額が会計上計上されるケースがありますが、税務上は必ずしも時価評価等が求められず、会計と税務でアンバランスが生じるケースがあります。このアンバランスを解消する手段として、GIR（GloBE情報申告書）による特定多国籍企業グループ等の選択により、個別計算所得等の金額の計算において、会計上の時価評価や減損会計の対象となっている資産又は負債に係る時価評価損益や減損損失を除外し、実現時に損益を計上することができるとされています。

　なお、本特例は国又は地域ごとの5年選択（過去4年間のうち、適用を受けることとなった年度がないこと。）とされています（法令155の24④⑤）。

　具体的には、次の方法によって損益を調整することとされています（法令155の24①、法規38の20）。

① 資産又は負債の時価評価損益で当期純損益金額の利益又は損失としている額をそれぞれ加減算し、会計上の金額は計算上なかったものとする。

② 資産の譲渡又は負債の消滅により生じた利益又は損失で当期純損益金額の利益又は損失としている額をそれぞれ加減算し、会計上の金額は計算上なかったものとする。

③ 譲渡等利益額（注1）を加算し、譲渡等損失額（注2）を減算することで、個別計算所得等の金額を税務上の金額に合わせる。

　　(注1) 譲渡等利益額とは、資産の譲渡の場合には、その資産に係る当初資産帳簿価額（資産を取得した時と適用対象会計年度開始の時とのいずれか遅い時におけるその資産の帳簿価額（その資産の帳簿価額につき減価償却その他の最終親会社等財務会計基準（代用財務会計基準に基づき当期純損益金額を計算する場合には、代用財務会計基準）における資産の帳簿価額の調整（時価による評価又は減損に係るものを除く。）が行われる場合には、その調整後の金額）をいう。）を譲渡の時の帳簿

価額としたならば、その譲渡に係るその対象会計年度の当期純損益金額に係る利益の額となる金額をいう。負債の消滅の場合には、当該負債に係る当初負債帳簿価額を当該消滅の時の帳簿価額としたならば、その消滅に係るその対象会計年度の当期純損益金額に係る利益の額となる金額とされる。

(注2) 譲渡等損失額についても譲渡等利益額と同様、譲渡等から生じる損失を計算する。

なお、上記の譲渡等利益額のとおり、本特例の選択を行った場合、会計上時価で計上されている帳簿価額ではなく、本特例後の帳簿価額に基づきその後の減価償却を考慮した価額がその後の譲渡等利益額の計算の対象となるので、注意が必要です。

また、本特例は、原則、時価評価又は減損会計の対象となる資産又は負債の全てに適用することとされていますが、各種投資会社等以外の構成会社等が有する有形資産についてのみ適用することが認められています（法令155の24③）。

(g) **不動産譲渡**

不動産に係る価値の増加は何年間にもわたり蓄積される可能性が高いことを踏まえ、IIR上は、その利益の平準化の観点から、GIR（GloBE情報申告書）による特定多国籍企業グループ等の選択により、その選択を行った対象会計年度（適用対象会計年度）における構成会社等の所在地国にある不動産の譲渡による利益を、適用対象年度の個別計算所得等の金額のみに計上するのではなく、適用対象会計年度と適用対象会計年度の前の4対象会計年度の合計5対象会計年度（調整対象会計年度）にわたり配分できるとする特例が設けられています（法令155の25）。

本特例は、所在地国ごとの選択とされており、具体的には、次の①から⑦のステップに従い計算を行うこととされています[47]。

---

47 財務省・前掲（注2）836頁。

① 適用対象会計年度におけるその所在地国を所在地国とする全ての構成会社等のその所在地国にある不動産の譲渡による利益及び損失を通算することにより、適用対象会計年度の所在地国単位の不動産の譲渡による利益（国別利益超過額）を計算する。

② 上記①の計算において適用対象会計年度の国別利益超過額があった場合、その所在地国を所在地国とする各構成会社等の適用対象会計年度に係る個別計算所得等の金額から、その構成会社等の不動産の譲渡による利益又は損失を除外する。

③ 調整対象会計年度におけるその所在地国を所在地国とする全ての構成会社等の不動産の譲渡による利益及び損失を通算することにより、調整対象会計年度ごとの所在地国単位の不動産の譲渡による利益又は損失を計算する。

④ 調整対象会計年度のうち所在地国単位の不動産の譲渡による損失（国別損失超過額）が生じている調整対象会計年度（損失対象会計年度）がある場合、適用対象会計年度の国別利益超過額を、損失対象会計年度の国別損失超過額に対し、より古い損失対象会計年度に係るものから順に充当する（年度別損失充当額）。

⑤ 上記④の充当後においても適用対象会計年度の国別利益超過額の残額がある場合、その残額を5で除して計算した金額（年度別利益配分額）を、適用対象会計年度及び調整対象会計年度の5対象会計年度に配分する。

⑥ 上記⑤において適用対象会計年度に対し配分された年度別利益配分額を、その所在地国の各構成会社等に対し、その適用対象会計年度に係る構成会社等別の不動産の譲渡による利益の額に応じて配分し、その配分額を各構成会社等の個別計算所得等の金額に含める。

⑦ 上記④において損失対象会計年度に対し充当された年度別損失充当額又は上記⑤において調整対象会計年度に対し配分された年度別利益配分額を基礎として、調整対象会計年度の再計算国別国際最低課税額を計算

する。

このように、本特例は、当期の個別計算所得等の金額の計算と過去対象年度に係る再計算国別国際最低課税額の計算の双方に関する特例とされます。

また、本特例計算は、当期（適用対象会計年度）で発生した不動産の譲渡による利益を過去対象会計年度の損失計算とこれに係る充当計算を行うことや損失・充当した残余額を5年間で均等配分することになるので、当期の個別計算所得等の金額の計算のみならず、再計算国別国際最低課税額の計算にも影響が生じることになります。

その特例計算が当期の個別計算所得等の金額の調整場面である場合、上記②の利益（会社等別利益額）又は損失（会社等別損失額）を計算から除外すること、上記⑥の配分額（年度別利益配分額のうち、各構成会社等に帰属する部分）を特例適用前個別計算所得等の金額に加算することが求められることになります。

(h) ヘッジ処理

多国籍企業グループ等において、親会社の機能通貨とは異なる通貨で事業活動を行う在外事業体への純投資から生じる為替リスクへのヘッジ（在外事業体の純投資ヘッジ）を行っている場合、会計上は在外事業体の当該純投資ヘッジが有効であれば、ヘッジ手段に係る利得又は損失について、連結財務諸表上、「その他の包括利益（OCI）」として認識する一方、親会社の個別財務諸表においては損益計算書（P/L）で認識するのが一般的と考えられます。また、多くの国等においては、このようなヘッジ手段に係る損益は、課税所得の計算上、除かれているものと思われます。このようにヘッジ手段に係る損益が税務上認識されていない場合、ポートフォリオ株式以外の株式である在外事業体への純投資の損益（ヘッジ対象である在外事業体の所有持分に係る損益）は除外資本損益として個別計算所得等の金額から除外されることとなりますが、そのヘッジ手段に係る損益は、個

別計算所得等の金額に含まれることとなり、ヘッジが有効であるにもかかわらず、ヘッジ対象とヘッジ手段とでIIR上の取扱いにミスマッチが生じる上、さらには、ヘッジ手段に係る損益が税務上課税されないことから、実効税率も低く計算されることになります。

　このような弊害を解消するため、IIRにおいては、GIR（GloBE情報申告書）による特定多国籍企業グループ等の選択により、このようなポートフォリオ株式以外の所有持分のリスクをヘッジするヘッジ手段に係る損益について、個別計算所得等の金額から除外することを認めています。

　具体的には、特定多国籍企業グループ等の各対象会計年度に係るGIR（構成会社等の個別計算所得等の金額の計算につき本特例の適用を受けようとする旨を含むものに限る。）の提供がある場合又はわが国以外の国若しくは地域の租税に関する法令を執行する当局にGIRに相当する事項の提供がある場合（提供義務免除規定の適用がある場合に限る。）には、その構成会社等のその対象会計年度以後の各対象会計年度に係る構成会社等個別計算所得等の金額（法令155の18①一）の計算については、特定取引（注）に係る為替相場の変動による損失の額又は利益の額（特定連結等財務諸表において、その他の包括利益の項目の額に算入されるものに限る。）で、その対象会計年度の当期純損益金額に係る損失の額としている金額又は利益の額としている金額（前記「非対称外国為替差損益（**6**(1)ロ(e)）」による調整額に該当するものを除く。）を特例適用前個別計算所得等の金額に加算又は減算することとされており（法令155の26①）、本特例は構成会社等ごとの５年選択（過去４年間のうち、適用を受けることとなった年度がないこと。）とされています（同令③④）。

　　(注)　特定取引とは、前記「除外資本損益（**6**(1)ロ(c)）」の調整における所有持分の価額の変動に伴って生ずるおそれのある損失の額を減少させるための取引で最終親会社等財務会計基準において、その所有持分の為替相場の変動による損失の危険を減殺するために有効であると認められる取引とされています（法令155の26①一、法規38の21）。

なお、本特例に係るヘッジの有効性判定に関し、税務通達では、その判

定は最終親会社等財務会計基準に従って行うのであるから、例えば、最終親会社等財務会計基準がJ-GAAPの場合、金融商品会計基準第31項のヘッジ会計の要件を満たす取引がこれに該当する旨、明らかにしているとともに（法基通18－1－58）、本特例は、対象となる所有持分を保有していないその特定多国籍企業グループ等の財務機能を担っている構成会社等がヘッジ手段となる取引を行っている場合で、この構成会社等が対象となる所有持分を有する他の構成会社等と当該ヘッジ取引に係る損益を相殺する関係にある取引を行っているときは、当該他の構成会社等のその相殺する関係にある取引に係る損益を個別計算所得等の金額から除外する旨についても明らかにしています（法基通18－1－59）。

(i) ポートフォリオ株式配当

　上記「除外配当（**6**(1)ロ(b)）」について、その所有持分が除外配当の所有割合要件（10％以上）を満たさないポートフォリオ株式であっても、所有期間要件（1年以上継続所有）を満たす場合には、その利益の配当は除外配当として個別計算所得等の金額から減算されることとなります。これは、除外配当の要件が「かつ」ではなく「又は」とされていることによるものです。しかしながら、ポートフォリオ株式を1年以上所有しているか否かの判断は実務上困難なケースも多いことから、GIR（GloBE情報申告書）による特定多国籍企業グループ等の選択により、ポートフォリオ株式のうち1年以上所有のものについても、除外配当として取り扱わず、個別計算所得等の金額に含める（減額調整から除外する）ことができるとされています（法令155の27①②）。なお、本特例は、構成会社等ごとの5年選択（過去4年間のうち、適用を受けることとなった年度がないこと。）とされています（同令③④）。

(j) 債務免除等

　債務免除益については、会計上、一般に債務者の収益として計上されま

すが、財政難にある企業救済等の政策的配慮等から多くの国又は地域で租
税負担の軽減が図られているケースが多いと考えられます。このため、会
計と税務とで永久差異が生じ、これが実効税率を低下させ、ひいてはIIR
課税の対象要因となることも考えられます。このような政策的配慮等から
租税負担の軽減が図られているにもかかわらず、この差異を要因として
IIR（本制度）の対象となるのは望ましくないとされます。この問題を解
消するため、GIR（GloBE情報申告書）による特定多国籍企業グループ等
の選択により、一定の構成会社等の債務免除益について、個別計算所得等
の金額から除外することとされています。

　具体的には、特定多国籍企業グループ等の各対象会計年度に係るGIR
（構成会社等の個別計算所得等の金額の計算につき本特例の適用を受けよ
うとする旨を含むものに限る。）の提供がある場合又はわが国以外の国若
しくは地域の租税に関する法令を執行する当局にそのGIRに相当する事項
の提供がある場合（提供義務免除規定の適用がある場合に限る。）には、
その構成会社等のその対象会計年度に係る構成会社等個別計算所得等の金
額（法令115の18①一）の計算については、その対象会計年度においてその
構成会社等の債務がその債務の免除その他の事由により消滅したことによ
り生じた利益の額（次に掲げる場合の区分に応じそれぞれ次に定める金額
に限る。）で、その構成会社等の当期純損益金額に係る利益の額としてい
る金額について、その対象会計年度に係る特例適用前個別計算所得等の金
額から減算することになります（法令155の28①）。

① 　その構成会社等について破産手続、更生手続若しくは再生手続又はこ
　　れらに相当する手続において、その債務が消滅した場合…その債務の消
　　滅に係る利益の額

② 　その構成会社等に対する債権を有する者（その構成会社等との間に特
　　殊の関係にある者を除く。）のその債権に係る債務がその債務の免除そ
　　の他の事由により消滅した場合において、その債務の消滅がなかったな
　　らば、その債務の消滅の日から１年以内に支払不能に陥るおそれがあっ

たとき…その債務の消滅及びその消滅に係る他の債務の消滅に係る利益の額

③　その債務の消滅の直前において、その構成会社等の総負債の額（注）が総資産の額（注）を超える場合（①又は②に該当する場合を除く。）…次の金額のうちいずれか少ない金額

　・その債務の消滅の直前のその総負債の額がその総資産の額を超える額

　・その構成会社等に対する債権を有する者（その構成会社等と特殊の関係にある者を除く。）のその債権に係る債務がその債務の免除その他の事由により消滅したことにより生じた利益の額で、その構成会社等の所在地国（その構成会社等が無国籍構成会社等である場合には、その設立国）の租税に関する法令においてその構成会社等の所得の金額の計算上益金の額に算入されない金額

　　(注)　総負債の額とは、構成会社等の負債の全ての帳簿価額の合計額をいい、総資産の額とは、構成会社等の資産の全てを時価により評価した価額の合計額をいう（法規38の22）。

　なお、債務免除（債務が消滅したこと）の例示として、いわゆるデット・エクイティ・スワップ（DES：債務の資本化）により債務が消滅した場合もこれに含まれることが、税務通達により明らかにされています（法基通18-1-60）。

(k)　資産等の時価評価課税

　構成会社等が連結納税グループに加入し、又は離脱した場合などには、その所在地国の税制において、その資産又は負債について時価課税されるような場合がありますが、会計上は、このような調整は行われません。この場合、会計と税務でミスマッチが生じることから、IIRでは、これを解消するため、GIR（GloBE情報申告書）による特定多国籍企業グループ等の選択により、税務上のその資産又は負債に係る時価評価損益等に相当する金額を個別計算所得等の金額の計算に含めることができるとしていま

す。

　すなわち、特定多国籍企業グループ等の各対象会計年度に係るGIR（構成会社等の個別計算所得等の金額［法令155の18①一］の計算につき本特例の適用を受けようとする旨を含むものに限る。）の提供がある場合又はわが国以外の国若しくは地域の租税に関する法令を執行する当局にそのGIRに相当する事項の提供がある場合（提供義務免除規定の適用がある場合に限る。）には、個別計算所得等の金額の計算については、次によることになります。なお、調整の方法については「資産」の場合も「負債」の場合も同様であるため、以下では「資産」に関する時価評価課税の場合について記載しています。

【資産の時価評価が行われた場合】

　その構成会社等の有する資産（注1）につき、その所在地国の租税に関する法令の規定により時価による評価が行われたものとして所得の金額を計算する一定の場合（注2）には、その構成会社等のその対象会計年度以後の各対象会計年度に係る構成会社等個別計算所得等の金額（法令155の18①一）の計算については、次の①②のいずれかによります（法令155の29①）。

　　（注1）「有する資産」から、棚卸資産その他これに相当する資産及び移転価格税制の適用に係る資産が除かれる（法規38の23①）。

　　（注2）「一定の場合」には、構成会社等が上記の連結等納税規定の適用を受けることとなる場合又はその適用を受けないこととなる場合、構成会社等が居住地国を変更する場合その他の場合において、その所在地国の租税に関する法令の規定により、その有する資産又は負債を時価により評価した価額を基礎としてその資産又は負債の帳簿価額に調整を加えた金額を用いてその所得の金額を計算することとされるときが該当する（法規38の23②）。

①　その資産の時価評価の基因となる事実（特定事実）が生じた日の属する対象会計年度の構成会社等個別計算所得等の金額（法令155の18①一）の計算については、その資産の評価利益額（注3）を特例適用前個別計算所得等の金額に加算し、又はその資産の評価損失額（注4）を特例適

用前個別計算所得等の金額から減算する。

(注3) 「評価利益額」とは、その資産を特定事実が生じた時の時価により評価した価額がその資産のその特定事実が生じた時の直前の帳簿価額を超える場合におけるその超える部分の金額をいうが、二重計上防止の観点から、その時価評価が上記の特定組織再編成（法令155の16⑨一）に基因するものである場合において、その資産に係る特定利益の金額（法令155の16⑨二）があるときは、その特定利益の金額を除外する。

(注4) 「評価損失額」は、「評価利益額」と同様に計算された損失の場合の額をいい、特定組織再編成に係る「特定損失の金額（法令155の16⑨三）」があるときはその特定損失の金額をその超える部分の金額から除外する。

② 特定事実が生じた日の属する対象会計年度以後の５対象会計年度における構成会社等個別計算所得等の金額（法令155の18①一）の計算については、その資産の評価利益額を５で除して計算した金額（分割評価利益額）を特例適用前個別計算所得等の金額に加算し、又はその資産の評価損失額を５で除して計算した金額（分割評価損失額）を特例適用前個別計算所得等の金額から減算する。ただし、その対象会計年度以後の４対象会計年度のいずれかの対象会計年度においてその構成会社等がその特定多国籍企業グループ等に属さないこととなった場合におけるその属さないこととなった日の属する対象会計年度（離脱対象会計年度）の構成会社等個別計算所得等の金額の計算については、その資産の取戻分割評価利益額（注5）を特例適用前個別計算所得等の金額に加算し、又はその資産の取戻分割評価損失額（注6）を特例適用前個別計算所得等の金額から減算する。

このため、その対象となった構成会社等がグループから離脱した場合は、時価評価損益相当額の残額につき、その離脱した年度で清算することになる。

(注5) 「取戻分割評価利益額」とは、その資産の評価利益額から離脱対象会計年度前の各対象会計年度において加算されたその資産の分割評価利益額の合計額を控除した残額をいう。

（**注6**）「取戻分割評価損失額」とは、その資産の評価損失額から離脱対象会
　　　　計年度前の各対象会計年度において減算されたその資産の分割評価損
　　　　失額の合計額を控除した残額をいう。

　なお、構成会社等が各対象会計年度において本特例の適用を受ける場合
には、その適用を受ける資産又は負債の帳簿価額については、その対象会
計年度以後の各対象会計年度の税引後当期純損益金額又は恒久的施設等純
損益金額の基礎となる金額の計算上、その資産又は負債をその時の時価に
より評価した価額とみなすこととされており（法令155の29①三）、「繰延税
金資産又は繰延税金負債」（**6**⑶**ロ**「繰延対象租税額」）の金額にも影響が
生じるため注意が必要です（法基通18−1−67⑹）。

⒧　PE特例

　恒久的施設等（PE）を有する構成会社等は当期純損益金額をその所在
地国とPE所在地国に区分した上でそれぞれの所在地国について実効税率
の計算を行うことになります。そして、全世界所得課税方式採用の場合、
PEで生じた損失は、その構成会社等の課税所得金額の計算上考慮される
一方で、当期純損益金額（特例適用前個別計算所得等の金額）の計算上は
当該構成会社等の損失とはされません。そして、構成会社等の個別計算所
得等の金額の計算上考慮されないとなると、その構成会社等の所在地国に
係る実効税率を押し下げることになります。

　この問題を解消するため、PEの特例適用前個別計算所得等の金額（法
令155の18①一）が零を下回る場合には、その金額をそのPEを有する構成
会社等に配分することとされています。また、その後の対象会計年度にお
いて、PEの特例適用前個別計算所得等の金額が零を上回る場合には、そ
の金額について、過去対象会計年度において配分された金額を限度とし
て、その構成会社等に配分することとされています。

　具体的には、次の①②の区分に応じ、それぞれの調整を行うことになり
ます（法令155の30）。

① PEの特例適用前個別計算所得等の金額が零を下回る場合

　PEを有する構成会社等の所在地国の租税に関する法令において、そのPEに帰せられる所得についてその構成会社等の所得として法人税又は法人税に相当する税を課することとされている場合において、そのPEの各対象会計年度に係る特例適用前個別計算所得等の金額（各調整適用後）が零を下回るときは、その構成会社等及びそのPEのその対象会計年度に係る構成会社等個別計算所得等の金額（法令155の18①一）の計算については、次によります（法令155の30①）。

・そのPEのその特例適用前個別計算所得等の金額が零を下回る部分の金額をその構成会社等のその対象会計年度に係る特例適用前個別計算所得等の金額から減算する。

・そのPEのその対象会計年度に係る特例適用前個別計算所得等の金額は、零とする。

② PEの特例適用前個別計算所得等の金額が零を超える場合

　各対象会計年度における過去対象会計年度において上記①の適用がある場合において、PEのその対象会計年度に係る特例適用前個別計算所得等の金額が零を超えるときは、そのPEを有する構成会社等及びそのPEのその対象会計年度に係る構成会社等個別計算所得等の金額（法令155の18①一）の計算については、次によります（法令155の30②）。

・そのPEのその特例適用前個別計算所得等の金額（過去対象会計年度において上記①によりその構成会社等の特例適用前個別計算所得等の金額から減算された金額の合計額（過去対象会計年度において既にその構成会社等の特例適用前個別計算所得等の金額に加算された金額の合計額を除く。）を超える場合には、その超える部分の金額を控除した金額）をその構成会社等のその対象会計年度に係る特例適用前個別計算所得等の金額に加算する。

・上記により加算された金額をそのPEのその対象会計年度に係る特

例適用前個別計算所得等の金額から控除する。

　なお、本特例における調整は、税務上の所得や欠損金が発生するか否かにかかわらず、個別計算所得等の金額が損失である場合に適用がある旨が税務通達により明らかにされています（法基通18－1－62）。

　また、PE特例に関し、OECDモデルルールコメンタリー（2022.3）では、「本店の費用として取り扱われるPEのGloBE損失は、当該PEの損失が本店の国内課税所得の計算上費用として取り扱われ、かつ、その本店の所在地国及びそのPEの所在地国の双方の法令のもとで課税対象となる所得項目と相殺されていない範囲に限る。」としています[48]。この点について、わが国IIRでは、その計算方法について明らかにされていませんが、その計算方法が明らかになった段階で対応を行っていく予定のアナウンスがある[49]ことから、今後の改正の動向にも注意が必要です。

⒨　課税分配法

　「課税分配法」とは、GIR（GloBE情報申告書）による特定多国籍企業グループ等の選択により、各種投資会社等の所得について、各種投資会社等に該当しない構成会社等がその持分を保有する各種投資会社等から受ける利益の配当の額につき、基準税率以上の税率で法人税又は法人税に相当する税が課されている場合、その配当の額をIIR上、当該構成会社等の所得として個別計算所得等の金額を計算できるとする制度です。これは、多くの国又は地域において、各種投資会社等はその各種投資会社等の段階では課税されていないことが多く、その持分保有者の段階で課税されることが多いことから、本制度でも課税の中立性の観点から、持分保有者の所得として実効税率を計算することを納税者の選択に委ねているものです（法令155の31①②、法規38の24）。

48　OECD・前掲（注14）「Article 3.4 Allocation of Income or Loss between a Main Entity and a Permanent Establishment」（Article 3.4.5）79頁。
49　財務省・前掲（注2）846頁。

　ただし、本特例は、各種投資会社等からの分配に対し基準税率以上の税率で課税されていることが条件とされており、また、各種投資会社等が4対象会計年度以内にその所得を分配した場合は、その配当金額を各種投資会社等の個別計算所得等の金額から減算することができるものの、この間に分配しきれなった場合は、その分配しきれなった残額に基準税率を乗じた金額が各種投資会社等に係る国際最低課税額（未分配所得国際最低課税額）として課税されることになります。

　本制度は、このように各種投資会社等の所得について、その持分保有者である構成会社等の所得として実効税率の計算を行うものですが、一般的に構成会社等間の配当は除外配当（**6⑴ロ(b)**）として、個別計算所得等の金額から減算されるので、この点を踏まえ、その配当の額（特定配当金額）をその持分保有者である構成会社等の個別計算所得等の金額に加算（特定対象租税金額として各種投資会社等が配当に対し支払う対象租税も合わせて加算）します。

　なお、本特例は5年選択（過去4年間のうち、適用を受けることとなった年度がないこと。）とされています（法令155の31④⑤）。

⒩　導管会社等である最終親会社等に係る特例

　導管会社等（法法82五）は、個別の財務諸表を有する一方で、税務上、その収益・費用はその構成員（member）に帰属する（pass-through）とされます。導管会社等に係る当期純損益金額の特例として、構成会社等が保有する導管会社等の損益については、導管会社等の当期純損益金額の計算から除外し、その構成員である構成会社等の当期純損益金額として計算することとされています（法令155の16⑭）。しかしながら、特定多国籍企業グループ等の最終親会社等（UPE）である導管会社等については、その全ての構成員はその特定多国籍企業グループ等に属さない者（非関連構成員）であることから、上記の特例に従って最終親会社等である導管会社等に係る損益を導管会社等の当期純損益金額の計算から除外することはで

きません。この場合、当該導管会社等については、基本的に現地（その所在地国）で課税がなされていないことから、当期純損益金額が除外されないと最終親会社等の所在地国に係る実効税率は零又は著しく低いものとなります。この問題を解消するため、その最終親会社等の特例適用前個別計算所得等の金額のうちその最終親会社等の一定の構成員に帰せられる金額を、その最終親会社等の個別計算所得等の金額の計算上除外することとされています（法令155の32）。

　なお、「一定の構成員」とは次の場合をいいます（法令155の32①一～三）。

①　対象会計年度終了の日から１年以内にその構成員に帰属する金額がその構成員の課税所得として取り扱われており、基準税率（15％）以上の税率で租税が課されているか、構成員が納付することとなる租税と最終親会社等の当期対象租税額に請求権割合を乗じて計算した金額の合計額がその除外対象となる金額に基準税率を乗じた金額以上と見込まれることのいずれかを満たす者

②　最終親会社等の所在地国を居住地国とする個人である構成員で、その構成員の請求権割合が５％以下である者

③　最終親会社等の所在地国の国等、その所在地国で設立され、かつ、管理される国際機関、政府関係会社等、国際機関関係会社等、非営利会社等、年金基金で請求権割合が５％以下である者

(o)　配当控除所得課税規定

　わが国における特定目的会社（措法67の14①）や投資法人（措法67の15①）に対する取扱いなど、投資会社、協同組合などについては、その会社等の利益についてその持分保有者に対する単一段階課税（構成員課税、ペイスルー課税）を目的として、その会社等が行う利益のその会社等の所得金額の計算上、控除する（損金算入する）計算の仕組みが採られている国等があります。この場合において、構成会社等が最終親会社等のときには、課税所得の計算上は配当相当額が税務上課税所得から控除されている

一方で、個別計算所得等の金額は配当前の会計上の利益をベースとして計算されるので、上記の「導管会社等である最終親会社等に係る特例（6⑴ハ(n)）」の場合と同様、最終親会社等の実効税率が零又は著しく低いものとなります。また、最終親会社等の構成員は非関連構成員のため、後述する実効税率の適切な計算の観点から行われる構成会社等間での対象租税のプッシュダウン制度（6⑶ハ被配分当期対象租税額（プッシュダウン、プッシュアップ））による実効税率の計算も行うことができません。この問題を解消するため、最終親会社等がいわゆるペイスルー税制（配当控除所得課税規定）の対象となっている場合で、その持分保有者がその最終親会社等から受けた利益の配当の額に対し基準税率（15%）以上の税率で課税されている等の一定の要件を満たすときは、その一定の要件を満たす配当の額をその最終親会社等の個別計算所得等の金額から除外することとされています（法令155の33①）。

なお、上記「一定の要件」について、持分保有者に支払われる配当については、その対象会計年度終了の日から1年以内に支払われるものに限られ、持分保有者には、協同組合等の取扱いを除き、基本的に上記の「導管会社等である最終親会社等に係る特例（6⑴ハ(n)）」の場合の構成員と同様の要件を満たす必要があります。

また、わが国の法人税制上、配当控除所得課税規定に該当するとされるいわゆるペイスルー扱い（支払配当等の損金算入特例）の規定の例が留意的に税務通達で示されています（法基通18-1-63）。

(2) 対象租税

実効税率（ETR）計算の算式の分子となる調整後対象租税額（法法82三十）を構成する「対象租税（法法82二十九）」は、例えば、資本に対して課されるものもこれに含まれるなど法人税が一般的に捉える概念よりもその対象範囲が広くなっています。適切なETR計算を行うためにも、表面上は「税（tax）」とされるものがこの「対象租税（Covered Taxes）」に

該当するか否かの分類と判定は重要となります。

イ　対象租税の範囲

　対象租税の範囲は、以下のとおりです（法令155の34①）。

（イ）　所在地国の法令により構成会社等又は共同支配会社等の所得に対して課された法人税、法人税に相当する税（例：法人税、地方法人税、法人住民税（法人税割）、法人事業税（所得割）、CFC税制により課される税、transparentの事業体（透明体）からの未分配利益持分に課される税、他の構成事業体からの分配に対し課される税）［１号］

（ロ）　適格分配時課税制度（注）の適用により、分配があった又は分配があったとみなされる利益に対して15％以上の税率で法人税に相当する税を課すとされる制度により課される税（エストニア、ラトビア、ジョージア等の法人所得税）［２号］

　　(注)　「適格分配時課税制度」とは、外国等の租税に関する法令により、会社等の課税期間において、利益の分配があった又はあったとみなされる当該利益に対して基準税率（15％）以上の税率で法人税に相当する税を課することとされている等の制度をいい（法令155の34①二）、これに該当するかどうかは、①その分配に対して基準税率以上の税率で法人税に相当する税を課することとされていること、②その法令の規定が令和３（2021）年７月１日以前に施行されたものであることが要件とされている（法規38の27①）。

（ハ）　構成会社等又は共同支配会社等の特定の所得につき、徴税上の便宜のため、所得に代えて収入金額等を課税標準として課されるもの（例：源泉所得税、復興所得税（源泉徴収））［３号］

（ニ）　構成会社等又は共同支配会社等の特定の所得につき、所得を課税標準とする税に代え、構成会社等又は共同支配会社等の収入金額等を課税標準として課される税（例：法人事業税（収入割））［４号］

（ホ）　構成会社等又は共同支配会社等の利益剰余金その他の純資産に対して課される税（例：法人事業税（資本割））（法規38の27②）［５号］

　なお、「所得に対する法人税又は法人税に相当する税」には、各事業年

度の所得に対する法人税、地方法人税（各事業年度の所得に対する法人税に係る部分に限る。）、道府県民税及び市町村民税（都民税を含む。）の法人税割並びに事業税の所得割並びに外国におけるこれらに相当する税（次に掲げるものを含む。）が含まれることが、税務通達によって明らかにされています（法基通18-1-64）。

① 構成会社等又は共同支配会社等が組合員となっている任意組合等において営まれる事業から生ずる利益の額又は損失の額で、現実に利益の分配を受け又は損失を負担していないものに係る所得を課税標準として課されるもの及び外国におけるこれらに相当するもの

② 外国子会社合算税制（CFC税制）等の適用により課されるもの

ロ　対象租税から除外されるもの

対象租税から除外されるものは、以下のとおりです（法令155の34②）。

（イ）　各対象会計年度の国際最低課税額に対する法人税又は外国におけるこれに相当する税（IIR）[1 号]

（ロ）　自国内最低課税額（QDMTT）に係る税 [2 号]

（ハ）　その構成会社等に課される税のうち、その国の法令において、グループ国際最低課税額に相当する金額のうち各対象会計年度の国際最低課税額に対する法人税に相当する税の課税標準とされる金額以外の金額を基礎として計算される金額を課税標準とする税又はこれに相当する税（UTPR）[3 号]

（ニ）　構成会社等又は共同支配会社等の所得に対する税であって、次の①②に掲げる要件のいずれかを満たすもの（適格インピュテーション税（法規38の27③、**6(1)ロ(a) (注)**）を除く。）[4 号]

① その構成会社等又は共同支配会社等が利益の配当を行う場合に、これを受ける者がその所得に対する税の額に係る還付を受け、又は当該利益の配当に係る税以外の税の額から税額控除することができること

②　その構成会社等又は共同支配会社等が配当を行う際に、その構成
会社等又は共同支配会社等がその所得に対する税の額に係る還付を
受けることができること

（ホ）　保険会社がその保険契約者からのリターンに基づき支払った租税
　［5号］

　なお、対象租税の範囲に含まれないものとして、道府県民税及び市町村
民税（都民税を含む。）の均等割、事業税の付加価値割、附帯税並びに地
方税に係る延滞金及び加算金並びに外国におけるこれらに相当するものが
税務通達によって例示されています（法基通18－1－66）。

(3)　調整後対象租税額

　「調整後対象租税額（Adjusted Covered Taxes）」は、国又は地域にお
ける実効税率を計算するための基準とすべき税の額として構成会社等又は
共同支配会社等の各対象会計年度の当期純損益金額に係る次の【A】〜【C】
の合計額とされています（法法82三十、法令155の35①）。なお、その構成要
素とされる金額に係る全体のイメージは、**【図表16】**のとおりです。

【A】　当期対象租税額（当期純損益金額に係る法人税等＋「被配分当期
対象租税額（**6(3)ハ**）」＋イ≪加算額≫－イ≪減算額≫）（法令155の
35②一）［1号］

【B】　一定の調整を加えた法人税等調整額［繰延対象租税額］（法規38の
28①〜⑥）［2号］

【C】　対象となる所得が個別計算所得等の金額に含まれている場合のそ
の他の包括利益等に含まれる対象租税の額（法規38の28⑦）［3号］

イ　当期対象租税額

≪加算額≫（法令155の35②二）

（イ）　当期純損益金額に係る費用の額に含まれている対象租税の額
　　　　法人事業税の資本割など、会計処理上法人税等以外に販管費等の

図表16 ≪調整後対象租税額（全体像）≫

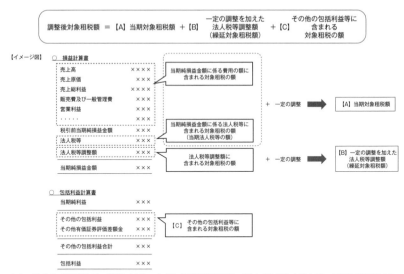

出典：財務省「税制改正の解説（令和5年度）『国際課税関係の改正（各対象会計年度の国際最低課税額に対する法人税の創設等関係)』」861頁

項目に含まれている租税を加算します。

（ロ）　過去対象会計年度において不確実性があるとされた法人税等の額のうち当該対象会計年度において支払われた金額

　　　不確実な税務処理に係る法人税等の額については、会計上の計上時ではなく、実際の支払時に当期対象租税額として認識するため、計上した対象会計年度の当期対象租税額から減算し、支払った対象会計年度の当期対象租税額として加算します。

　　　なお、税務通達において、不確実な税務処理に係る法人税等の額に該当するものの例が示されていますが、これは不確実な税務ポジションを有する場合のIFRSやUS-GAAPで規定されている会計処理に係る法人税等を指すものと考えられます（法基通18-1-72）。

（ハ）　当期の法人税等の額から減算されている適格給付付き税額控除額

　　　適格給付付き税額控除額は、IIR上、所得として認識する（**6**(1)

ロ(j)) ので、法人税等から減額された金額を足し戻します。

（ニ）　過去対象会計年度に係る当期対象租税額が過少であったことが判明した金額で法人税等の額に含まれていないもの

　　過去の年度の増額した対象租税は、その増額が生じた時の対象会計年度当期対象租税額とされるので（いわゆる進行年度調整）、当期対象租税額として加算します。

（ホ）　過去対象会計年度に係る当期対象租税額が過大であったことが判明した金額で当期の法人税等の額から減算されているもの

　　過去対象会計年度において対象租税の額が減少した場合は、原則、再計算国別国際最低課税額の計算を行うこととされているので（法令155の40①一）、当期の法人税等から減算されている金額を足し戻し、当期対象租税額の計算には影響させないこととしています。

≪減算額≫（法令155の35②三）

　当期純損益金額に係る法人税等に被配分当期対象租税額（法令155の35③：6(3)ハ）を加算した金額のうち、次のものを減算します。

（イ）　個別計算所得等の金額以外の金額に係る当期法人税等の額

　　個別計算所得等の金額に含まれていないものについて実効税率の計算上除外します。

（ロ）　当期法人税等の計算上減額されていない非適格給付付き税額控除額

　　非適格給付付き税額控除額は、IIR上税額控除として認識する（6(1)ロ(j)）ので、会計上当期の法人税等の額から減額されていないものを減算します。ただし、税額控除を受ける要件を満たすこととなった日が移行対象会計年度開始の日前であるものは除かれます。

（ハ）　還付を受け、又は対象租税の額から控除された金額（適格給付付き税額控除額を除く。）で当期の法人税等の額から減算されていな

いもの

　　還付等がされた法人税等につき、適格給付付き税額控除額を除き会計上当期の法人税等の減額として処理されていないものを減算します。

（ニ）　不確実な税務処理に係る法人税等の額がある場合におけるその法人税等の額

　　上記≪加算額≫（ロ）のとおり、不確実な税務処理に係る法人税等については、計上時に当期対象租税額として認識しないため減算します。

（ホ）　対象会計年度終了の日から３年以内に支払われることが見込まれない金額（≪減算額≫（ニ）を除く。）

　　対象会計年度終了の日から３年以内に納付されなかった当期対象租税額が100万ユーロ相当額を超える場合には、再計算国別国際最低課税額の計算を行うこととされていますが（法令155の40①二）、あらかじめ３年以内にその納付が見込まれないものは当期対象租税額から除外することになります。ただし、これには、修正申告や更正などにより生じた法人税等の額は含まれないことが税務通達で明らかにされています（法基通18－1－73）。

（ヘ）　構成会社等又は共同支配会社等の会社等別利益額に係る対象租税として合理的に計算した金額

　　不動産譲渡の特例の適用（**6**(1)ハ(g)）を受ける場合の会社等別利益額（法令155の41②一）は、再計算国別国際最低課税額の計算の対象となり（法令155の41）、当期の法人税等の額に計上されたその不動産譲渡に係る対象租税の額への影響を及ぼさなくなるため、その会社等別利益額に係る金額として合理的に計算した金額を減算します。

ロ　繰延対象租税額

　繰延対象租税額は、会計上計上された繰延税金資産・繰延税金負債（当期純損益金額に係る繰延税金資産又は繰延税金負債）による法人税等調整額がベースとなりますが、IIRの計算においては、この会計上計上された繰延税金資産・繰延税金負債について次の調整を行い算出した「調整後法人税等調整額」に「加算調整」、「減算調整」した金額とされています（法規38の28③）。

　なお、当期純損益金額に係る繰延税金資産又は繰延税金負債は、一般的に会計上計上された金額と一致しますが、前記「当期純損益金額の調整」（**6⑴イ⒝**）のとおり、IIR上は、会計上の損益計算書（P/L）の金額から一定の調整をしたものを当期純損益金額とし、個別計算所得等の金額の計算を行うこととされています。このため、会計上と税務上の差異に基づき計上される繰延税金資産と繰延税金負債の金額は、会計上の金額から修正された個別計算所得等の金額をベースとした金額と税務上認識された金額との差に基づいて修正されたものと考えることができます。この点につき、税務通達では、①独立企業間価格による調整（法令155の16③④）、②特定組織再編成による調整（法令155の16⑦⑧）、③プッシュダウン会計の調整（法令155の16⑩）、④各種投資会社等について導管選択の特例をやめる場合の特例（法令155の17⑥）、⑤移行対象会計年度前のグループ取引等の調整（法規38の15④⑤）、⑥資産等の時価評価課税が行われた場合の特例（法令155の29①）の場面につき、それぞれの規定により調整された資産及び負債を基礎として調整後法人税等調整額を計算することが明らかにされています（法基通18－1－67）。

≪調整後法人税等調整額≫（法規38の28③一）

（イ）　基準税率による繰延税金資産・繰延税金負債の再計算

　　当期純損益金額に係る繰延税金資産又は繰延税金負債が基準税率を上回る適用税率（注1）により算出されている場合には、その繰延税

金資産又は繰延税金負債は基準税率により算出したものとされます。これは、繰延税金費用が過大に計上されることを防止するためのものと考えられます。例えば、わが国のように約30%の適用税率で計算されているとすると、15%相当額まで計上金額が引き下げられることになります。

(注1) 「適用税率」とは、繰延税金資産又は繰延税金負債の計算に用いられた税率をいいます（以下同じ。）。

(ロ) 個別計算損失金額に係る繰延税金資産の調整（任意）

当期純損益金額に係る繰延税金資産で、基準税率を下回る適用税率により算出されたものがある場合には、個別計算損失金額に係るものに限って、その繰延税金資産は基準税率により算出されたものとすることができます。これは、IIRにおいては、税効果会計の適用により、繰越欠損金相当額部分について課税が及ばないように制度設計されているところ、繰越欠損金について税効果会計を適用していたとしても、適用税率が基準税率より低い場合、その繰越欠損金相当額部分に課税が及ぶため、基準税率まで引き上げることを任意に認めることとされています。

(ハ) 個別計算所得等の金額に含まれないものに係る繰延税金資産・繰延税金負債の除外

実効税率の適切な計算から、算式の分母の個別計算所得等の金額に含まれない収入等に係る繰延税金資産・繰延税金負債はないものとされます。

(ニ) 不確実な税務処理（注2）に係る繰延税金資産・繰延税金負債の除外

当期対象租税額の不確実な税務処理に係る法人税等の額と同様、不確実な税務処理に係る対象租税の額は、実際の支払時に当期対象租税額として認識するため、同様にその繰延税金資産・繰延税金負債もないものとされます。

（注2）　「不確実な税務処理」とは、法人税又は法人税に相当する税に係る
　　　所得の金額の計算上行われた処理に不確実性がある場合におけるそ
　　　の処理をいい（法規38の28③一ニ）、税務通達において、不確実な税
　　　務処理に係る繰延税金資産・繰延税金負債に該当するものの例が示
　　　されています（法基通18－1－69）。これは「不確実な税務処理に係
　　　る法人税等」（**6**(**3**)**イ**（ロ））と同様、不確実な税務ポジションを有す
　　　る場合のIFRSやUS-GAAPで規定されている会計処理を指すものと
　　　考えられます。

（ホ）　利益剰余金に係る繰延税金負債の除外

　　当期純損益金額に係る繰延税金負債について、他の構成会社等又は
共同支配会社等に対する所有持分を有している場合に、当該他の構成
会社等又は共同支配会社等の利益剰余金が増加したときは、将来配当
時に課税が見込まれることから、その課税見込額に対応する繰延税金
負債を計上する会計処理がありますが、このような繰延税金負債はな
いものとされます。これは、構成会社等間の分配については、そのグ
ループ内で分配の時期、金額について操作が可能なため、繰延対象租
税額として認識しないとするものです。なお、税務通達では、利益剰
余金に係る繰延税金負債の例として、他の構成会社等から受ける配当
に係る外国源泉税について計上された繰延税金負債が該当することが
明らかにされています（法基通18－1－70）。

（ヘ）　繰延税金資産に係る評価性引当金の除外

　　繰延税金資産について、例えば、繰越欠損金の使用が見込まれない
などその回収可能性が見込まれない場合に、いわゆる評価性引当金を
計上して、その評価性引当金相当額は繰延税金資産の計上額から控除
される会計処理が行われるときがありますが、このような評価性引当
金相当額を除外し、控除しない全額を繰延税金資産としての計上を認
めることとしています。これは、欠損金が生じた場合は、欠損発生時
に繰延税金資産を認識することとしている点との整合性や、評価性引
当金の算定には企業による将来の見積もりが取り込まれることから、
その見積もりによる不確定な金額の影響を排除し、繰延税金資産の認

識時に全額計上するとした上、評価性引当金相当額は除外することと
したものと考えられます。

（ト）　回収可能性の変更により計上された繰延税金資産の除外

　　上記（ヘ）により、評価性引当金の計上にかかわらず、その認識時
に繰延税金資産が計上されるため、その後の対象会計年度で回収可能
性の変更により追加で繰延税金資産を計上する会計処理が行われたと
しても、その繰延税金資産はないものとされます。

**（チ）　適用税率の変更により計上された繰延税金資産・繰延税金負債の
除外**

　　当期純損益金額に係る繰延税金資産・繰延税金負債で、適用税率が
引き上げられた又は引き下げられたことによりその変更を加味するた
めに計上された繰延税金資産・繰延税金負債がある場合には、その繰
延税金資産・繰延税金負債はないものとされます。過去に一度計上さ
れた繰延税金資産・繰延税金負債の適用税率が変更した場合であって
もその影響額はその繰延税金資産・繰延税金負債には反映させないこ
とになります。

（リ）　繰越外国税額に係る繰延税金資産の除外

　　当期純損益金額に係る繰延税金資産で、繰越外国税額（外国税額控
除制度における控除対象外国法人税などの繰越税額控除の金額）があ
る場合には、その繰延税金資産はないものとされます。ただし、特定
繰延税金資産に該当する場合は除かれます。この場合の「特定繰延税
金資産」とは、CFC税制の適用を受けた構成会社等に欠損金がある
場合に当該構成会社等に係る外国関係会社等の所得に対して課される
税の額に係る繰越外国税額に係る繰延税金資産をいいます（法規38の
28⑤）（詳細は、Ⅶ7⑵「CFCとIIRの双方課税」参照）。

**（ヌ）〜（ワ）　移行対象会計年度前グループ内取引等の繰延税金資産又は
繰延税金負債の調整**

　　前記「当期純損益金額の調整」（6⑴イ⒝≪移行対象会計年度前のグ

ループ間取引等に係る当期純損益金額の調整≫）のように、移行対象
会計年度前のグループ間取引（特定取引）等が行われた場合、グルー
プ内取引等により資産等の帳簿価額を引き上げること（ステップアッ
プ）で本税制の適用を回避又は対象所得を圧縮することを防ぐため、
移行対象会計年度前のグループ内取引等については、移転前の帳簿価
額を基礎に当期純損益金額の計算を行うこととされています。これに
対応し、適切に実効税率の計算を行うためには、繰延税金資産・繰延
税金負債も調整する必要があり、取引前に生じていたその特定取引
（法規38の28③一ヌ）に係る繰延税金資産・繰延税金負債の引継ぎ、帳
簿価額の変更による繰延税金資産・繰延税金負債の取崩しによる影響
の除外、特定取引等に関して支払った納税額等を限度とする繰延税金
資産の容認、特定取引等により生じた繰延税金負債を除外する調整が
それぞれ定められています。

≪加算額≫　（法規38の28③二）

（イ）～（ハ）　取戻繰延税金負債（リキャプチャールール）の対象となっ
た繰延税金負債

　　繰延税金負債については、計上後5対象会計年度以内に取崩しがな
ければ、「取戻繰延税金負債（リキャプチャールール）」として、過去
対象会計年度における調整後対象租税額から減算し、再計算国別国際
最低課税額の計算の対象となりますが（法令155の40、法規38の32①二）、
その後の対象会計年度においてその対象となる部分の支払がされた場
合には、それに対応する繰延税金負債相当額について繰延対象租税額
として加算します（法規38の28③二ハ）。また、所有持分の移転により
特定多国籍企業グループ等に属することとなった構成会社等が、グ
ループ加入前の過去対象会計年度に計上していた繰延税金負債でその
移転の日を含む5対象会計年度後の対象会計年度終了の日までに取り
崩されなかったものにつき、過去対象会計年度の調整後対象租税から

減算された金額に係る繰延税金負債のうち、当該対象会計年度において支払われた部分に相当する金額は、同様に加算します（法規38の28③二イ）。さらに、リキャプチャールールによる申告事務の負担を回避するため企業のGIR（GloBE情報申告書）による選択により5対象会計年度後の対象会計年度終了の日までに支払われることが見込まれない部分の金額につき、調整後対象租税額から減算する特例（法規38の28④）の適用を受けた金額に係る繰延税金負債のうち、当該対象会計年度において支払われた部分に相当する金額も同様に加算します（法規38の28③二ロ）。

(注) リキャプチャールールの適用対象外の繰延税金負債として、税法上いわゆる加速度減価償却が認められる場合の繰延税金負債など一定の繰延税金負債が規定されている（法規38の28③三ハ(1)〜(9)、法規38の32①二イ〜リ）。

(ニ) 取り崩された繰延税金負債のうち適用税率の引上げにより増加した繰延税金負債

その対象会計年度において取り崩された繰延税金負債のうち、過去対象会計年度に計上された繰延税金負債の適用税率の引上げによる増加部分を加算します（法規38の28③二ニ）。ただし、引上げ前の適用税率が基準税率を下回る場合に限り加算処理し、引上げ後の適用税率が基準税率を上回る場合には、基準税率までの増加部分に限ります。これは、繰延税金負債につき適用税率の増加があった場合は実際の支払時にその加算を認識することから、上記≪調整後法人税等調整額≫（チ）のとおり、適用税率の変更による影響額は除外されるところ、会計上の取崩しには適用税率の変更の影響が加味されている（この場合、過大に取り崩される）ことから、その過大額の影響を除外する必要があるために行う（加算する）ものです。

≪減算額≫ （法規38の28③三）

(イ) 欠損の金額について繰延税金資産が計上されていない場合の繰延

　　税金資産相当額

　　上記の評価性引当金の処理と同様に欠損金の金額については、その
欠損が発生した年度において繰延税金資産が認識されるため、会計上
回収可能性が見込まれないとして繰延税金資産が計上されなかったと
しても、回収可能性があると見込まれるならば計上されることとなる
繰延税金資産相当額を繰延対象租税額の計算上、減算します。

（ロ）　欠損金の繰戻還付がある場合の繰延税金資産相当額

　　欠損金の繰戻還付がある場合、過去対象会計年度に係る調整後対象
租税額が減少し、再計算国別国際最低課税額の計算の対象となります
が（法令155の40①一）、繰戻還付の場合と欠損金が生じその繰越欠損
金控除の場合の経済効果の同一性を考慮して、繰戻還付が生じた対象
会計年度においてその欠損金相当の繰延税金資産を認識し、本規定
（法規38の28③三ロ）に従い繰延税金資産相当額を減算します。そして、
その再計算国別国際最低課税額の計算上は、当該繰延税金資産相当額
を繰延対象租税額の計算上、加算します（法令155の40①四、同令②三
イ、法規38の32②）。

（ハ）　グループ加入前の繰延税金負債に係る取戻繰延税金負債

　　上記の**≪加算額≫**のとおり、取戻繰延税金負債（リキャプチャー
ルール）について、グループ加入前の繰延税金負債については、所有
持分の移転があった対象会計年度の5対象会計年度後の対象会計年度
終了の日までに取り崩されなかったもの（取戻対象外繰延税金負債は
除く。）に係る部分の金額が対象となるので、そのリキャプチャー（取
戻）の対象となった繰延税金負債相当額はなかったものとして繰延対
象租税額の計算上、減算します。

**≪移行対象会計年度前の対象会計年度で計上された繰延税金資産又は繰
延税金負債の特例≫**

　　移行対象会計年度（その所在地国における構成会社等が特定多国籍企

業グループ等に属することとなった最初の対象会計年度〔法令155の3②
十一〕）前の対象会計年度に計上された繰延税金資産又は繰延税金負債
について、上記**≪調整後法人税等調整額≫**の（ハ）から（リ）まで、**≪加
算額≫**の全て、**≪減算額≫**の（ロ）、（ハ）の取扱い、リキャプチャー
ルールの回避のための減額特例（法規38の28④）は、適用しないことと
されています（法規38の28⑥）。ただし、その計上された繰延税金資産の
うちに、個別計算所得等の金額に含まれない収入等に係る繰延税金資産
（令和3年12月1日以後に行われた取引に係るものに限る。）がある場合
におけるその繰延税金資産については対象外とされます。

　ここで、注意すべき点は、上記**≪減算額≫**（イ）の欠損金についての
回収可能性に係る繰延税金資産の規定に係る繰延税金資産相当額が除か
れないことです。したがって、移行対象会計年度前の対象会計年度にお
いて生じた欠損金について、繰延税金資産を計上していなかったとして
も、その繰越欠損金に係る繰延税金資産相当額がその移行対象会計年度
前の対象会計年度で生じたものとされ、その後の対象会計年度において
繰越欠損金が使用されれば、それに相当する繰延税金資産相当額も取り
崩されたものとして、その対象会計年度の繰延対象租税額に計上される
ことになります。

　この点、国税庁公表のQ&A（Q10）においても、移行対象会計年度
前の対象会計年度において生じた欠損金に係る繰延税金資産に相当する
金額は、繰延対象租税額の計算上、その欠損の金額が発生した対象会計
年度において計上したものとして取り扱うことが明記されており[50]、上
記取扱いと同様の考えに基づくものと思われます。

ハ　被配分当期対象租税額（プッシュダウン、プッシュアップ）

　「被配分当期対象租税額（法令155の35③）」の配分とは、例えば、CFC

50　国税庁・前掲（注19）Q10「移行対象会計年度前の対象会計年度の繰延税金資産の取扱い」
　　41頁。

税制が親会社で適用された場合に、そのCFC所得に対して親会社で課された税をその課税所得の源泉であるCFCの当期対象租税額としてその税を実効税率の計算上配分することで、国・地域ごとの実効税率を適切に計算する仕組みです。

　この被配分当期対象租税額の配分制度がなければ、上記の例では、CFC税制によりCFCの所得に対して親会社で課税され、さらに、IIRによりCFCの実効税率から計算されるトップアップ税が同一の親会社で課税されることとなり、CFCの所得に対する二重課税となります（双方課税の懸念）。このため、被配分当期対象租税額の配分は、この二重課税を適切に排除する仕組みとして機能するものですが、これには、CFC税制のように、親会社の対象租税を子会社（CFC）の対象租税として配分するもの（プッシュダウン）と導管会社である構成会社等の対象租税をその導管会社の所有持分を有する構成会社等の対象租税として配分するもの（プッシュアップ）があります。なお、後述（Ⅶ7「CFCとIIRの適用関係」）のように、この被配分当期対象租税額の配分制度が措置されていても、CFCとIIRの双方課税がなされる可能性があることにも留意が必要です。

≪プッシュダウン≫

　被配分当期対象租税額のプッシュダウンとして次のものが規定されています。

①　本店対象租税の額のPE配分額（法令155の35③一）

②　CFC親会社等の対象租税の額のCFC子会社への配分額（法令155の35③四）

③　構成員課税を受ける構成員からその構成員が所有持分を有する構成会社等に対する配分額（法令155の35③五）

④　配当を受けた親会社等の対象租税の額のその配当を行った構成会社等に対する配分額（法令155の35③六）

≪プッシュアップ≫

被配分当期対象租税額のプッシュアップとして次のものが規定されています。

① 導管会社等（法法82五）である構成会社等からその所有持分を有する構成会社等への所有持分の割合に応じた配分額（法令155の35③二）

② 導管選択（法令155の17）を行った各種投資会社等である構成会社等からその所有持分を有する構成会社等への所有持分の割合に応じた配分額（法令155の35③三）

③ PEの特例適用前個別計算所得等の金額が零を下回る場合の特例によりその適用後の対象会計年度においてPEの特例適用前個別計算所得等を加算する場合（法令155の30②）にPEからそのPEを有する構成会社等への配分額（法令155の35③七）

④ 課税分配法（**6**(1)ハ(m)）により各種投資会社等から適用株主等（法令155の17②）への配分額（法令155の35③八）

なお、プッシュダウンについては、それぞれ配分対象となる対象租税の額や外国税額控除等の適用を受ける金額について「所在地国の租税に関する法令の規定を勘案して合理的な方法により計算した金額」とされています（法規38の29）。この「合理的な方法」に関し、税務通達では、それぞれの場面における具体的な計算方法が示されています（法基通18－1－74～18－1－80）。

プッシュダウンの実務上の論点や課題については、「Ⅶ7(2)（CFCとIIRの双方課税）」及び「Ⅶ8（PEに係る租税の額のプッシュダウン）」で詳述しますが、規定の内容に関し留意すべき事項としては、以下の点が挙げられます。

●法人税等調整額についてプッシュダウンに関する規定がないこと

「Ⅶ 実務上の論点と課題」でも後述しますが、現法令においては法人税等調整額のプッシュダウンの規定は定められていません（Ⅶ7(3)ホ（**注**）参照）。しかしながら、OECDモデルルールコメン

タリー（2022.3）の規定においては、このプッシュダウンが認められていること[51]や税制の企画立案当局担当者の解説において、「引き続き国際的な議論が行われているため、令和5年度税制改正では措置を見送っています。」[52]との記載を踏まえると、今後このプッシュダウンに関する何らかの対応が行われるものと思われます。

● **CFC課税（構成員課税を含む。）に係るプッシュダウンには、受動的所得の金額について制限があること**

CFC課税に係るプッシュダウン（法令155の35③四）については、そのCFC所得が受動的所得の場合、受動的所得の移転（付け替え）によるグループ全体の国際最低課税額の税負担の回避を防止する観点から、受動的所得の金額に係るプッシュダウンについては制限が付されています。具体的には、受動的所得の金額に係るプッシュダウンの額は、基準税率から受動的所得がないものとして計算した実効税率を控除した割合に受動的所得の金額を乗じた金額が限度とされます（法規38の29④二）。

なお、この受動的所得とは、利子、配当、資産の貸付料、使用料、保険契約に基づく受給年金等とされていますが（法規38の29⑤）、外国子会社合算税制におけるいわゆる受動的所得（資産性所得）とは法令上の定義が異なっています。

● **GILTI型CFC税制のプッシュダウンに関する経過措置**

米国のGILTI（Global Intangible Low-Taxed Income：米国外軽課税無形資産所得）など全世界所得ブレンディング[53]（各税率所得間の混合をいい、具体的には、複数の海外子会社の所得を合算して

51　OECD・前掲（注14）「Article 4.3 Allocation of Covered Taxes from one Constituent Entity to another Constituent Entity」Article 4.3.1 パラ42（95頁）では、法人税等調整額（deferred Tax）についてもプッシュダウンの対象となり得ること（it applies also to deferred Taxes under Article4.4）が示されている。

52　財務省・前掲（注2）863頁。

53　税務上、ブレンディング（blending）とは、一般に高税率所得と低税率所得との混合を指し、本文の「全世界所得ブレンディング」とは、全世界を単位とした各国の各税率所得間の混合を意味している。

課税額が計算されることになる。合算された課税額であるため個々の海外子会社に対応した税額の紐付けが困難となる。）によって課税額を計算するGILTI型CFC税制のプッシュダウンについては、経過措置として具体的な配分方法が規定されています（令和5年改正法規附則2）。これは、2023（令和5）年2月公表のOECD執行ガイダンスに合わせて対応したものですが[54]、その趣旨は全世界所得ブレンディングによりCFC所得が計算された場合、これを個々のCFCに紐づけて計算することは困難、あるいは相当の事務負担が生じるため、事務負担軽減の観点から一定の計算方法を決定し、事務の簡素化を図ったものと考えられます。具体的には、親会社等のCFC課税の額（外国税額控除適用後）を配分基準額（CFC所得に親会社等のCFC所得への適用税率から被配分当期対象租税額をないものとし、QDMTTを含めて計算した実効税率を控除した割合を乗じた金額）によって按分計算することになります（令和5年改正法規附則2）。

なお、経過措置の適用期間は、令和6（2024）年4月1日から令和7（2025）年12月31日までの間に開始する対象会計年度（令和9（2027）年6月30日までに終了するものに限る。）です。

(注) 2023（令和5）年12月OECD公表の執行ガイダンスでは、このGILTI型CFC税制の上記の配分基準額の計算について、構成会社等、JV、JVグループ、グルーピング特定による特定構成会社等（後述(7)ハ）がある場合は、ETR計算と同様それぞれごとに計算することや恒久的適用免除（デミニマス除外）、適格CbCRセーフハーバー、QDMTTセーフ・ハーバーの適用により国別実効税率の計算を行っていない場合の計算方法が示されており[55]、今後このガイダンスを

---

54 OECD・前掲（注7）「2.10 Allocation of taxes arising under a Blended CFC Tax Regimes」67頁。なお、パラ5において、「The Inclusive Framework has agreed that GILTI, in its current form, meets the definition of a CFC Tax Regime under the GloBE Rules and must be treated as such.」とされ、現行のGILTIは、GloBEルール上CFC税制として取り扱うこととされている。

55 OECD・前掲（注22）「4 Further Administrative Guidance on the allocation of Blended CFC Taxes」27頁。

踏まえた対応がなされるものと考えます。
　　（なお、この点につき、令和6年度税制改正で見直し・改正が行われています（新令和5年改正法規附則2④）。）

　また、国税庁発信の情報（Q&A・Q9）では、親会社等が外国子会社合算税制等の適用を受ける場合の被配分当期対象租税額に関し、親会社等から配分（プッシュダウン）する金額の計算の基礎となる金額は、対象租税の額に限られるとした上、通算税効果額（法法26④）は、通算法人間で授受される金額（法人税及び地方法人税の額に相当する金額）であって国又は地域の法令における所得に対する法人税又は法人税に相当する税の額等には該当せず、対象租税の額に該当しないとして、当該通算税効果額は親会社等から子会社へプッシュダウンすることができないことが明らかにされています[56]。

二　各特例計算

　以上のとおり、本税制の適用に当たって、調整後対象租税額を計算することになりますが、納税者の選択によって特例処理が認められるものや、あるいは、調整後対象租税額について個別計算所得等の金額の計算の特例処理に対応した調整ができるものがあります。

≪過去対象会計年度の調整後対象租税額の過大額が100万ユーロ相当額未満の場合≫

　過去対象会計年度の調整後対象租税額が過大であったことが判明した場合は、原則として再計算国別国際最低課税額の計算対象となりますが、構成会社等の所在地国を所在地国とする全ての構成会社等の過去対象会計年度の調整後対象租税額の過大額が100万ユーロ（注）相当額未満の場合は、その過大額が僅少であるとして簡便的に再計算国別国際最

56　国税庁・前掲（注19）Q9「CFCに対する被配分当期対象租税額における通算税効果額の取扱い」40頁。

低課税額の対象としないことをGIR（GloBE情報申告書）により選択することができます（法令155の35④）。

(注)　「100万ユーロ」の円換算については、「前年12月における欧州中央銀行公表の平均レート」を適用することとされています（法規38の3）。

　上記の特例処理を選択した場合の具体的処理やその効果は、以下のとおりです。

①　上記当期対象租税額の加算項目（法令155の35②二ホ）を零とすることで、過去対象会計年度の過大額の影響をないものとする加算処理は行わない（零とする）ことで、過去対象会計年度の過大額の影響を当期対象租税額に織り込む。

②　再計算国別国際最低課税額のトリガーとなる過去対象会計年度の納付すべき対象租税の額の減少額を零とすることで、再計算国別国際最低課税額の計算対象としない。

≪各種投資会社等、導管会社等である最終親会社等（UPE）、配当控除所得課税規定の適用を受けるUPEについて個別計算所得等の金額の計算の特例の適用を受ける場合≫

　各種投資会社等について課税分配法（6(1)ハ(m)）による個別計算所得等の金額の計算の特例（法令155の31）、導管会社等である最終親会社等（UPE）に係る個別計算所得等の金額の計算の特例（法令155の32）、配当控除所得課税規定の適用を受ける最終親会社等に係る個別計算所得等の金額の計算の特例（法令155の33）の適用がある場合は、それぞれ適用割合等を乗じて計算した個別計算所得等の金額が変動することになるため、それぞれの構成会社等の調整後対象租税額に適用割合等を乗じて計算した金額等について、これらの各種投資会社等や最終親会社等の調整後対象租税額に含まないものとする調整が行われます（法令155の35⑦⑧⑨）。

≪みなし繰延税金資産相当額がある場合の国別調整後対象租税額の計算の特例≫

　構成会社等に生じた欠損の金額について、繰越欠損金に係る繰延税金資産が回収可能性の観点から会計上計上されなかった場合、上記**6(3)ロ**≪減産額≫（イ）繰延対象租税額の減算項目「三号イ（法規38の28③三イ）」の処理により繰延税金資産が計上されたものとして繰延対象租税額を計算（計上時には減算、取崩し時には加算）します。これは、税効果会計の調整に従って欠損金を繰り越すことと同様の結果となり、欠損金相当額まで本税制による課税が行われないこととなります。

　他方で、構成会社等が法人税の存在しない国に所在するために欠損金に係る繰延税金資産が会計上の税効果会計のルール上も計上されない場合について、何らかの手当てがされないとこのような国に所在する構成会社等に係る繰越欠損金相当額について、そのまま実効税率の計算や国際最低課税額の計算が行われる結果となります。

　そこで、GIR（GloBE情報申告書）による特定多国籍企業グループ等の選択により、上記のような繰延対象租税額を計算する代わりに、その国又は地域の国別グループ純損失の金額に基準税率（15％）を乗じて計算した金額を「みなし繰延税金資産相当額」として認識し、この「みなし繰延税金資産相当額」を含める等した上で調整後対象租税額（国別調整後対象租税額）を計算できるとする特例が定められています（法規38の40）。

　すなわち、会計上の繰延税金資産の計算やその調整についての計算は行わず（法規38の40①一規定の「含まないもの」とされ）、この「みなし繰延税金資産相当額」について、その損失計上時には調整後対象租税額から減算し、その国別グループ純損失相当額に対応する国別グループ純所得の金額が生じた場合に、その年度においてこの「みなし繰延税金資産相当額」が取り崩されたものとして調整後対象租税額に加算されることとなります。この「みなし繰延税金資産相当額」のうち取り崩されたも

のとされる金額は、その国別グループ純所得の金額に基準税率を乗じた金額が限度となります。そして、この処理により、実効税率の計算上、繰越欠損金制度がなくても、同制度がある場合と同様にその欠損金の額を考慮することが可能になります。

　ただし、本特例を受けるためには、最初に本税制の適用対象となる対象会計年度、すなわち、構成会社等に係る移行対象会計年度（法令155の3②十一）において、GIR（GloBE情報申告書）による選択を行わなければならないことに注意が必要です。

　なお、後述「Ⅲ8」の経過的適用免除（適格CbCRセーフ・ハーバー）が適用される場合は、上記移行対象会計年度がその分後にズレますので、この点にも注意が必要です（令和5年改正法規附則3⑬）。

≪適格分配時課税制度を有する所在地国に係る国別調整後対象租税額の計算の特例≫

　わが国の所得に対する法人税は、ある一定期間（事業年度）に生じた所得について一定の法人税率を適用して法人税の課税が行われますが、エストニアなどのように、利益（所得）が生じた時点ではなく、その利益が株主に分配された時に法人税を課することとしている国があります。このような利益分配時課税の制度において一定の要件を満たすものを適格分配時課税制度といいますが（6(2)イ「対象租税の範囲」(ロ)参照）、実効税率の計算の分母は、会計上の利益の発生をベースに計算することになるため、この場合に調整後対象租税額（国別調整後対象租税額）に何らかの調整がなされないと、利益の発生時点では、分子の調整後対象租税額は存在せず、その実効税率は著しく低くなって、分配時に基準税率以上の課税があるにもかかわらず、国際最低課税額が生じてしまう結果となります。

　他方、利益の発生から分配時までに長期間経過すると、国際最低課税額を長期に繰り延べてしまう結果となり、制度趣旨の毀損や骨抜きにな

るといった問題があります。

　そこで、この対応として、GIR（GloBE情報申告書）による特定多国籍企業グループ等の選択により、利益の発生から4対象会計年度以内に分配がなされることを条件に適格分配時課税制度における国別調整後対象租税額についての特例処理が認められています（法規38の41①）。

　具体的には、その選択の対象となる所在地国に係る国別調整後対象租税額に「みなし分配税額」（注）を含めます。

（注）　みなし分配税額とは、次の金額のうちいずれか少ない金額をいう。
  ①　構成会社等及びその所在地国を所在地国とする他の構成会社等のその対象会計年度において生じた適格分配時課税制度の対象となる利益の全部を分配するとしたならばその利益に対して課されることとなる法人税に相当する税の額の合計額
  ②　その対象会計年度において、本特例の適用がないものとして計算した場合におけるその対象会計年度のその所在地国に係る基準税率から国別実効税率を控除した割合（法法82の2②一イ(3)に掲げる割合）に相当する割合にその対象会計年度のその所在地国に係る国別グループ純所得の金額を乗じて計算した金額

⑷　国別実効税率（ETR）

　国別実効税率（ETR＝Effective Tax Rate）が基準税率（15％）に満たない場合、IIRの課税対象となります。

　国別実効税率は、国別のグループ純所得の金額に占めるその国の構成会社等が納付した租税の額の合計額の割合で、詳細は以下のとおりです（法法82の2②一イ(3)）。

$$
国別実効税率＝\frac{\begin{array}{l}\textbf{国別調整後対象租税額}（法法82の2②一イ(3)(i)）\\（＝その国又は地域を所在地国とする全ての構成会社等\\の調整後対象租税額（法法82三十）の合計額（注1））\end{array}}{\begin{array}{l}\textbf{国別グループ純所得の金額}（法法82の2②一イ(3)(ii)）\\（＝その国又は地域を所在地国とする全ての構成会社等の\\個別計算所得金額（注2）の合計額－その国又は地域を\\所在地国とする全ての構成会社等の個別計算損失金額\\（注3）の合計額）\end{array}}
$$

（注1） 零を下回る場合は零とし、その下回る額は翌対象会計年度以降に繰り越して控除する（法法82の2②一イ⑶）。

（注2） 個別計算所得金額とは、個別計算所得等の金額が零を超える場合のその超える額（法法82二十七）。

（注3） 個別計算損失金額とは、個別計算所得等の金額が零の場合には零、個別計算所得等の金額が零を下回る場合にはその下回る額（法法82二十八）。

(5) 当期国別国際最低課税額

「当期国別国際最低課税額」は、国別グループ純所得の金額から実質ベースの所得除外額を控除した残額に、基準税率15％からその所在地国における国別実効税率（ETR）を控除した割合を乗じて計算した金額とされています（法法82の2②一イ）。

〔算式〕

$$\begin{matrix}当期国別国際\\最低課税額\end{matrix} = \left\{ ①\begin{matrix}国別グループ\\純所得の金額\end{matrix} - ②\begin{matrix}実質ベースの\\所得除外額\end{matrix} \right\} \times (15\% - ③国別実効税率)$$

(6) 実質ベースの所得除外額【図表17-①、17-②】

イ　所得除外額（特定費用の額、特定資産の額）の概要

グローバル・ミニマム課税の所得合算ルール（IIR）における具体的課税額の計算（国別国際最低課税額の計算）は、基準税率（15％）を下回る実効税率の国（地域を含む。以下同じ。）について、その下回る部分の税率（不足税率）を国単位の子会社群（構成会社等）に係る合計所得金額（国別グループ純所得の金額）に乗じて課税額を算出する仕組みです。しかしながら、その国単位の所得金額のすべてが課税対象となるわけではなく、その国における一定の経済実体を考慮して、一定額を控除（除外）することとされています。

この控除する金額は一般に「実質ベースの所得除外額」と称されますが、これは①特定費用（法令155の38①一）の額と②特定資産（法令155の38

①二）の額（帳簿価額の平均額）の合計額に一定の割合を乗じた金額とされています（法法82の2②一イ⑵）。これらは国単位で計算され、具体的には、その国に所在する構成会社等の対象会計年度に係る給料、賃金、賞与、福利厚生に係る費用等の費用（特定費用：法規38の31①）の額の合計額の5％相当額と有形固定資産、一定のリース料等（特定資産：法規38の31③）の帳簿価額の平均額（対象会計年度開始の時の帳簿価額とその終了の時の帳簿価額の平均額：法規38の31④）の合計額の5％相当額の合計額とされています。**【図表17−①】**

　また、この実質ベースの所得除外額は、適格CbCRセーフ・ハーバー（経過的適用免除：令和5年改正法附則14①）において、CbCR（国別報告事項）における「国別の税引前利益」と「実質ベースの所得除外額」の比較で判定するいわゆる「通常利益要件（同項三）」においても使用されることから、その計算は、実務上も重要な要素とされています（**8⑴③**参照）。

図表17−①　≪実質ベースの所得除外額（特定費用・特定資産）≫

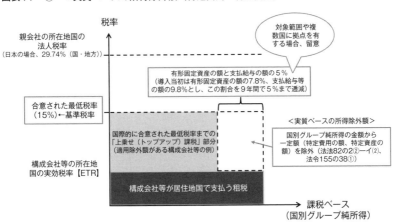

出典：内閣府税制調査会（2022年11月4日）資料43頁を一部加工　　　　　　2024年4月現在

≪実質ベースの所得除外額の計算≫

【その国を所在地国とする全ての構成会社等の対象会計年度に係る給与等の費用（特定費用）の額の合計額×５％（初年度は9.8％、この割合は９年間で５％に逓減）】＋【その国を所在地国とする全ての構成会社等の対象会計年度に係る有形固定資産等（特定資産）の額（帳簿価額の平均額）の合計額×５％（初年度7.8％、この割合は９年間で５％に逓減）】

(注) 　上記算式の乗じる割合５％に関し、実体を有する経済活動を行う企業は、早急な投資先の変更が困難であることを踏まえ、令和6（2024）年中に開始する対象会計年度における給与等の費用の額に乗じる割合は５％によらず9.8％とし、また、同対象会計年度における有形固定資産等の額に乗じる割合は7.8％とした上、これをそれぞれ９年間で５％まで逓減する経過措置が設けられています（令和５年改正法附則14⑤⑥）。【図表17－②】

なお、この割合の逓減率は、適格CbCRセーフ・ハーバー（令和５年改正法附則14①）の実質ベースの所得除外額の計算においても同様の取扱いとされることが税務通達（令和５年９月改正・経過的取扱い(3)）において明らかにされており、2023（令和５）年12月公表のOECD執行ガイダンスにおいても同様の内容が示されています[57]。

図表17－②　≪実質ベースの所得除外額（経過措置）≫（法附則14⑤⑥）

★ 実体を有する経済活動を行う企業は、早期な投資先変更が困難であること等を踏まえ、導入後一定期間につき、その適用除外割合を高く設定したもの。GloBEルール上は、10％を10年間で逓減（日本は２年目からの適用で、給与除外額に係る適用除外割合を9.8％、有形固定資産除外額に係る適用除外割合を7.8％からスタート）。

【給与除外額】		【有形固定資産除外額】	
開始する対象会計年度	適用除外割合	開始する対象会計年度	適用除外割合
令和６年	9.8%	令和６年	7.8%
令和７年	9.6%	令和７年	7.6%
令和８年	9.4%	令和８年	7.4%
令和９年	9.2%	令和９年	7.2%
令和10年	9.0%	令和10年	7.0%
令和11年	8.2%	令和11年	6.6%
令和12年	7.4%	令和12年	6.2%
令和13年	6.6%	令和13年	5.8%
令和14年	5.8%	令和14年	5.4%

57　OECD・前掲（注22）「2.5 Routine Profits Test」18頁。

ロ　特定費用の対象範囲

　このように「実質ベースの所得除外額」とされる対象科目は給与等の費用の額（特定費用の額）と有形固定資産等の額（特定資産の額）ですが、この場合の特定費用の対象範囲が実務上問題となります。この点につき、法令上は、「俸給、給料、賃金、歳費、賞与又はこれらの性質を有する給与その他の費用」と規定され（法法82の2②一イ⑵⒤）、さらに、「その他の費用」の詳細については、省令において「人的役務の提供に対する報酬」、「構成会社等が負担する社会保険料」、「福利厚生費」などが例示として掲げられています（法規38の31①）。

　「退職金」については、法令上、具体的に明記されていませんが、給与の後払い的性質や従業員等の労務の対価としての性質を有する支払であることを踏まえると、この退職金についてもこの費用の範囲に含まれるものと考えます。

　この点につき、国税庁発信の情報（Q&A・Q13）では、従業員に対する退職金や退職給付費用は特定費用の額に含まれるとされ、これらは、支給時ではなく会計上の費用としての計上時に特定費用の額とすることが明らかにされています。これらのほか、従業員に対する株式報酬も特定費用の額に含まれることとされていますが、役員報酬についてはこれに含まれないとされています[58]。

　なお、特定費用の額については、当期純損益金額に係るものと有形資産（特定資産を除く。）の帳簿価額に含まれるものに限るものとされ、また、国際海運業や付随的国際海運業に係るものの一定金額は除くこととされています（法令155の38①一）。

ハ　構成会社等の従業員又はこれに類する者の範囲

　構成会社等に係るグループ純所得の金額から控除することとなる特定費

58　国税庁・前掲（注19）Q13「実質ベース所得除外額のうち特定費用の額の範囲」58頁。

用の額は、構成会社等の従業員又はこれに類する者に係る給与等の費用の額とされています（法規38の31①）。この場合の「構成会社等の従業員又はこれに類する者」の範囲が問題となりますが、この点につき、例えば、構成会社等の通常の業務であって、その構成会社等又はその構成会社等が属する特定多国籍企業グループ等の他の構成会社等の指揮命令を受けて行う業務に従事する外部職員（独立請負人）は、これに含まれるとされています（法基通18－2－1）。

二　有形固定資産の対象範囲と複数国に跨る場合の取扱い

　構成会社等に係るグループ純所得の金額から控除することとなる特定資産の額は、有形固定資産その他の資産の額とされています（法法82の2②一イ⑵ⅱ）。なお、特定資産については、「当該所在地国にある当該構成会社等が有する特定資産」と規定されていることからすると（法令155の38①二）、複数国に跨がって事業を営んでいる場合のその所在地国以外の国にある資産（有形固定資産）に係るものは、この除外額の計算上その対象から除かれるのではないかと考えられるところです。このため、現行法上はその構成会社等のその所在地国にある有形固定資産に限定して控除対象となると解するのが適当とされる一方で、2023（令和5）年7月OECD公表の執行ガイダンスでは、「複数の国で使用された資産がある場合（典型例は、航空機等）において、当該資産がその所有構成会社等の所在する国の法域内で50％超所在していれば、その国で全額所得除外額として計上することができ（an Eligible Tangible Asset is located within the jurisdiction of the Constituent Entity owner more than 50% of the time.）、他方、その所在地国での所有が50％以下であれば、所在地国での使用比率に応じて除外額を計上する」とする重要性の原則を意識したアナウンスがされています[59]。現時点（2024年3月1日現在）では、わが国の法令で定められた

59　OECD・前掲（注3）「3 Substance-based Income Exclusion」（Allocation）42頁、（Guidance 26）44頁。

規定の内容（法令155の38①二）と異なるものですが、このガイダンスは政省令が公布された後に公表されたものであること、さらには本制度がグローバルスタンダード重視のものであることに鑑みると、今後の実務上の取扱いとしては、同OECDガイダンスの取扱いとされる可能性が十分考えられ、注視する項目の１つと考えます（注）。

(注)　この点につき、令和６年度税制改正で見直し・改正が行われています（新法規38の31⑧）。

ホ　有形固定資産及び天然資源の例示

　構成会社等に係る国別グループ純所得の金額から控除することとなる特定資産の額とは、当該資産の帳簿価額の平均額（対象会計年度の期首と期末の帳簿価額の平均額：法規38の31④）とされ、また、国際海運業や付随的国際海運業に係る一定金額は除くこととされています（法令155の38①二）。そして、その対象資産は、最終親会社等財務会計基準における有形固定資産、天然資源、一定の有形リース資産等（投資、売却又はリースを目的として有するものを除く。）とされています（法規38の31③）。なお、この場合のこの有形固定資産には、例えば、「財務諸表等の用語、様式及び作成方法に関する規則」第22条各号【参考】に掲げる資産が該当することとされ、また、この天然資源には、例えば、油田、ガス田、山林及び鉱床が該当するとされています（法基通18－２－２）。

(注)　現行法令では、特定資産からリースを目的として有する資産が除かれていますが、2023（令和５）年７月公表のOECD執行ガイダンスにおいて、オペレーティングリースの貸手側が保有する資産も一定の条件（借手側と同一国に対象資産が所在すること、貸手と借手の実質ベースの所得除外額の重複計上を排除する観点から借手側のリース資産の平均額等を超える部分のみを対象とすること等）を満たせば、特定資産に該当することが示されています[60]。今後、このガイダンスを踏まえた対応が行われる可能性もあり、注視が必要です（なお、この点につき、令和６年度税制改正で見直し・

60　OECD・前掲（注３）「3 Substance-based Income Exclusion」（Lease）48頁、（Guidance 43.1.5）49頁。

改正が行われています（新法規38の31④⑤⑥））。

【参考：財務諸表等の用語、様式及び作成方法に関する規則】
（有形固定資産の範囲）
第二十二条　次に掲げる資産（ただし、第一号から第八号までに掲げる資産については、営業の用に供するものに限る。）は、有形固定資産に属するものとする。
一　建物及び暖房、照明、通風等の付属設備
二　構築物（ドック、橋、岸壁、さん橋、軌道、貯水池、坑道、煙突その他土地に定着する土木設備又は工作物をいう。以下同じ。）
三　機械及び装置並びにコンベヤー、ホイスト、起重機等の搬送設備その他の付属設備
四　船舶及び水上運搬具
五　鉄道車両、自動車その他の陸上運搬具
六　工具、器具及び備品。ただし、耐用年数一年以上のものに限る。
七　土地
八　リース資産（財務諸表提出会社がファイナンス・リース取引におけるリース物件の借主である資産であつて、当該リース物件が前各号及び第十号に掲げるものである場合に限る。）
九　建設仮勘定（第一号から第七号までに掲げる資産で営業の用に供するものを建設した場合における支出及び当該建設の目的のために充当した材料をいう。次条において同じ。）
十　その他の有形資産で流動資産又は投資たる資産に属しないもの

ヘ　実質ベースの所得除外額の先行計算と計算省略の特例

　これらの所得除外額の合計額を超える国別グループ純所得の金額がある場合で、かつ、国別実効税率（ETR）が基準税率（15％）を下回るときは、その所得除外額の合計額を超える部分の金額にその下回る部分の税率（不足税率）を乗じることで国単位の課税不足額（当期国別国際最低課税額）が算出されることとなります。他方、国別グループ純所得の金額がこの所得除外額の合計額に満たない場合は、当該国の当期国別国際最低課税額は原則、算出されないこととなります。

　このため、IIRの具体的課税計算を行う前にまずこの実質ベースの所得

除外額（特定費用の額、特定資産の額）を算出して、国単位の課税額発生の有無を探ることが賢明です。

　他方で、実質ベースの所得除外額は、コストベネフィット（事務負担考慮）の観点からGloBE情報申告書（GIR：特定多国籍企業グループ等報告事項等）の提供がある場合、その提供時の選択によりその対象会計年度のその所在地国に係る実質ベースの所得除外額を零（計算不要）とする特例が設けられています（法法82の2⑧）。また、適用免除基準（デミニマス除外）の収入要件（収入金額の3年平均額が1,000万ユーロ未満［約14〜15億円］）及び利益要件（利益等の金額の3年平均額が100万ユーロ未満［約1.4〜1.5億円］）を満たす場合は、その選択により当期国別国際最低課税額は零となります（法法82の2⑥）ので、この場合、実質ベースの所得除外額の計算は不要となります。

(7)　グループ国際最低課税額

イ　構成会社等に係るグループ国際最低課税額

　構成会社等に係るグループ国際最低課税額とは、次の(a)から(c)までの区分に応じて計算した金額の合計額をいいます（法法82の2②）。

(a)　国別実効税率（ETR）が15％未満かつ国別グループ純所得あり

　構成会社等の所在地国における国別実効税率（ETR）が基準税率の15％を下回り、かつ、その所在地国に係る国別グループ純所得の金額がある場合の計算は次のとおりです（法法82の2②一）。

〚算式〛

$$\text{構成会社等に係るグループ国際最低課税額} = \text{⑸当期国別国際最低課税額} + \text{再計算国別国際最低課税額} + \text{未分配所得国際最低課税額} - \text{自国内最低課税額に係る税の額（QDMTT）}$$

≪再計算国別国際最低課税額≫

　上記算式の「再計算国別国際最低課税額」とは、その対象会計年度開始

の日前に開始した各対象会計年度（以下「過去対象会計年度」という。）の構成会社等の所在地国に係る当期国別国際最低課税額につき再計算を行うことが求められる場合において、当初の当期国別国際最低課税額がその過去対象会計年度終了の日後に生じた一定の事情を勘案して再計算をした当期国別国際最低課税額に満たないときにおけるその満たない金額の合計額とされています（法法82の2②一ロ）。一定の事情とは、再計算国別国際最低課税額の計算対象となる場合として、過去対象会計年度において納付すべき税が減少した場合（法令155の40）や不動産譲渡の特例の場合（法令155の41）等が該当します（Ⅲ5(5)参照）。

≪未分配所得国際最低課税額≫

　上記算式の「未分配所得国際最低課税額」とは、各種投資会社等である構成会社等に係る個別計算所得金額のうち、他の構成会社等に分配されなかった部分に対応する国際最低課税額として計算される一定の金額とされています（法法82の2②一ハ）。一定の金額とは、前述（(1)ハ(m)参照）の各種投資会社等について課税分配法を選択適用した場合に、4対象会計年度内に分配しきれなかったものが対象となります（Ⅲ5(6)参照）。

≪自国内最低課税額に係る税の額≫

　上記算式の「自国内最低課税額に係る税の額」とは、わが国以外の国又は地域の租税に関する法令において、その国又は地域を所在地国とする特定多国籍企業グループ等に属する構成会社等に対して課される税（その国又は地域における国別実効税率に相当する割合が基準税率15％に満たない場合のその満たない部分の割合を基礎として計算される金額を課税標準とするものに限る。）又はこれに相当する税の額とされています（法法82三十一）。

　なお、GloBEルールにおいては、QDMTT（Qualified Domestic Minimum Top-up Tax）と定義されています（Ⅰ2(3)、Ⅲ5(7)、Ⅶ2(1)参照）。

⒝　国別実効税率（ETR）が15％以上かつ国別グループ純所得あり

　構成会社等の所在地国における国別実効税率（ETR）が基準税率の15％以上であり、かつ、その所在地国に係る国別グループ純所得の金額がある場合の計算は、次のとおりです（法法82の2②二）。

〔算式〕

$$
\begin{gathered}\text{構成会社等に係る}\\ \text{グループ国際}\\ \text{最低課税額}\end{gathered} = \begin{gathered}\text{再計算国別}\\ \text{国際最低課税額}\end{gathered} + \begin{gathered}\text{未分配所得}\\ \text{国際最低課税額}\end{gathered} - \begin{gathered}\text{自国内最低課税額に}\\ \text{係る税の額（QDMTT）}\end{gathered}
$$

⒞　国別グループ純所得なし

　構成会社等の所在地国に係る国別グループ純所得の金額がない場合についても、上記⒝のとおり計算することとされています（法法82の2②三）。

　ただし、その国又は地域を所在地国とする全ての構成会社等の調整後対象租税額の合計額が零を下回る場合、その下回る額から「特定国別調整後対象租税額」を控除した残額（以下「永久差異調整のための国際最低課税額」という。）があるときは次のとおり計算することとされています。

　なお、「特定国別調整後対象租税額」とは、その国又は地域を所在地国とする全ての構成会社等の個別計算損失金額の合計額からその国又は地域を所在地国とする全ての構成会社等の個別計算所得金額の合計額を控除した残額に基準税率15％を乗じて計算した金額とされています（法法82の2②三ハ）。

〔算式〕

$$
\begin{gathered}\text{構成会社等に係る}\\ \text{グループ国際最低}\\ \text{課税額}\end{gathered} = \begin{gathered}\text{再計算国別}\\ \text{国際最低}\\ \text{課税額}\end{gathered} + \begin{gathered}\text{未分配所得}\\ \text{国際最低}\\ \text{課税額}\end{gathered} + \begin{gathered}\text{永久差異調整の}\\ \text{ための国際最低}\\ \text{課税額（注）}\end{gathered} - \begin{gathered}\text{自国内最低}\\ \text{課税額に係る}\\ \text{税の額}\end{gathered}
$$

(注)　「永久差異調整のための国際最低課税額」については、その対象会計年度で加算せず、翌対象会計年度以降の当期国別国際最低課税額の計算におい

て、国別実効税率の分子の計算上、控除することを選択できるとされています（法法82の2②一イ(3)、⑨）。

ロ　共同支配会社等に係るグループ国際最低課税額

　グループ国際最低課税額は、上記(7)**イ**の「構成会社等に係るグループ国際最低課税額」と**ロ**の「共同支配会社等に係るグループ国際最低課税額」とを合計した金額をいいます（法法82の2①）。

　共同支配会社等に係るグループ国際最低課税額の計算については、基本的に構成会社等に係るグループ国際最低課税額と同様の計算をすることとされています（法法82の2④⑤）。

ハ　特定構成会社等がある場合における構成会社等に係るグループ国際最低課税額

　その所在地国に「特定構成会社等」（次の（イ）から（ハ）までのものをいう。）がある場合における構成会社等に係るグループ国際最低課税額の金額は、特定構成会社等とそれ以外の構成会社等とに区分して、それぞれの特定構成会社等（注）ごとに計算する（グルーピング特例）こととされています（法法82の2③）。**【図表18】**

（イ）　被少数保有構成会社等（次の（ロ）及び（ハ）を除く。）

（ロ）　被少数保有親構成会社等（次の（ハ）を除く。）又は被少数保有子構成会社等（次の（ハ）を除く。）

（ハ）　各種投資会社等

　(注)　その所在地国に特定構成会社等（上記（ロ）に限る。）のみで構成される企業集団がある場合にはその企業集団に属する他の特定構成会社等を含むものとし、その所在地国に特定構成会社等（上記（ハ）に限る。）以外の他の特定構成会社等（上記（ハ）に限る。）がある場合には当該他の特定構成会社等を含む。

　グルーピング特例に関し、**【図表18】**は、所在地国が同一であっても、特定構成会社等がある場合に、それぞれサブグループごとに分けるなどし

図表18　≪特殊な類型の会社等に係る実効税率及び国際最低課税額の計算（グルーピング）≫

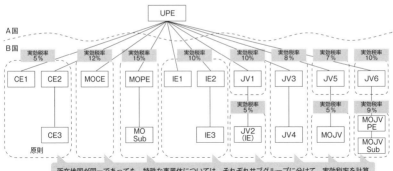

UPE　：最終親会社等　　　　　　　IE　：各種投資会社等
CE　　：構成会社等　　　　　　　　JV　：共同支配会社等
MOCE ：被少数保有構成会社等　　　MOJV ：被少数保有共同支配会社等
MOPE ：被少数保有親構成会社等　　MOJV PE ：被少数保有親共同支配会社等
MO Sub：被少数保有子構成会社等　　MOJV Sub：被少数保有子共同支配会社等

出典：財務省「税制改正の解説（令和5年度）『国際課税関係の改正（各対象会計年度の国際最低課税額に
　　　対する法人税の創設等関係)』」902頁（一部加工）

て計算グループ単位を一覧化したものです。このように、実効税率（ETR）
の計算は、所在地国単位で行うことが原則ですが、特定構成会社等がある
場合は、同一所在地国であっても、一定のサブグループに分けた数パター
ンの実効税率の計算が必要となるケースがありますので注意が必要です。

　なお、特定構成会社等がある場合のグループ国際最低課税額の計算にお
いて、「被少数保有構成会社等」、「被少数保有親構成会社等」、「被少数保
有子構成会社等」の用語が用いた会社等がありますが、これらの会社等に
関する用語の意義は、以下のとおりです。

《税法用語の意義》

（イ）　被少数保有構成会社等

　構成会社等のうち、最終親会社等が、直接又は間接に有する所有持分に
係る権利に基づき受けることができる金額の合計額がその構成会社等に対
する所有持分に係る権利に基づき受けることができる金額の総額のうちに
占める割合として、一定の計算をした割合が30％以下であるもの（法法82
十九）

（ロ）　被少数保有親構成会社等

　他の被少数保有構成会社等の支配持分を直接又は間接に有する被少数保有構成会社等で、他の被少数保有構成会社等がその支配持分を直接又は間接に有しないもの（法法82二十）

（ハ）　被少数保有子構成会社等

　被少数保有親構成会社等がその支配持分を直接又は間接に有する被少数保有構成会社等（法法82二十一）

二　無国籍構成会社等がある場合における構成会社等に係るグループ国際最低課税額

　構成会社等が無国籍構成会社等である場合における構成会社等に係るグループ国際最低課税額の計算については、その「無国籍構成会社等」ごとに計算する点や実質ベースの所得除外額の控除が認められない点等を除き、基本的には無国籍構成会社等以外の構成会社等の場合の計算と同様とされています（法法82の2②四〜六）。

　ここでいう「無国籍構成会社等」とは、構成会社等のうち、「無国籍会社等」に該当するものをいい（法法82十八）、また、この「無国籍会社等」とは、会社等又は恒久的施設等のうち、所在地国がないものをいうとされています（法法82十七）。

(8)　会社等別国際最低課税額

　「会社等別国際最低課税額」とは、グループ国際最低課税額のうち、特定多国籍企業グループ等に属する構成会社等（わが国を所在地国とするものを除く。）又はその特定多国籍企業グループ等に係る共同支配会社等（わが国を所在地国とするものを除く。）の個別計算所得金額に応じてその構成会社等又は共同支配会社等に帰属する金額として一定の計算（注）をした金額をいいます（法法82の2①）。

(注)　「一定の計算」とは、国別実効税率が15％を下回っているかどうか、国別

グループ純所得の金額があるかどうかの区分（法法82の２②一〜三の区分）に応じて、計算が異なり（法令155の36①）、例えば、国別実効税率が15％を下回り、かつ、国別グループ純所得の金額がある場合は、次のとおりです。

① 当期国別国際最低課税額からそれに係る自国内最低課税額に係る税の額を控除する。

② 再計算国別国際最低課税額につき、対象会計年度別再計算課税額からそれに係る自国内最低課税額に係る税の額を控除する。

③ ①と②の合計額をその所在地国の全ての構成会社等の個別計算所得金額の合計額とその構成会社等の個別計算所得金額の比率に応じて按分する。

④ 未分配所得国際最低課税額につき、株主等別未分配額からそれに係る自国内最低課税額に係る税の額を控除する。

⑤ ③と④の合計額が「会社等別国際最低課税額」となる。

⑼　内国法人の国際最低課税額

　原則として、上記⑻の「会社等別国際最低課税額」にその構成会社等に対する帰属割合（所有持分を勘案した当該内国法人に帰せられる割合）を乗じた金額が内国法人の国際最低課税額になります（法法82の２①）。

　なお、当該内国法人がその所有持分を他の構成会社等を通じて間接に有する構成会社等については、上記⑻の「会社等別国際最低課税額」にその構成会社等に対する帰属割合（注）を乗じた金額から当該他の構成会社等に帰せられる部分の金額を控除した残額となります。

(注) 「帰属割合（Inclusion Ratio）」は、構成会社等の個別計算所得金額のうちその内国法人が有するその構成会社等に対する持分に帰せられる金額がその個別計算所得金額に占める割合とされ（法令155の37②）、その持分に帰せられる金額については、連結財務諸表における親会社株主に帰属する当期純利益の計算の仕組みを用いて計算することとされています。具体的には、その持分に対応する金額以外の金額（非支配株主帰属額）を個別計算所得金額から控除することにより計算されます。

　具体的な計算については、会社等別国際最低課税額が生じている構成会社等が導管会社や各種投資会社等か、あるいはそれ以外の構成会社等かな

どそのステータスに応じて計算方法が異なりますが、例えば、導管会社等及び各種投資会社等以外の構成会社等については、次のとおり計算します（法令155の37）。

① 非支配株主帰属額を算出するための連結財務諸表について、最終親会社等である内国法人がその構成会社等のみを連結対象会社等としているものとみなす。

② その構成会社等の対象会計年度に係る個別計算所得金額をその構成会社等の税引後当期純損益金額とみなす。

③ その内国法人とその構成会社等間の取引（資本等取引を除く。）はないものとみなす。

④ 上記を前提としたいわば仮想連結財務諸表に基づき算出した非支配株主帰属額を個別計算所得金額から控除した残額がその個別計算所得金額のうちに占める割合が帰属割合となる。

7　恒久的適用免除（デミニマス除外）

特定多国籍企業グループ等に属する構成会社等（各種投資会社等を除く。）が各対象会計年度において次の(1)(2)の要件の全てを満たす場合には、その構成会社等の所在地国における当期国別国際最低課税額は、零とすることをGloBE情報申告書（GIR）において選択できます（法法82の2⑥⑦、法令155の54）。これは恒久的なルールで、課税しない許容限度としての安全領域を示したもの、いわゆる「デミニマスルール」です。

重要な点は、IIRの規定に従った、「IIRベースの金額」で測定するものあって、「（適格）CbCRベース」ではないということです。検証するために参照する金額が「IIRベース」のため、「（適格）CbCRベース」の場合に比し、かなり細やかな、精緻な数値が求められることになります。外国企業（構成会社等）の財務情報について詳細なデータを正確に把握する作業が必要になるという点を踏まえると、実務上はこれに対応した新たな用意

図表19　≪恒久的適用免除（デミニマス除外）≫

次の１〜２の要件の全てを満たす場合、その「国又は地域」の当期国別国際最低課税額
は、「零」とみなす。（法法82の2⑥⑦）

| 1 | デミニマス要件 |（法法82の2⑥、法令155の54）

次の（1）（2）の要件の全てを満たす場合

（1）構成会社等の所在地国における**3年度の収入金額（国別合計額、IIRベース）の平均額が1,000万ユー
ロ相当額（約14〜15億円）未満であること**

（2）構成会社等の所在地国における**3年度の利益又は損失の額（国別合計額、IIRベース）の平均額が
100万ユーロ相当額（約1.4〜1.5億円）未満であること**

※「IIRベース」であって、「CbCRベース」でない点に留意

| 2 | GloBE情報申告書（GIR）の提供 |（法法82の2⑦）

「特定多国籍グループ等報告事項等（GIR）」の提供がある場合又はこれに相当する事項の提供が外国税
務当局にある場合

と準備が必要になるものと考えます。

　共同支配会社等に係る適用免除基準（デミニマス）についても、基本的
に同様です（法法82の2⑩）。

　なお、無国籍構成会社等（法法82十八）については、この適用免除基準
は適用されません（法基通18−2−10）。

(1)　その構成会社等の所在地国におけるその対象会計年度及びその直前の
　　2対象会計年度に係るその特定多国籍企業グループ等の収入金額の平均
　　額として一定の計算をした金額が1,000万ユーロ相当額（約14〜15億円）
　　に満たないこと

(2)　その構成会社等の所在地国におけるその対象会計年度及びその直前の
　　2対象会計年度に係るその特定多国籍企業グループ等の利益又は損失の
　　額の平均額として一定の計算をした金額が100万ユーロ相当額（約1.4〜
　　1.5億円）に満たないこと

　　(注)　上記(1)における1,000万ユーロ及び(2)における100万ユーロの本邦通貨
　　　　への換算は、「対象会計年度開始の日の属する年の前年12月における欧州
　　　　中央銀行によって公表された外国為替相場の平均値」とされています（法
　　　　規38の3）。

8 経過的適用免除（適格CbCRセーフ・ハーバー）

(1) 構成会社等に係る適格CbCRセーフ・ハーバー

　グローバル・ミニマム課税の導入に伴う企業の事務負担に配慮することを目的として、特定多国籍企業グループ等に属する構成会社等の令和6（2024）年4月1日から令和8（2026）年12月31日までの間に開始する各対象会計年度で、かつ、令和10（2028）年6月30日までに終了するもの（注）については、その各対象会計年度に係る適格CbCR（措法66の4の4①に規定する「国別報告事項」をいい、連結等財務諸表を基礎として作成されたものに限る。）又はこれに相当するものにおける記載内容に基づき、次の①～③のいずれかの要件を満たす構成会社等（無国籍構成会社等その他一定のものを除く。）の所在地国で計算される構成会社等に係るグループ国際最低課税額の金額を零とすることをGIR（GloBE情報申告書）において選択することができます（令和5年改正法附則14①②）。

　　図表20　《適格CbCRベースのセーフ・ハーバー（移行期間適用）》

（改正法附則14①、改正法令附則4）

◎　**令和8年12月31日までの間に開始する対象会計年度で令和10年6月30日までに終了するものに適用**
　　【3月決算の場合、令和7（2025）年3月期～令和9（2027）年3月期が対象】
　　国別報告事項（「適格CbCR」：［措法66の6の4①］＋［法法82-1］）を提供した構成会社等が、**次のいずれかの要件**
　　を満たす場合、当該構成会社等の所在地国の国際最低課税額は「零」とみなす。【国単位で判定】

■ **デミニマス要件**（改正法附則14①一、法法82二十六、法令155の18②二、同③三、改正法令附則4②）
　　次の要件（イ、ロ）の全てを満たすこと
　イ　**適格CbCRにおける国別の「総収入金額」が1,000万ユーロ相当額未満であること**
　ロ　**適格CbCRにおける国別の「調整後税引前当期利益の額」***が100万ユーロ相当額未満であること
　　　*「調整後税引前当期利益の額」＝「税引前当期利益の額」＋「5,000万ユーロ相当額超の時価評価損（改正法令附則4②）」

■ **簡素な実効税率（シンプルETR）要件**（法附則14①二）

$$\text{簡素な実効税率}=\frac{\text{連結等財務諸表に記載された法人税額}^{*1}\text{（対象租税以外の額等を除く。）}}{\text{適格CbCRにおける国別の調整後税引前当期利益の額}^{*2}}\geq17\%^{*3}$$

　　　*1 法人税等調整額を加算（改正法規則3④）　　*2 国別実効税率の計算と同様、分母が零を超えるものに限り、計算
　　　*3 令和6年は15％以上、令和7年は16％以上

■ **通常利益要件**（改正法附則14①三）
　　「国別報告事項（**適格CbCR**）における国別の調整後税引前当期利益の額」が、実質ベースの所得除外額
　　（適格CbCR記載の事業が行われる国・地域とその構成会社等の所在地国が同一であるものの金額に限る。）
　　以下であること

出典：「月刊 国際税務」2024年4月号

(注)　3月決算を例にとると、令和7（2025）年3月期から令和9（2027）年3月期で、12月決算を例にとると、令和7（2025）年12月期から令和8（2026）年12月期が対象。

① **デミニマス要件**（令和5年改正法附則14①一）

次のイ・ロの要件のいずれも満たすこと。

イ　収入要件

適格CbCRに記載されるその構成会社等の所在地国に係る収入金額に一定の調整（注1）を加えた金額が1,000万ユーロ（約14〜15億円：注3）未満であること

ロ　利益要件

適格CbCRに記載されるその構成会社等の所在地国に係る税引前当期利益の額に一定の調整（注2）を加えた金額（以下「調整後税引前当期利益の額」という。）が100万ユーロ（約1.4〜1.5億円：注3）未満であること

(注1)　収入金額における一定の調整とは、譲渡目的保有の構成会社等について、その構成会社等の収入金額がCbCR上の収入金額に含まれていない場合に、その構成会社等の収入金額を加算する調整をいう（令和5年改正法規附則3①）。

(注2)　税引前当期利益の額における一定の調整とは、5,000万ユーロ（注3）を超える時価評価損（時価評価益がある場合はそれを控除した残額）に係る金額がある場合には、その金額を含まないものとして計算する（加算する）調整をいう（令和5年改正法令附則4②）。

(注3)　上記イにおける1,000万ユーロ、ロにおける100万ユーロ及び（注2）の5,000万ユーロの本邦通貨への換算は、「対象会計年度開始の日の属する年の前年12月における欧州中央銀行によって公表された外国為替の売買相場の平均値」とされている（令和5年改正法規附則3③）。

② **簡素な実効税率要件**（令和５年改正法附則14①二）

　次の計算式による「簡素な実効税率」が、次の対象会計年度の区分に応じた割合以上であること

【算式】

$$
簡素な実効税率（注１）＝\frac{連結等財務諸表に係る法人税等の額及び法人税等調整額（当期純損益金額に係るものに限る。）に一定の調整（注２）を加えた金額の国別合計額}{調整後税引前当期利益の額（零を超えるものに限る。）}
$$

（注１）　簡易な実効税率は、対象会計年度に応じて、以下の率を適用することとされている。

- ・令和６年４月１日から同年12月31日までの間に開始する対象会計年度
  ………15％
- ・令和７年１月１日から同年12月31日までの間に開始する対象会計年度
  ………16％
- ・令和８年１月１日から同年12月31日までの間に開始する対象会計年度
  ………17％

（注２）　一定の調整とは、対象租税以外の租税の額並びに不確実な税務処理に係る法人税等の額及び不確実な税務処理に係る繰延税金資産又は繰延税金負債について計上された法人税等調整額を除く調整をいう（令和５年改正法附則14①二イ、令和５年改正法規附則３⑤)。

③ **通常利益要件**（令和５年改正法附則14①三）

　調整後税引前当期利益の額が、特定構成会社等とそれ以外の構成会社等を区分しないで計算した場合の「実質ベースの所得除外額（法法82の２一イ(2)）」（国別報告事項等における措法66の４の４①の事業が行われる国又は地域と所在地国が同一である構成会社等（所在地国を有さない無国籍構成会社等その他一定のものを除く。）に係るものに限る。）以下であること

　なお、適格CbCRセーフ・ハーバーの「実質ベースの所得除外額」の計算においても、特定費用及び特定資産の５％に代わって経過措置の割

合の適用（令和 5 年改正法附則14⑤⑥）が認められることが明らかにされ
ています（令5.9.21法基通経過的取扱い⑶）。

⑵　適格CbCRの意義

この「適格CbCR」を使った適用免除の判定は、制度適用開始後 3 年間
の限定措置として法人税法の附則で規定されています（令和 5 年改正法附
則14）。「適格CbCR」とは、租税特別措置法（措法66の 4 の 4 ）に規定され
る「国別報告事項（CbCR）」がその基となります。この租税特別措置法
の規定からスタートして、さらに法人税が規定する「連結等財務諸表を基
礎として作成されたもの（令和 5 年改正法附則14①）」（適格財務諸表）とい
う要件が加わり、この両者を満たすものである必要があります。

この「連結等財務諸表を基礎として作成されたもの」に関し、CbCRの
作成においては、構成会社等の財務諸表、最終親会社等の連結パッケージ
（連結財務諸表を作成するための一連の基礎資料）及び内部管理会計の
データのうちいずれかを使用することができるとされているところ[61]、国
税庁公表の情報（Q&A・Q15⑴）では、構成会社等の財務諸表（一般に公
正妥当と認められる会計処理の基準に従って作成されたものに限る。）又
は最終親会社等の連結パッケージを用いて作成されたCbCRは「適格
CbCR」として認められるが、内部管理会計データを用いて作成された
CbCRは、重要性の原則により連結の範囲から除かれる会社等（非重要性
子会社）や恒久的施設等（財務諸表を使用できない場合に限る。）を除い
ては、適格CbCRとして認められないとされています[62]。これは、OECD

61　国税庁「特定多国籍企業グループに係る国別報告事項表 1 から表 3 」の記載要領　表 1 ⑵イ
62　国税庁・前掲（注19）Q15⑴「移行期間CbCRセーフ・ハーバーにおける措法第66条の 4 の
　 4 第 1 項の国別報告事項の意義」66頁。

から公表されたセーフ・ハーバー等に関するガイダンス（2022.12）[63]や執行ガイダンス（2023.12）[64]において、非重要性子会社や恒久的施設等については、内部管理会計データを用いてCbCRを作成できることが示されたことに伴い、その取扱いを明確化したものと考えられます。

そして、この「適格CbCR」に基づく基礎数値から算定して、ここに示す3つの要件（デミニマス要件、簡素な実効税率要件、通常利益要件）のいずれかを満たせば、本制度適用開始後3年間は、当該国の「構成会社等に係るグループ国際最低課税額」は「零」になるというものです。

上記3年間に関し、3月決算を例にとると、令和7（2025）年3月期から令和9（2027）年3月期までが、12月決算を例にとると、令和7（2025）年12月期から令和8（2026）年12月期までがこの適格CbCRベースのセーフ・ハーバー（注）の適用を受けることになります。

本制度の複雑性や事務負担増の懸念の指摘を踏まえて用意されたものと考えられますが、要件充足の判定数値としては、事務の簡素化を考慮して、「IIRベース」ではなく「適格CbCRベース」のものを使用することがポイントです。

（注）　「適格CbCRセーフ・ハーバー」については、2023（令和5）年12月OECD公表の執行ガイダンスにおいて、①CbCRの作成に用いられた財務諸表においていわゆるパーチェス会計が適用されている場合の調整、②CbCRの提出を求められない企業グループについても適格CbCRセーフ・ハーバーの適用を受けることができること、③CbCRセーフ・ハーバーの計算において二重の損失利用等による租税回避の防止規定（「2.6 Treatment of hybrid

---

63　OECD・前掲（注37）「1 Transitional CbCR Safe Harbour」（Source of Information）8頁では、適格CbCRセーフ・ハーバーの適用が認められる「Qualified Financial Statements」（適格財務諸表）の1つに「c）in the case of a Constituent Entity that is not included in an MNE Group's Consolidated Financial Statements on a line-by-line basis solely due to size or materiality grounds, the financial accounts of that Constituent Entity that are used for preparation of the MNE Group's CbC Report.」を掲げ、非重要性子会社について、CbCRの作成に使用した会計データで作成されていればよいとしている。このため、内部管理会計データで作成されたものであってもCbCR上、認められるものであれば適格CbCRセーフ・ハーバーの適用上も認められるものと考える。

64　OECD・前掲（注22）「2.3 Qualified Financial Statements」パラ8（12頁）では、非重要性子会社とPEについて使用できる財務データの例外を定めている。また、PEの例外については、「2.3.5 Qualified Financial Statements for Permanent Establishments」パラ22（16頁）を参照。

arbitrage arrangements under the Transitional CbCR Safe Harbour」参照）の措置など、各種追加的取扱いが明らかにされており[65]、今後法令改正等の動向も含め、注視が必要です（なお、この点につき、令和6年度税制改正で見直し・改正が行われています（**Ⅶ9**参照）。）。

なお、適格CbCRセーフ・ハーバーの適用要件を満たし、このセーフ・ハーバーの適用を受ける場合には、その適用を受けている対象会計年度は移行対象会計年度に該当しないものとされ、このセーフ・ハーバーの適用を受けないこととなった対象会計年度が移行対象会計年度に該当することとなります（令和5年改正法規附則3⑬）。本税制には、みなし繰延税金資産相当額がある場合の特例（法規38の40）など、移行対象会計年度（注）でないと選択できないものもありますので、注意が必要です。

(注)　「移行対象会計年度」とは、特定多国籍企業グループ等に属する構成会社等の全てが所在地国としていなかった国又は地域について最初にその特定多国籍企業グループ等に属する構成会社等のいずれかの所在地国とした対象会計年度をいいます（法令155の3②十一）。

⑶　共同支配会社等に係る適格CbCRセーフ・ハーバー

共同支配会社等については、構成会社等に係る適用免除基準に準じた一定の要件を満たす場合には、適用免除を受けることができます。共同支配会社等は、CbCRの作成上対象外とされているため、共同支配会社等の情報がCbCRに記載されていませんので、CbCRの情報に依拠することはできません。しかしながら、構成会社等の適用免除基準（適格CbCRセーフ・ハーバー）の判定で適格CbCRの記載金額を使用する部分に、連結等財務諸表に記載される金額を使用することによって判定することとされています（令和5年改正法附則14③④）。

なお、構成会社等と共同支配会社等は所在地国が同一であっても、それぞれ別々に要件該当性を判断することになります。共同支配会社等についてさらに資本系列によってグループが分かれる場合（例えば、JV

65　OECD・前掲（注22）「1 Purchase price accounting adjustments in Qualified Financial Statements」6－8頁、「2 Further Guidance on the Transitional CbCR Safe Harbour」9－21頁参照。

単独のグループとJVの連結グループ）にもそれぞれ別々で要件該当性
を検討することになりますが、本則での実効税率計算とは異なり、被少
数保有構成会社等や被少数保有共同会社等があっても、別々で計算する
グルーピング特例の適用はありません。

(4) 適格CbCRセーフ・ハーバーの不適用
《once out, always out》

　上記のとおり、構成会社等に係る適格CbCRセーフ・ハーバー、共同
支配会社等に係る適格CbCRセーフ・ハーバーのいずれであっても、3
つの要件（デミニマス要件、簡素な実効税率要件、通常利益要件）のい
ずれかを満たせば、本制度適用開始後3年間は、当該国の「構成会社等
に係るグループ国際最低課税額」は「零」となりますが、過去において
適格CbCRセーフ・ハーバーの適用を受けなかった対象会計年度がある
場合には、その後の対象会計年度において、この3つの要件を満たした
としても、適格CbCRセーフ・ハーバーの適用を受けることはできませ

図表21　≪適格CbCRセーフ・ハーバーの適用要件≫

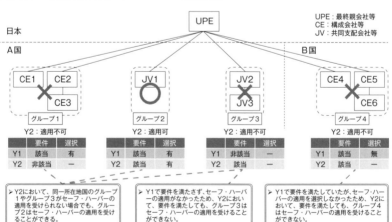

出典：財務省「税制改正の解説（令和5年度）『国際課税関係の改正（各対象会計年度の国際最低課税額に
　　　対する法人税の創設等関係）』」924頁

ん（令和5年改正法附則14②）。これは、いわゆる「once out, always out」といわれるもので、過去に1回でも適格CbCRセーフ・ハーバーの適用を受けなかった場合は、その後はいかなる理由をもっても原則、適用は受けられなくなります。その適用を受けなかったことが、上記3つの要件を満たさなかったことによるものか、あるいは、要件は満たすが、適用選択をしなかったものなのか等、その不適用の理由は問わない点に注意が必要です。ただし、この判定も所在地国ごと、構成会社等と共同支配会社等（JVグループ）ごとに判定することとされているので、例えば、ある対象会計年度において構成会社等については、適格CbCRセーフ・ハーバーの適用を受けていなかったが、JVグループについては、この適用を受けていた場合、その後の対象会計年度において、その構成会社等については、適格CbCRセーフ・ハーバーの適用を受けることはできませんが、JVグループについては、その要件を満たせばその適用を受けることができます。

【図表21】は、適格CbCRセーフ・ハーバーの適用関係を表したものです。A国の構成会社等グループ（グループ1）は、Y2年度においてセーフ・ハーバーの適用を受けることができませんが、構成会社等とJVグループは別々に判定しますので、JV1グループ（グループ2）は、Y2年度においてセーフ・ハーバーの適用を受けることができます。そして、JVもグループごとに判定するため、JV2グループ（グループ3）は、グループ2が要件を満たしていたとしても、グループ3としてY1年度においてセーフ・ハーバーの要件を満たさず、その適用を受けていませんので、Y2年度おいてセーフ・ハーバーの要件を満たしたとしても「once out, always out」の原則からセーフ・ハーバーの適用を受けることはできません。なお、B国の構成会社等グループ（グループ4）については、Y1年度においてセーフ・ハーバーの要件を満たしていたにもかかわらず、その適用の選択をしなかったものであり、上記のとおり、不適用のための理由は問わず「once out, always out」の原則が適

用されるので、Y2年度においてセーフ・ハーバーの適用を受けること
はできません。

　なお、この「once out, always out」の原則については、わが国IIRの
施行前にわが国以外の国でIIRが施行されている場合に、そのIIR導入国
で適格CbCRセーフ・ハーバーの適用を受けなかったときのわが国IIR
の適用上もこの原則の適用があることに注意が必要です。これは、わが
国IIRの適用開始年度は、令和6年4月1日以後開始する対象会計年度
ですが、例えば、内国法人を親会社とする多国籍企業グループの令和6
年12月期については、わが国IIRの適用対象とはなりませんが、これに
属する構成会社等（子会社）の所在地国においてわが国よりIIRを早期
導入している英国などについて他国のIIRの適用対象になる可能性があ
ります（Ⅶ1⑴参照）。その場合に、他国のIIRの適用において適格
CbCRセーフ・ハーバーの適用を受けなかった場合は、たとえその後の
対象会計年度（令和7年12月期）におけるわが国IIRの適用場面において、
適格CbCRセーフ・ハーバーの要件を満たしたとしてもセーフ・ハー
バーの適用を受けることはできません。この点については、国税庁発信
の情報（Q&A・Q15⑵）において明らかにされています[66]。

《対象外構成会社等》

　適格CbCRセーフ・ハーバーについては、無国籍構成会社等一定のも
のについては、「対象外構成会社等」として、その適用の対象外とされ
ており、「対象外構成会社等」とは次の構成会社等をいいます（令和5
年6月16日改正法令附則4①）。なお、共同会社等に係る適格CbCRセー
フ・ハーバーにおいても同様です。

66　国税庁・前掲（注19）Q15⑵「我が国のIIR施行前に他の国又は地域で移行期間CbCRセー
　　フ・ハーバーの適用を受けていない場合のIIR施行後の移行期間CbCRセーフ・ハーバーの適
　　用関係」67頁。

①　無国籍構成会社等

　上記のとおり、適格CbCRセーフ・ハーバーにおいては、所在地国ごとに適用の判定を行うことになるため、所在地国のない無国籍構成会社等は適格CbCRセーフ・ハーバーの適用を受けることができないことになります。この点、わが国のCbCR法制（措法66の４の４）においては、CbCRの国ごとの区分の基準となる居住地国（措法66の４の４④八）とIIR上の所在地国（法法82七）の定義が異なっているため、IIR上は無国籍構成会社等に分類される事業体であっても、CbCRのルール上は一定の国が居住地国として判定されるケースがあると考えられ、セーフ・ハーバーの扱いに関し、ミスマッチが起きる可能性があります。ただし、この場合でも、適格CbCRセーフ・ハーバーは所在地国単位で判定されること、現行法令上、適格CbCRセーフ・ハーバーの適用に関する調整規定がないことから、CbCRのルール上無国籍構成会社等の損益等がある居住地国に含まれていたとしても、その居住地国においては、CbCRのルール上その無国籍構成会社等に係る金額を除かずに適格CbCRセーフ・ハーバーの適用ができるものと考えられます。

②　一定の各種投資会社等

　各種投資会社等について、当期純損益金額の計算における導管選択の特例（各種投資会社等の税引後当期純損益金額のうち、その各種投資会社等の所有持分を有する構成会社等についてその持分に応じた金額を配分することができる特例）（法令155の17①）、課税分配法（法令155の31①）の適用を受ける場合は、CbCRルール上はこのような特例の適用はないため、各種投資会社等の居住地国で損益等が計上される一方で、これらの規定の適用を受ける各種投資会社等の個別計算所得等の金額は、その所有持分を有する株主側で計上されることとなり、損益の帰属にズレが生ずることとなります。このため、各種投資会社も適格CbCRセーフ・ハーバーの適用対象外とされています。

また、その他の各種投資会社等であっても、その各種投資会社等とその出資者である他の構成会社等の所在地国が同一でないものについては、適格CbCRセーフ・ハーバーの適用対象外とされています。

9 課税標準

各対象会計年度の国際最低課税額に対する法人税の課税標準は、各対象会計年度の課税標準国際最低課税額とされています。そして、各対象会計年度の課税標準国際最低課税額は、国際最低課税額とされます（法法82の4）。

10 税額の計算

各対象会計年度の国際最低課税額に対する法人税の額は、各対象会計年度の課税標準国際最低課税額に100分の90.7の税率を乗じて計算した金額です（法法82の5）。

11 国際最低課税額に係る申告及び納付

⑴ 申告手続

特定多国籍企業グループ等に属する内国法人は、その対象会計年度の課税標準国際最低課税額がない場合を除き、各対象会計年度終了の日の翌日から1年3か月以内に、税務署長に対し、その対象会計年度の課税標準国際最低課税額、各対象会計年度の国際最低課税額に対する法人税の額等の事項を記載した申告書（国際最低課税額確定申告書）を提出することとされています（法法2三十一の二、82の6①）。

なお、特定多国籍企業グループ等に属する内国法人が、対象会計年度について、国際最低課税額確定申告書を最初に提出すべき場合（一定の

場合に限ります。）には、その対象会計年度終了の日の翌日から1年6か月以内（プラス3か月）に国際最低課税額確定申告書（下記(2)参照）を提出することとされています（法法82の6②）。

　この場合において、対象会計年度開始の時における資本金の額又は出資金の額が1億円を超える法人等の特定法人（法法82の7②）に該当する内国法人は、各事業年度の所得に対する法人税の申告と同様に電子情報処理組織（e-Tax）を使用する方法で申告することとされています（法法82の7）。

　また、各事業年度の所得に対する法人税と同様に、e-Taxによる申告が困難である場合の特例が設けられています（法法82の8）。

(2)　**申告書**

　国際最低課税額に係る具体的な「申告書（別表）」の様式及びこれに関連する「付表」の様式は、以下のとおりです（法規・別表）。【後掲≪**申告書　様式**≫参照】

　①　各対象会計年度の国際最低課税額に係る申告書（別表二十）
　②　国際最低課税額の計算に関する明細書（別表二十 付表一）
　③　構成会社等又は共同支配会社等に係る会社等別国際最低課税額の計算に関する明細書（別表二十 付表二）
　④　無国籍構成会社等又は無国籍共同支配会社等に係る会社等別国際最低課税額の計算に関する明細書（別表二十 付表三）
　⑤　未分配所得国際最低課税額に係る会社等別国際最低課税額及び国際最低課税額の計算に関する明細書（別表二十 付表四）

　上記の申告書（別表・付表）の記載事項は、帰属割合等を用いて構成会社等又は共同支配会社等の会社等単位の税額計算を行うなど、必要最低限の項目の記載を求めるものとなっています。これは、GIR（特定多国籍企業グループ等報告事項：Ⅴ1(1)）において、その他の詳細な記載事項が求められることとの重複を避けるためのものと考えられます。

⑶ **納付手続**

上記⑴の申告書を提出した内国法人は、その申告書の提出期限（申告期限）までに、各対象会計年度の国際最低課税額に対する法人税を国に納付することとされています（法法82の9）。

12　適用関係

上記の改正は、内国法人の令和6（2024）年4月1日以後に開始する対象会計年度の国際最低課税額に対する法人税について適用されます（令和5年改正法附則11）。

Ⅳ 特定基準法人税額に対する地方法人税

　IIRに伴い地方法人税（国税）が創設されました。正式には、「特定基準法人税額に対する地方法人税」とされています。この地方法人税の計算は、算出法人税額（特定基準法人税額）を課税標準として10.3％の税率を乗じて計算されます。

　【図表22】は、わが国の法人実効税率の内訳になります。日本の法人実効税率は29.74％で約30％です。その内訳になりますが、法人税全体の納付税額が1,000であるとすると、これを国907：地方93で分けるのがIIRです。地方に関する法人税には、地方法人税のほか、法人住民税法人税割と法人事業税所得割があります。政府税制調査会等でも議論がなされ、このIIRは、地方について行政サービスの応益性がないということで、これを除い

図表22　≪わが国の法人実効税率とその内訳≫

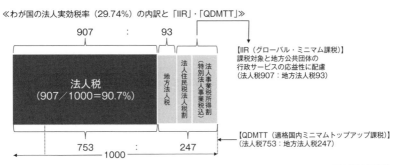

2024年4月現在

たところで、法人税による税額（国税）と地方法人税による税額（国税）のみに分けたことから907対93とされています[67]。他方、令和7（2025）年度以降、導入が見込まれている「QDMTT（適格国内ミニマムトップアップ課税）」についてはその応益性があると判断された場合、IIRの場合と異なり国753：地方247に法人税が振り分けられる可能性があります。制度の基本的な内容は次のとおりです。

1　納税義務者・課税の範囲

　各対象会計年度の国際最低課税額に対する法人税の対象となっている特定多国籍企業グループ等に属する内国法人は、特定基準法人税額に対する地方法人税の対象になります（地方法法4、5②）。

2　特定基準法人税額

　特定基準法人税額とは、国際最低課税額確定申告書を提出すべき内国法人の各対象会計年度の国際最低課税額に対する法人税の額をいいます。ただし、附帯税の額は除かれます（地方法法6②）。

3　課税対象会計年度

　課税対象会計年度とは、内国法人の各対象会計年度をいいます（地方法法7②）。

67　自由民主党/公明党「令和5年度税制改正大綱」（令和4年12月16日）「第一、2⑴」7頁。

4　課税標準

　特定基準法人税額に対する地方法人税の課税標準は、各課税対象会計年度の課税標準特定法人税額です。各課税対象会計年度の課税標準特定法人税額は、上記2の各課税対象会計年度の特定基準法人税額に対する法人税の額です（地方法法24の2）。

5　税額の計算

　特定基準法人税額に対する地方法人税の額は、各課税対象会計年度の課税標準特定法人税額に907分の93の税率を乗じて計算した金額です（地方法法24の3）。

6　特定基準法人税額に係る申告及び納付

⑴　申告手続

　特定多国籍企業グループ等に属する内国法人（国際最低課税額確定申告書（法法2三十一の二）を提出すべき内国法人に限る。）は、各課税対象会計年度終了の日の翌日から1年3か月以内に、税務署長に対し、その課税対象会計年度の課税標準特定法人税額、特定基準法人税額に対する地方法人税の額等の事項を記載した申告書を提出することとされています（地方法法24の4①）。

　なお、特定多国籍企業グループ等に属する内国法人が、課税対象会計年度について、上記の申告書を最初に提出すべき場合（一定の場合に限る。）には、その課税対象会計年度終了の日の翌日から1年6か月以内（プラス3か月）に申告することとされています（地方法法24の4②）。

　この場合において、課税対象会計年度開始の時における資本金の額又は出資金の額が1億円を超える法人等の特定法人（地方法法24の5②）

に該当する内国法人は、基準法人税額に対する法人税の申告と同様に電子情報処理組織（e-Tax）を使用する方法で申告することとされています（地方法法24の5）。

　また、基準法人税額に対する法人税と同様に、e-Taxによる申告が困難である場合の特例が設けられています（地方法法24の6）。

(2)　**申告書**

　特定基準法人税額に係る具体的な「申告書（別表）」の様式は、「各課税対象会計年度の特定基準法人税額に係る地方法人税の申告書（別表五）」とされています（法規・別表）。【後掲≪**申告書　様式**≫参照】

(3)　**納付手続**

　上記(1)の申告書を提出した内国法人は、その申告書の提出期限までに、特定基準法人税額に対する地方法人税を国に納付することとされています（地方法法24の7）。

7　適用関係

　上記の改正は、内国法人の令和6（2024）年4月1日以後に開始する課税対象会計年度の特定基準法人税額に対する地方法人税について適用されます（令和5年改正法附則17）。

Ⅴ　情報申告制度

　IIR制度の対象となる特定多国籍企業グループ等に属する構成会社等である内国法人について、その名称、国別実効税率（ETR）、グループ国際最低課税額等の事項を税務当局に提供する制度（情報申告制度）が創設されました。制度の基本的な内容は次のとおりです。

1　情報申告制度（特定多国籍企業グループ等報告事項等の提供制度）の概要

⑴　特定多国籍企業グループ等報告事項等の提供

　税務当局に提供すべき事項は、「特定多国籍企業グループ等報告事項等（GIR：GloBE情報申告書）」とされ、具体的には、①特定多国籍企業グループ等に属する構成会社等の名称、②その構成会社等の所在地国ごとの国別実効税率（ETR）、③その特定多国籍企業グループ等のグループ国際最低課税額、④特定の規定の適用を受けようとする旨及び特定の規定の適用を受けることをやめようとする旨等の事項が含まれます（法法150の3①一～三）。

図表23　≪GIRの提供（原則と特例）≫

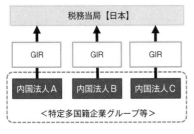

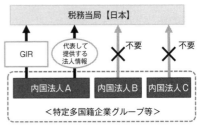

　GloBE情報申告書については、OECDで共通フォーマットの作成が行われており、2023（令和5）年7月にOECDから公表されています[68]。これは、各国が情報交換する前提となっているものですから、各国共通のフォーマットとなり、言語も英語とされています。CbCRも同様の仕組みとなっているところ、CbCRにおいては、国税庁からOECDで合意されたフォーマットに合わせた様式通達が発出されていますので、GloBE情報申告書においても、今後この共通フォーマットをベースにした様式が作成されるものと考えられます。

　なお、GloBE情報申告書は、グローバル・ミニマム課税の計算を検証するためのものであるため、その情報量も膨大となっています。この点、IIRは基本的には最終親会社等が課税対象とされますので、IIRの詳細な計算はトップアップ課税（国際最低課税額）を有する最終親会社等の所在する国に情報があれば十分であって、必ずしもグループ内における全ての国が全ての情報を必要としているわけではありません。このような観点から会社等のステータスに応じて情報を切り分けて情報交換する（Dissemination）仕組みが合意されています[69]。この点につき、令和6年度税制改正大綱において、「特定多国籍企業グループ等報告事項等の提供制度について、特定多国籍企業グループ等報告事項等を、提供義務者の区分に応じて必要な事項等に見直す」と記載されており[70]、今後この仕組みが導入されるものと考えられます（注）。

（注）　この点につき、令和6年度税制改正で見直し・改正が行われています（新法法150の3①一、新法規68⑤⑥⑦）。

　他方で、GloBE情報申告書については、2028（令和10）年12月31日以前に開始する全ての対象会計年度（2030（令和12）年6月30日より後に終了

68　OECD GloBE 情報申告書（2023.7）「Tax Challenges Arising from the Digitalisation of the Economy -GloBE Information Return（Pillar Two）」
　　https://www.oecd.org/tax/beps/globe-information-return-pillar-two.pdf
69　OECD・前掲（注68）「Dissemination of GloBE Information」7頁。
70　自由民主党/公明党・前掲（注4）「第二、五、1、（5）」104頁参照。

する対象会計年度を除く。）においては、移行期の取扱いとして、個別計算所得等の金額や対象租税等提供する情報について構成会社等の単位ではなく、国又は地域単位での情報提供を選択することができる簡素化措置がOECDで合意されているところ[71]、この点についてわが国IIRにおいては特段明記はされていません。企業の事務負担の軽減の観点から、この簡素化措置の導入は不可欠であると考えられます。法令改正での対応か、執行上の取扱いとしての実施か、いずれにしても国際合意に沿った仕組みが求められるところです。今後の法制又は執行当局の対応について注視する必要があります。

　特定多国籍企業グループ等に属する構成会社等である内国法人は、その特定多国籍企業グループ等の特定多国籍企業グループ等報告事項等を各対象会計年度終了の日の翌日から1年3か月以内に、電子情報処理組織（e-Tax）を使用する方法で、（記載は英語によって、）所轄税務署長に提供することとされています（法法150の3①）。

　なお、特定多国籍企業グループ等に属する構成会社等である内国法人が最初に特定多国籍企業グループ等報告事項等を提供しなければならないこととされる場合（一定の場合に限ります。）には、その対象会計年度終了の日の翌日から1年6か月以内（プラス3か月）に提供することとされています（法法150の3⑥）。

　これら、情報申告に関するタイムライン（提出期限）は、基本的に国際最低課税額に係る申告及び納付と同様です。

（注）　2023（令和5）年12月OECD公表の執行ガイダンスでは、GloBE情報申告書（GIR）の提供期限について、どの対象会計年度においても2026（令和8）年6月以前にはならないことが示されている[72]。これは、イギリスなど日本より早期にIIRが導入される国では2024年12月期が最初の適用対象会計年度となり、その提供期限が1年6か月後の2026年6月となるところ、例えば、決算期変更（2024年12月前の決算日に変更）を行うなどにより、提

71　OECD・前掲（注68）「Transitional simplified jurisdictional reporting framework」5頁。

72　OECD・前掲（注22）「5 Transitional Filing Deadlines for MNE Groups with Short Reporting Fiscal Years」(5.3 Guidance) 34頁。

供期限が前倒し（2026年6月前）となる場合、納税者・税務当局双方において（GIRの提供とこれに係る情報交換システムの開発等を行う十分な準備期間もなく）実務上の弊害が生じることとなるため、このような期限の合意がなされたものと考えます。なお、この点については、今後このガイダンスを踏まえた改正が行われるものと思われます。

(2) 特定多国籍企業グループ等報告事項等の提供義務者が複数ある場合の特例

特定多国籍企業グループ等報告事項等（GIR）の提供義務のある内国法人が複数ある場合において、各対象会計年度終了の日の翌日から1年3か月以内に、e-Taxを使用する方法で、これらの内国法人のいずれか一の法人がこれらの法人を代表して特定多国籍企業グループ等報告事項等を提供する法人に関する情報を所轄税務署長に提供したときは、その代表して提供することとされた法人以外の法人は、特定多国籍企業グループ等報告事項等を提供をする必要はないとされています（法法150の3②）。

2　提供義務の免除

(1) 提供義務の免除の概要

特定多国籍企業グループ等の最終親会社等（「指定提供会社等」（注1）を指定した場合には指定提供会社等）の所在地国の税務当局が特定多国籍

図表24　《GIRの提供義務の免除》

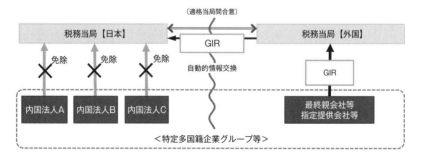

企業グループ等報告事項等（GIR）に相当する情報の提供をわが国に対して行うことができると認められる一定の場合（注2）には、上記1(1)の内国法人の提供義務が免除されます（法法150の3③）。

(注1) 「指定提供会社等」とは、特定多国籍企業グループ等の最終親会社等以外のいずれか一の構成会社等で、特定多国籍企業グループ等報告事項等に相当する事項をその構成会社等の所在地国の税務当局に提供するものとして最終親会社等が指定したものをいいます。

(注2) 「一定の場合」とは、次のいずれにも該当する場合をいいます（法令212③）。

 イ 対象となる各対象会計年度終了の日の翌日から1年3か月以内に、特定多国籍企業グループ等の最終親会社等の所在地国の税務当局にその各対象会計年度に係る特定多国籍企業グループ等報告事項等に相当する事項の提供がある場合

 ロ 財務大臣と特定多国籍企業グループ等の最終親会社等の所在地国の権限ある当局との間の適格当局間合意（※）がある場合

 ※ 「適格当局間合意（Qualifying Competent Authority Agreement）」とは、特定多国籍企業グループ等報告事項等又はこれに相当する情報を相互に提供するための財務大臣とわが国以外の国又は地域の権限ある当局との間の特定多国籍企業グループ等報告事項等（GIR）又はこれに相当する情報の提供時期、提供方法その他の細目に関する合意で、対象となる各対象会計年度終了の日の翌日から1年3か月を経過する日において現に効力を有するものをいいます（法令212③二）。

⑵　最終親会社等届出事項の提供

　上記(1)で提供義務が免除された内国法人は、最終親会社等届出事項（注）を、各対象会計年度終了の日の翌日から1年3か月以内に、e-Taxを使用する方法で所轄税務署長に提供することとされています（法法150の3④）。

　なお、上記(1)と同様に一定の場合には、対象会計年度終了の日の翌日から1年6か月以内（プラス3か月）に提供することとされています（法法150の3⑥）。

(注)　最終親会社等届出事項とは、最終親会社等の名称等最終親会社等に関する一定の事項をいい、指定提供会社等を指定した場合には、指定提供会社等の名称等指定提供会社等に関する一定の事項をいいます（法規68⑧）。

図表25 ≪最終親会社等届出事項の提供（原則と特例)≫

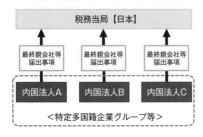

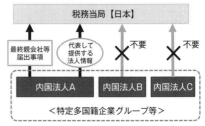

(3) 最終親会社等届出事項の提供義務者が複数ある場合の特例

　最終親会社等届出事項の提供義務のある内国法人が複数ある場合において、各対象会計年度終了の日の翌日から１年３か月以内に、e-Taxを使用する方法で、これらの内国法人のうちいずれか一の法人が、これらの法人を代表して最終親会社等届出事項を提供する法人に関する情報を所轄税務署長に提供したときは、その代表して提供することとされた法人以外の法人は、最終親会社等届出事項を提供する必要はありません（法法150の３⑤）。

3　適用関係

　上記の改正は、内国法人の令和6（2024）年４月１日以後に開始する対象会計年度に係る特定多国籍企業グループ等報告事項等について適用されます（令和５年改正法附則16①）。

Ⅵ IIR制度の適用順序と留意点

1　制度適用の検証フロー

　本制度に基づく課税計算は、個社ベースの計算からスタートし、これを国別に括った計算が求められ、これらを経て最終的には、最終親会社等に対する具体的課税額の計算まで行う必要があり、この一連の作業はボリューム的にも相当なものになります。そのような意味から一の多国籍企業グループが本制度の適用対象の射程の枠内にあるか否かの検証や、あるいは、課税額計算への合理的な順序の選択が事務負担軽減や効率的計算の観点からも非常に重要となります。

　実務上、一の多国籍企業グループについて、IIR課税額（国際最低課税額）の蓋然性がある場合、そのグループにつき、具体的課税額が生じるか否かの検証作業としては、概ね【図表26】の(1)～(7)の手順に沿って行うのが適当と考えられます。

　なお、(3)の「適格CbCRセーフ・ハーバーの当てはめ」については、特定多国籍企業グループ等に属する構成会社等の令和8（2026）年12月31日までに開始する対象会計年度であって、かつ、令和10（2028）年6月30日までに終了するもの（3月決算の場合、原則的には令和7（2025）年3月期～令和9（2027）年3月期の3期分）［移行期間］についてのみ適用がありますので、この点について注意が必要です。

(1)　企業グループの把握と特定

　最初の作業として、資本関係（所有持分）に従って、IIRの適用対象となる自己の企業グループに関する対象範囲はどこまでかといった対象範囲の確認と、これを踏まえて、最終親会社等の特定（所在地国の確認）が必

図表26 ≪簡便的・適用検証フロー≫

最終親会社等の「令和8年12月31日までに開始する対象会計年度」&「令和10年6月30日までに終了するもの」が適用対象（適用開始後約3対象会計年度の期間特例）

（1）企業グループの把握と特定

①企業グループの範囲の特定、②最終親会社とその所在地国の特定、③構成会社等とその所在地国の特定、④各構成会社等（事業体）の性質、⑤各構成会社等の収益ボリュームの把握、⑥PEの有無の確認

（2）制度対象企業グループ該当性の検証とグループ総収入金額基準該当性の検証

①「特定多国籍企業グループ等（法法82四）」該当性の検証　図表6【課税対象の企業グループ】
②「総収入基準」該当性の検証　図表7【特定多国籍企業グループ等の意義】
※グループ全体の総収入金額が7.5億ユーロ以上の年度が、前4年度中2以上あるか？

①・②ともに該当する場合	①に該当しない場合	
	①に該当するが、②を満たさない場合	➡ IIR課税の対象外

（3）適格CbCRセーフ・ハーバーの当てはめ　【適格CbCRベースのセーフ・ハーバー（移行期間適用）】

適格CbCR（国別報告事項で一定のもの）を使った検証（①～③のいずれかを満たすか否か？）
①デミニマス要件、②簡素な実効税率（シンプルETR）要件、③通常利益要件

1つも満たさない場合	①～③いずれかを満たす場合	➡ 国別国際最低課税額は「零」

（4）国別デミニマス基準の当てはめ　【恒久的適用免除（デミニマス除外）（法法82の2⑥⑦）】

IIRベースで、①調整後の3年度平均収入金額1,000万ユーロ未満
&
②IIR調整後の3年度平均利益100万ユーロ未満

①・②とも満たさない場合	①・②ともに満たす場合	➡ 当期国別国際最低課税額は「零」 （グループ国際最低課税額の計算は必要）

（5）実質ベースの所得除外額の計算　【実質ベースの適用除外額（法法82の2②一イ(2)）】

（A）国別〔有形固定資産×7.8%（～5%）+人件費×9.8%（～5%）〕≧（B）「国別グループ純所得の金額」
…であるか否か？
※（A）…実質ベースの所得除外額　（B）…国別グループ純所得の金額

（A）<（B）の場合	（A）≧（B）の場合	➡ 当期国別国際最低課税額は「零」 （グループ国際最低課税額の計算は必要）

（6）国別ETRの検証（法法82の2②(3)）

$$国別ETR = \frac{国別調整後対象租税額}{国別グループ純所得の金額} ≧ 15\%$$

➡ 当期国別国際最低課税額は「零」
（グループ国際最低課税額の計算は必要）

国別ETR<15%の場合

（7）IIRの計算ルールに従った、具体的課税額の算定及び申告・納付が必要

出典：「月刊 国際税務」2024年3月号

要になります。そして、そのグループを構成する個々の事業体（会社等）の所在地国はどこであるかを踏まえて、各事業体の性質とその収入金額、

利益の額又は損失の額はどの程度であるかのボリュームの把握、さらには、各事業体に係るPEの存在の把握と当該PEに帰属すべき収益等の金額、対応する租税の額の認識が重要となります。

(2)　制度対象企業グループ該当性の検証とグループ総収入金額基準該当性の検証

　次に、認識された自己の企業グループが「多国籍企業グループ等（法法82三）」に該当するか否か、具体的には、最終親会社等が支配持分を有する連結グループであって、これに属する会社等が複数国に所在するグループであるか否か、そして、その企業グループの総収入金額が7.5億ユーロ（注）相当額以上である年度が過去に遡って前4年度中、2年度以上存在するか否か（グループ総収入金額基準該当性）の検証を行う必要があります（【図表6】、【図表7】参照）。

(注)　「7.5億ユーロ」の円換算については、「前年12月における欧州中央銀行公表の平均レート」を適用することとされており（法規38の3、Ⅲ2参照）、目安としては、約1,100億円（2024年4月1日現在）。

(3)　適格CbCRセーフ・ハーバーの当てはめ

　上記(2)の「多国籍企業グループ等」に該当するものが(2)の「グループ総収入金額基準」を満たす場合、次は、適格CbCR（国別報告事項で一定のもの）に基づき、経過的なセーフ・ハーバーとして用意された3つの要件（①デミニマス要件、②簡素な実効税率［15％～17％］要件、③通常利益要件）のうち、いずれかの要件を国単位で満たすか否かの当てはめを行うことになります（移行期間［Ⅵ1参照］のみに適用される判定）。これを満たした場合、その国の構成会社等に係るグループ国際最低課税額（「当期国際最低課税額」ではない。）は「零」とみなされるので、この国に係るその対象会計年度のIIRの計算は、これ以降不要となります（【図表20】参照）。

そして、これを満たさない場合は、次の⑷を検証します。

① **デミニマス要件**（令和 5 年改正法附則14①一）

次の要件（イ、ロ）の全てを満たすこと

イ　適格CbCRにおける国別の「総収入金額」が1,000万ユーロ相当額（約14〜15億円）未満であること（収入要件）

ロ　適格CbCRにおける国別の「調整後税引前当期利益の額」（注）が100万ユーロ相当額（約1.4〜1.5億円）未満であること（利益要件）

（注）　調整後税引前当期利益の額＝「税引前当期利益の額」＋「5,000万ユーロ相当額超の時価評価損」（令和 5 年改正法令附則 4 ②、法法82二十六、法令155の18②二、同③三）

② **簡素な実効税率（シンプルETR）要件**（令和 5 年改正法附則14①二）

$$簡素な実効税率 = \frac{連結等財務諸表に記載された法人税額^{*1}（対象租税以外の額等を除く。）}{適格CbCRにおける国別の調整後税引前当期利益の額^{*2}} \geqq 17\%^{*3}$$

[*1] 法人税等調整額を加算（令和 5 年改正法規則 3 ④）

[*2] 国別実効税率の計算と同様、分母が零を超えるものに限り、計算

[*3] 令和 6 年中に開始する対象年度は15％以上、令和 7 年中に開始する対象年度は16％以上

③ **通常利益要件**（令和 5 年改正法附則14①三）

「国別報告事項（適格CbCR）における国別の調整後税引前当期利益の額」が、「実質ベースの所得除外額（適格CbCR記載の事業が行われる国又は地域とその構成会社等の所在地国が同一であるものの金額に限る。）」［下記⑸参照］以下であること

⑷　**国別デミニマス基準の当てはめ**

IIRベースの金額に従って、①3 年度平均収入金額が1,000万ユーロ相当額未満であるか、②3 年度平均利益又は損失の平均額が100万ユーロ相当額未満であるかの判定を行います（【図表19】参照）。この①②の両基準

を満たせば、当期国際最低課税額は「零」となります。

　留意すべきは、上記(3)のCbCRベースの金額を用いた判定ではなく、これよりも精緻とされるⅡRベースの金額を用いた判定とされる点です（下記2「適用検証における留意点」参照）。そして、この上記①②の両方の要件を満たさない場合は、次の(5)を検証します。

　(注)　「1,000万ユーロ」、「100万ユーロ」の円換算については、「前年12月における欧州中央銀行公表の平均レート」を適用することとされており（法規38の3、Ⅲ2参照）、目安としては、それぞれ約14〜15億円、約1.4〜1.5億円（2024年4月1日現在）です。

(5)　実質ベースの所得除外額の計算

　ⅡRの課税ベースの金額から控除できるとされる国単位の「実質ベースの所得除外額」の計算（法法82の2②一イ(2)、法令155の38①）を行います（**【図表17−①、17−②】**参照）。すなわち、「人件費の額×9.8％（〜5％）」及び「有形固定資産の額（簿価の平均額）×7.8％（〜5％）」の合計額で求め、これが「国別グループ純所得の金額」以上である場合は、結果、当該国又は地域の国際最低課税額は「零」となり、当該国又は地域に係るトップアップ税は算出されないことになります。

　このように、具体的課税の計算に取り掛かる前に、まず国又は地域別にこの「実質ベースの所得除外額」のおおよその金額を捉え、この金額を参考に当該国又は地域に係る課税の可能性を探ることが、必要かつ賢明と考えます。

(6)　国別ETRの検証

　上記(5)において、「実質ベースの所得除外額」が「国別グループ純所得の金額」未満である場合は、法律に従った具体的ⅡRの課税計算が必要になりますが、この場合であっても国別ETRが基準税率（15％）以上であるときは、結果、その所在地国の国際最低課税額は、原則、「零」となるため、まずは国別ETR（「簡素な実効税率」でない点に留意。）が基準税

率以上かどうかの判定を先に行うことが賢明です。

$$国別ETR＝\frac{国別調整後対象租税額}{国別グループ純所得の金額}$$

そして、これが基準税率（15％）に満たない場合、一般的には、IIRの計算規定に沿った具体的課税額の計算(7)が必要になります。

(7) IIRの計算ルールに従った具体的課税額の算定

上記(6)において、国別ETRが15％に満たない場合は、**【図表10】**の計算フローに従った具体的なIIRの課税計算が必要になります。

図表10 ≪国際最低課税額の計算フロー≫【再掲】

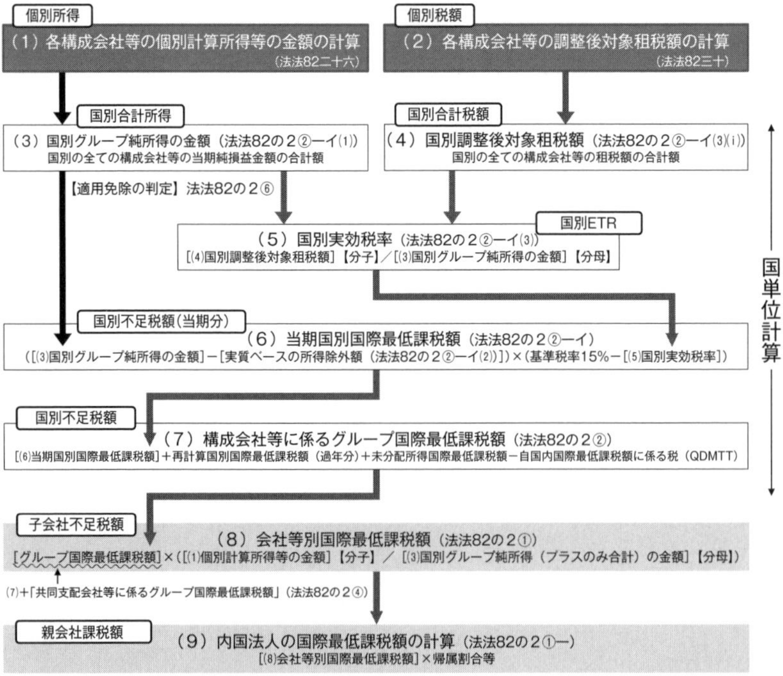

出典：「月刊 国際税務」2024年3月号

2 適用検証における留意点

≪(3)(4)の相違、(5)との関係≫

上記(3)①の「デミニマス要件（イ・ロ）」と(4)①②「国別デミニマス基準」は、外形上似通った要件のように見え、その実務作業も同じように考えられますが、前者と後者の検証作業の大きな違いは、前者はCbCRの会計上の数値を一部の例外調整を除き、そのまま使用できるのに対し、後者は会計上の利益にIIRルールに沿った20〜30項目に及ぶ所得調整計算を行った上で各要件とされる金額との比較やさらにはこれを使って実質ベースの所得除外額との比較を行う点です。

このため、(3)①（イ・ロ）は満たしたとしても、(4)①②は満たさないという場合は想定されます。

また、(4)①②を満たさない場合は、まず、表面税率の低い国又は地域の国別ETRの計算に着目し、IIRルールに沿った調整計算に従って、国別ETRが基準税率15％に満たないか否かの判定を行うことになりますが、当該国又は地域の具体的ETR計算を行う前に、当該国又は地域の「国別グループ純所得の金額」を超える「実質ベースの所得除外額」があるか否かの見極めを行うことも必要です（「実質ベースの所得除外額」＞「国別グループ純所得の金額」の場合、結果、当該国又は地域に係る課税なし）。

なお、特定多国籍企業グループ等に属する構成会社等の所在地国のETRが明らかに基準税率15％を超えると認められる場合の当該所在地国については、原則として、上記(3)以下の作業は省略できるものと考えます。

各論 II

グローバル・ミニマム課税制度
と実務

Ⅶ 実務上の論点と課題

1 他国のIIR、QDMTTの適用による影響

⑴ 子会社所在地国のIIR適用の有無によるわが国課税への影響

　わが国におけるIIRの適用は、内国法人の令和6（2024）年4月1日以後に開始する対象会計年度からとされています（令和5年改正法附則11）。しかしながら、世界に目を向けるとIIRを既に導入し、その適用がわが国より先行している国がいくつか存在します。例えば、英国です（2023.12.31〜適用）。この点に関し、わが国法人を連結親会社（IIR適用前のグループ親会社）とする多国籍企業グループのその海外連結子会社がこのIIR適用国に所在する場合で、さらにその子会社（わが国連結親会社の孫会社）の所在地国の国別実効税率（ETR）が15%（基準税率）に満たないとき、わが国連結親会社に対する課税にどのような影響があるか、あるいは、その留意点につき検討します。

　【図表A】は、「他国のIIR適用の有無によるわが国課税への影響」に関するもので、左右のいずれの資本関係図も親会社から子会社、子会社から孫会社への所有割合（帰属割合）がそれぞれ100%（親→子）、80%（子→孫）であることを前提としています。

　左側の資本関係図は、最終親会社等（UPE＝Ultimate Parent Entity）の所在地国である日本がIIR導入国であり、他方、その傘下の中間親会社等（IPE＝Intermediate Parent Entity）の所在地国であるA国では、IIRが導入されていません。そして、そのIPEの傘下に軽課税国（税率5%）所在の構成会社等（CE＝Constituent Entity）が存在するという特定多国籍企業グループ等を前提とした場合、軽課税国の不足税率（15%－5%＝10%）に係る課税はどの国のどの法人に対し生じるかを検証します。A国

図表Ａ　≪他国のIIR適用の有無によるわが国課税への影響≫

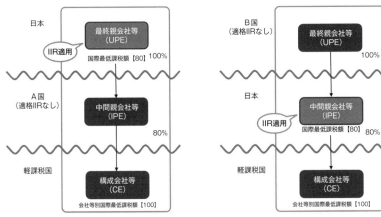

出典：「月刊 国際税務」2023年11月号

にはIIRが導入されていないことから、すべて最終親会社等での課税となります。仮にこの軽課税国所在のCEに係る不足税額が100であるとすると、UPEから見たCEに対する所有割合（帰属割合）は、80％（100×80％）であることから、これに応じた80の税額につき、UPE所在の日本で課税することになります。

　なお、Ａ国でIIRが導入されていたとしても、Ａ国所在の法人は中間親会社等（法法82十一）であって被部分保有親会社等（法法82十二）ではないことから、最終親会社等（UPE）の課税権が優先され、いずれにしてもＡ国での課税は生じないことになります。

　これに対し、右側の資本関係図は、UPEの所在地国においてはIIRが導入されておらず（例えば、米国）、他方、UPEの傘下にあるIPEの所在地国の日本では、既にIIRが導入済のケースです。そして、その傘下に軽課税国（税率５％）所在のCEが存在するという特定多国籍企業グループ等を前提とした場合の課税関係は、UPEの所在する国（米国）がIIR非適用の国ですので、IPE（日本法人）に対する課税となります。したがって、

仮にこの軽課税国所在のCEに係る不足税額が100であるとすると、IPE（日本法人）から見たCEに対する所有持分割合（帰属割合）は80％であることから、これに応じた80の税額につき、IPE所在の日本で課税することになります。

(2) 課税への影響の具体例

上記(1)の事例を踏まえると、IIR適用国（導入国）、非適用国（非導入国）の相違や、導入国におけるその適用のタイミングによって、わが国に所在する最終親会社等に対する課税に影響があることが想定されます。一例を挙げると、英国はわが国よりも早くIIRが導入されています（2023.12.31〜）。そして、わが国IIRの適用開始は令和6（2024）年4月1日以後に開始する対象会計年度に係るものです。このように適用開始時期が異なるため、その対象会計年度（決算期）が令和6（2024）年12月期から令和7（2025）年2月期であるわが国の最終親会社等について、これが英国に子会社を有する場合には、制度適用前の日本においてもIIR計算が必要になるケースが想定されます。英国では2023年12月以降、英国法人に対し英国版IIRの適用があるので、わが国より一足早くその英国法人の傘下にある軽課税国子会社に係るIIR課税が起こる可能性があります。

これを図示したものが【図表Ｂ】≪IIRの適用関係≫です。資本系列が「日本親会社（Ｐ）」⇒「英国子会社（S1）」⇒「ケイマン孫会社（S2）」である多国籍企業グループ等である場合、このケイマン孫会社の所在地国に係るETRが15％未満であることを前提とすれば、資本系列の真ん中に位置する中間親会社等（IPE）である英国法人（S1）はケイマン孫会社（S2）に係る英国IIR課税の適用がありますので、英国法人が同国の税務当局に対しIIRの申告・納付及び情報申告を行う必要が生じます。

わが国は税制改正時期の関係等からGloBEルール上の最短の適用開始時期から少々遅れてIIRを導入しましたが、英国はわが国より先に導入したので、これにひきずられる結果です。日本・英国の双方にIIRが導入され

図表Ｂ　《IIRの適用関係》

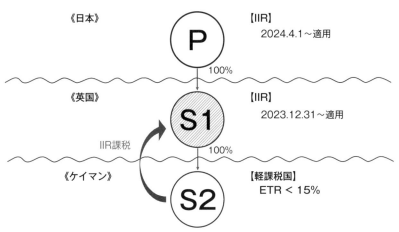

出典：「月刊 国際税務」2023年11月号

ている状況下では、このケイマン孫会社に係る不足税額は、所有持分割合が図のように100％であることを前提とすると、原則、最終親会社等（Ｐ）の所在する日本での課税ということになりますが、仮に、わが国でIIRの適用が開始されていないとした場合においては、日本での課税とはならず、英国での課税になります。さらに、この英国子会社に対するIIR課税の計算と申告（GloBE情報申告を含む。）を誰が行うかというと、わが国の最終親会社等（Ｐ）を頂点とした多国籍企業グループ等であることに鑑みると、実務上は、一般に日本の最終親会社等（Ｐ）がこれを行うことになると考えられるところです。実態としては、英国法人（S1）は日本法人（Ｐ）を親会社とする連結グループの一子会社に過ぎないわけであり、現実的には、このIIRに係る課税計算を責任をもって行うのは、やはり親会社たる日本法人になるものと考えます。そのような意味で、わが国においては、適用開始前であっても、既に、このIIR制度に関する実務は始まっていると言えます。具体的な決算期で言えば、わが国親会社の令和6（2024）年12月期から令和7（2025）年2月期がこのような対応が必要となる隙間の年度と考えます。

そして、この問題は、この期間だけのものに限らず、グループに属する構成会社等の所在地国・地域におけるIIR導入、非導入の如何によって起こり得るものであって、今後においても間接的にではありますが影響があるものと考えます。グループに属するいずれの構成会社等に対する課税となるか、あるいはならないかといった結果に影響することになるので、各構成会社等の所在地国・地域におけるIIR制度導入の有無やその適用のタイミングは常に注視しておく必要があります。

⑶ IIR、UTPR、QDMTT導入国リスト

2024（令和6）年4月現在、グローバル・ミニマム課税の導入を表明した国等は、以下のとおりです（かっこ書は、適用開始年度）。

≪IIRの導入を表明した国等≫

EU諸国（2023～）、イギリス（2023～）、日本（2024～）、韓国（2024～）、ニュージーランド（2024～）、カナダ（2024～）、オーストラリア（2024～）、スイス（2024～）、ノルウェー（2024～）、リヒテンシュタイン（2024～）、ベトナム（2024～）、南アフリカ（2024～）、香港（2025～）、シンガポール（2025～）、タイ（2025～）、マレーシア（2025～）、ガンジー（2025～）、マン島（2025～）、ジャージー（2025～）

≪UTPRの導入を表明した国等≫

EU諸国（2025～）、韓国（2025～）、ニュージーランド（2025～）、カナダ（2025～）、オーストラリア（2025～）、スイス（2025～）、ノルウェー（2025～）、リヒテンシュタイン（2025～）、香港（2025～）、シンガポール（2025～）、タイ（2025～）

≪QDMTTの導入を表明した国等≫

コロンビア（2023～）、EU諸国（2024～）、イギリス（2024～）、カナダ

（2024～）、オーストラリア（2024～）、スイス（2024～）、ノルウェー（2024
～）、リヒテンシュタイン（2024～）、ベトナム（2024～）、南アフリカ（2024
～）、ジンバブエ（2024～）、バルバドス（2024～）、ジブラルタル（2024～）、
香港（2025～）、シンガポール（2025～）、タイ（2025～）、マレーシア（2025
～）、ガンジー（2025～）、マン島（2025～）、ジャージー（2025～）

　(注) 米国は、2024（令和6）年4月現在、いずれの制度についても導入の表
　　明をしていない。

2　QDMTT、UTPRの導入による影響

(1)　QDMTTの意義

　多国籍企業グループ等に属する会社等の所在地国における実効税率が基
準税率（15％）を下回る場合に、当該所在地国の当該会社等に対して、そ
の税負担が基準税率に至るまで課税する仕組みとしてQDMTT（適格国内
ミニマムトップアップ課税：Ⅰ2(3)参照）が存在しますが、このQDMTT
による課税が行われた場合には、その課税額について、他国が当該子会社
等に対しIIRやUTPRの適用によって行う課税額の計算上、これを控除す
ることが認められています。これは、いわば自国に所在する会社等につい
て、他国が行うIIR課税やUTPR課税から防衛する機能を持つと考えられ
ています。

(2)　IIRから控除されるQDMTT

　わが国においても、内国法人を最終親会社等とする特定多国籍企業グ
ループ等に属する海外子会社（構成会社等）の所在地国がQDMTTによっ
て当該海外子会社に対し課税を行った場合には、わが国のIIR課税額（構
成会社等に係るグループ国際最低課税額）の計算上、当該国のQDMTTに
よる課税額は控除することになります（法法82の2②）。

　したがって、QDMTTを差し引かないIIR計算の課税額（控除前課税額）

とQDMTTに従って計算された課税額（以下「QDMTT課税額」という。）が一致すればIIRは差し引き零となりますので、IIRの課税は生じないことになります。その一方で、QDMTTは各国の国内法制で定められ一定程度柔軟に設計することが可能であるため、上記の控除前課税額と当該国のQDMTT課税額に差が生じる可能性があります。

このため、仮にある国のQDMTT課税額がわが国IIRに従って計算した課税額（IIR課税額）よりも少ない場合、これがQDMTT導入国であってもその国の会社等についてIIR課税が生じる可能性があります。なお、逆にQDMTT課税額の方が大きい場合も考えられるところですが、これについてはIIR課税額との差額について還付をしたり、あるいは、当該差額を翌期以降に繰越控除することはありません[73]。

(3)　他国におけるQDMTTの導入とわが国IIRへの影響

このように、ある国（軽課税国）が導入したQDMTT課税額とわが国IIRにより計算される当該国に係る課税額が必ずしも一致しないことが想定されます。このため、他国がQDMTTを導入するとした場合であっても適正課税の観点から依然として、わが国IIR制度の存在意義はあるものと考えます。

この点に関し、2023（令和5）年7月に「QDMTTセーフ・ハーバー」が合意され、これがOECDのガイダンスとして公表されました[74]。ここでは、IIRに従って計算した課税額（IIR課税額）を下回らないことを念頭に一定の条件下で設計されたQDMTTを導入している国に対するIIRにおけるトップアップ課税額は零とするもので、QDMTT導入国の当該QDMTTルールがこの一定の条件（セーフ・ハーバー）を満たせば、そのような国

73　OECD・前掲（注14）「5.2.3 パラ20」118頁では、QDMTTに従って計算された課税額がIIR上のトップアップ課税額を超過したとしても、その超過額はトップアップ税の還付又は将来における税額控除の対象とならない旨記載している。また、わが国IIR（法令上）も自国内最低課税額に係る税の額を「控除」すると規定している（法法82の2②）ことを踏まえると、IIRの計算上、QDMTTの控除超過額について還付は生じないものと考えます。
74　OECD・前掲（注3）5.1「QDMTT Safe Harbour」77頁。

に所在する会社等については、IIR計算をすることなく、IIRの課税は生じないことになります[75]。

　そして、ある国のQDMTTルールが上記「QDMTTセーフ・ハーバー」を満たすかどうかは、今後各国間の相互審査（Peer Review）により決定するものとされています[76]。

⑷　QDMTTセーフ・ハーバーの適用要件

　各国がQDMTTを導入した場合、多国籍企業グループは、GloBEルールの適用において、同一の所在国において2度のトップアップ税の計算を行う必要が生じます（例えば、QDMTTの実施国ではIIRとQDMTT）。上記⑶の執行ガイダンス（2023.7）では、QDMTTセーフ・ハーバーを導入し、多国籍企業グループが、その所在地国におけるQDMTTに基づき、トップアップ税の計算を1回のみとすることを求めています[77]。

　A国にQDMTTセーフ・ハーバーが適用される場合、IIRの適用される法域では、A国についてのトップアップ税が自動的に「零」に軽減されます。しかしながら、QDMTTを有することで、自動的にQDMTTセーフ・ハーバーの適用を受けることになるものではありません。QDMTTセーフ・ハーバーの要件は、当初のQDMTTガイダンスよりも厳しくなっており、以下の①から③の3つの基準を満たした場合にのみ適用するとされています[78]。

①　QDMTT会計基準（QDMTT Accounting Standard）

　QDMTTの計算は、最終親会社の連結財務諸表作成に使用される勘定科

75　OECD・前掲（注3）5.1「QDMTT Safe Harbour」（パラ4）77頁。「Where an MNE Group qualifies for a QDMTT Safe Harbour, Article 8.2 excludes the application of the GloBE Rules in other jurisdictions by deeming the Top-up Tax payable under the GloBE Rules to be zero.」

76　OECD・前掲（注3）5.1「QDMTT Safe Harbour」（パラ52）88頁。「this Peer Review Process will also incorporate a transitional and permanent review processes to determine whether a QDMTT meets the standards of the QDMTT Safe Harbour.」

77　OECD・前掲（注3）5.1「QDMTT Safe Harbour」（パラ3）77頁。

78　OECD・前掲（注3）5.1「QDMTT Safe Harbour」（パラ5）77−78頁。

目に基づくものであるか、又はQDMTT適用国の財務会計基準（一定の制限があり）に基づくものであること。

② **整合性基準（Consistency Standard）**

OECD包摂的枠組み（Inclusive Framework）が、QDMTTについてGloBEルールと異なる扱いをすることを明示的に要求している場合（又は任意性が認められている場合）を除き、QDMTTに基づく計算は、GloBEルールに基づく計算と同じであること。

③ **管理基準（Administration Standard）**

QDMTTは、GloBEルールに適用される継続的な監視プロセスの下で管理されること。

(5) QDMTT、UTPRをめぐる今後の動向

上記OECD公表の各執行ガイダンスの内容等を踏まえ、さらには、明確化等の観点から「令和6年度税制改正大綱」において、IIRに関する見直し事項が明記され[79]、この見直し事項は、令和6年2月2日にその法案が国会に提出され、同年3月28日に成立（同年3月30日公布）し、同年4月1日から施行されています。自国内最低課税額に係る税（QDMTT）に関するものを掲げると、次のとおりです。

① 構成会社等がその所在地国において一定の要件を満たす自国内最低課税額に係る税を課することとされている場合には、その所在地国に係るグループ国際最低課税額を零とする適用免除基準を設ける（新法法82の2⑥）。

② 無国籍構成会社等が自国内最低課税額に係る税を課されている場合には、グループ国際最低課税額の計算においてその税の額を控除する（新法法82の2②四～六）。

①は上記**2**(3)のとおり、2023（令和5）年7月OECD公表の執行ガイダ

---

79 自由民主党／公明党・前掲（注4）「第一、五、1」104頁。

ンスにおいて、QDMTTセーフ・ハーバーの要件が合意されたこと[80]に伴い国内法上措置されたものと考えられます。

　また、②も同ガイダンスにおいて、無国籍構成会社等（stateless entity）がQDMTTの対象となり得ることが明確化されたこと[81]に伴って措置されたものと考えられます。

　さらに、外国税額控除について、IIRやUTPRの適用によって課された税は外国税額控除の対象から除かれ（新法令141③四、五）、QDMTTに係る税は外国税額控除の対象とする見直しが行われました（新法令141②五）[82]。IIRやUTPRに係る税を外国税額控除の対象とすると循環計算になると考えられるところ、2023（令和5）年2月OECD公表の執行ガイダンスにおいて「QDMTTはCFCに優先される」ことが合意されたため[83]、これを踏まえての改正と思われます（注）。

　（注）　この点につき、令和6年度税制改正で見直し・改正が行われています（Ⅰ3《今後の見直しの方向性》参照）。

　なお、同大綱において、グローバル・ミニマム課税ルールのうち、QDMTTについては、令和7年度税制改正以降の法制化での検討が予定されています[84]。この法制化のタイミングに関していえば、同ガイダンスにおいて、UTPRセーフ・ハーバーの導入（下記《**参考**》参照）が合意されたことにより、このセーフ・ハーバーが適用される期間[85]（3月決算の場合、令和8（2026）年3月期まで対象）、わが国企業は他国からUTPRの

80　OECD・前掲（注3）5.1「QDMTT Safe Harbour」（パラ5）77-78頁。導入したQDMTTがQDMTTセーフ・ハーバーとして認められるには、①QDMTT Accounting Standard、②Consistency Standard、③Administration Standardの3つの基準の要件を満たす必要があるとされている。

81　OECD・前掲（注3）「4 Qualified Domestic Minimum Top-up Tax」（Treatment of stateless Constituent Entity）Guidance（パラ17）60頁。

82　自由民主党/公明党・前掲（注4）「第二、五、1」104-105頁。

83　OECD・前掲（注7）「5 Qualified Domestic Minimum Top-up Taxes」（Cross-border taxes allocable to CFC or Permanent Establishment）パラ118.30　105頁。

84　自由民主党/公明党・前掲（注4）「第一、3．(3)①」15頁。

85　OECD・前掲（注3）5.2「Transitional UTPR Safe Harbour」89頁。経過措置の適用対象期間は、2025年12月31日以前に開始し、2026年12月31日より前に終了する12か月を超えない対象会計年度とされている。

適用によってトップアップ課税されることはないと考えられ、この点も上記法制化のタイミングと無関係ではないと考えられます。

　その一方で、軽課税所得ルール（UTPR）に関する法制化については同大綱において明記されていませんので、その動向については今後も注視していく必要があります。

　このように、他国のIIRの導入のみならずQDMTT導入はわが国グローバル・ミニマム課税そのものや事務負担の軽重にも影響があることから、IIR導入に対する動向や注視もさることながら、今後は、軽課税国等、他国のQDMTT導入の有無やその適用のタイミングについても目を向ける必要があります。

≪参考：経過的UTPRセーフ・ハーバー≫

　IIRの補完機能（バックストップ）とされるUTPRは、IIRが発効された翌年に適用することが予定されています。この執行ガイダンスでは、最終親会社（UPE）の所在地国の法域においてQDMTTが適用される前にUTPRが適用されることは望ましくないとしています。そのため、最終親会社の所在地国に対しUTPRに関する経過的措置としてのセーフ・ハーバー「経過的UTPRセーフ・ハーバー（Traditional UTPR Safe Harbour）」の導入を認めています[86]。経過的UTPRセーフ・ハーバーの下では、最終親会社の所在地国における法人税率が少なくとも20％（nominal 20% rate：地方税も加味した名目税率）である場合には、当該最終親会社に対するトップアップ税は零とされます。経過的UTPRセーフ・ハーバーは、2025年12月31日以前に開始し2026年12月31日以前に終了する、12か月を超えない会計年度に適用されます。経過的UTPRセーフ・ハーバーの導入により、ある多国籍企業グループが最終親会社の所在地国の法域において、経過的UTPRセーフ・ハーバーのみならず、経過的（移行期間）CbCRセーフ・

86　OECD・前掲（注3）5.2「Transitional UTPR Safe Harbour」89－90頁。

ハーバーも適用される場合に、その多国籍企業グループはこのいずれの
セーフ・ハーバーを適用するかを選択することができます。経過的CbCR
セーフ・ハーバーの恩典に関し、「一旦適用を受けないと、適用から除外
される（once out, always out）」の原則（Ⅲ8⑷参照）の下で適用を受け
られなくなることを避けるために、多国籍企業グループは、経過的UTPR
セーフ・ハーバーの代わりに、経過的CbCRセーフ・ハーバーを適用する
ことを選択することができます。経過的CbCRセーフ・ハーバーが2025年、
2026年の双方について適用があるため、どちらのセーフ・ハーバーを選択
するかによって課税の効果にも影響を及ぼすことを踏まえると、その選択
は重要です。

3　ETRに関する問題

⑴　対象租税等の基礎データの把握

　IIR制度適用のポイントの1つとして、ETR計算が挙げられますが、海
外子会社（構成会社等）が納付したとされる租税の額がその所在地国にお
けるETRの計算上、税法上の「対象租税（法法82二十九）」に該当するも
のか、あるいは「調整後対象租税額（法法82三十）」として、当該計算の分
子の額に含まれるものか、逆に除かれるものに該当するかといった検証作
業が必要となります。

　また、ETR計算の分母の額の計算上、その要素とされる「個別計算所
得等の金額」や「税引後当期純損益金額」の計算等についても従来以上の
確認項目やエビデンスが必要となるはずです。

　このため、従来、海外子会社から収集・把握等する必要のなかった事
項、数値、エビデンスについても、その必要性の確認と検証を行った上、
収集・把握等に努める必要があるとともに、今後は収集等すべきもののボ
リュームが増えるといった実務に対する影響が懸念されるところです。

　従来以上に海外子会社との間のコミュニケーションの醸成が一層求めら

れることになるものと考えます。

⑵ みなし外国税額控除とETR

みなし外国税額控除（Tax Sparing Credit）の適用が、その適用国に所在する子会社に係るETR計算上の「対象租税の額」（分子の額）に縮減効果を与え、これがETRの割合を引き下げ、IIR課税が生じる結果となったり、あるいはIIR課税額が増加する要因になる場合があります。

みなし外国税額控除とは、先進国から開発途上国への経済援助という政策的配慮により、租税条約において開発途上国で減免された租税（外国税額）について、これをあたかも納付したものとみなしてわが国で外国税額控除の適用を認める制度です。この適用の法的根拠は租税条約ですが、課税の公平性や中立性の観点から問題視され、近年は、適用期限が付されるなど縮小、廃止される傾向にあります。

現在の適用対象国は、ザンビア、タイ、ブラジル、中国、バングラデシュ、スリランカの6か国（2024年4月1日現在）で、これらの国については、企業誘致を目的とした優遇税制措置として、具体的納付がなくとも納付したとみなされる金額について外国税額控除できるとされています。

このように、みなし外国税額控除は、税の優遇措置によって租税が軽減されますが、現実に納付された租税の額でないことから、ETRの計算上、分子の金額（国別調整後対象租税額）を構成せずその縮減へと導かれ、これがIIR課税の誘因を生むという論理が形成されます。この税軽減の優遇措置がなければIIR課税もなく、優遇措置の適用で租税が軽減されたが故にIIR課税が生じるという問題があります。例えば、BOI（Board of Investment）といわれるタイの優遇税制などは特に顕著で、結局のところ、この事象は、優遇税制が骨抜きになるという指摘もあり、今後のIIR制度におけるみなし外国税額控除制度の位置付けやその在り方への再考や整理が求められるものと考えます。

⑶　給付付き税額控除とETR

　ETR計算の要素に関する問題で、外国には、「給付付き税額控除」というものがあります。呼び名や訳語は様々ですが、わが国では聞き慣れないものと思います。基本形は給付と税額控除を組み合わせたもので、インセンティブ効果を税のみによらず、例えば、社会保障といった観点から税額控除するものです。給付付き税額控除の実態としては、一般に、補助金と同じ特徴を有するものと考えられています（Ⅲ6⑴ロ⒤参照。）実態は補助金（給付金）だが、その給付手続きは税額控除とも言い得るこの税額控除額について、ETR計算における租税の額の認識をどのようにするのかといった問題があります。対応の仕方としては、税とはみなさないでETR計算の算式の分子の額から減算調整する方法、あるいは、補助金の取得と認識してその分母の額に加算調整する方法、その他の方法が考えられ、これらのいずれの方法によるのが適当か、といった問題があります。

　外国には政策上、税と整理してよいものかと疑問視されるものもあり、これをどのように捉えて、このETR計算上の分母や分子の額に反映させるのかという実務上の問題があります。この点につき、GloBEルール上では、「給付付き税額控除額」については、分子から控除するものと分母に加算するものの区分を4年以内に支払われるかどうかにより判定する枠組みで整理され[87]、これを踏まえ、わが国IIR上も、その支払期間が4年以内か否か等をメルクマールに「適格給付付き税額控除額」（法令155の18②十二）と「非適格給付付き税額控除額」（法令155の35②三ロ）に区分し、前者は分母で加算調整、後者は分子で減算調整することとしたものです。

　なお、2023（令和5）年7月OECD公表の執行ガイダンスでは、税額控除について、上記の4年以内に支払われるかどうか（Refundability）に加え、「Transferability」（法的に譲渡可能かどうか、市場があるかどうか）の要件を満たす「Marketable Transferable Tax Credit（市場性譲渡可能

87　OECD・前掲（注1）「Article 10.1 Defined Terms」(Qualified Refundable Tax Credit) 65頁。

性税額控除)」についても、ETR計算上の分子から減算調整するのではなく分母に加算調整するものとして処理することとされています[88]。わが国IIRについても今後このガイダンスを踏まえた改正等が行われるものと考えます（注）。

　(注)　令和6年度税制改正で上記「Marketable Transferable Tax Credit」は、「適格適用者変更税額控除額」がある場合の計算として措置されています（新法令155の18②十二）。

(4)　現地優遇税制効果の希薄化（ETRへの影響）

　IIRは、優遇税制措置の背後にある制度導入の背景、目的、意図、趣旨に関係なく、税率引下げ競争を阻止することを主眼に設計されています。

　GloBEルールの下では、企業グループが存在する国又は地域において、当該地における優遇税制の適用効果として、そのETRが15％を下回った場合は、形式的、機械的にその差額がトップアップ税として最終親会社等に上乗せ課税されることになり、このことは結果として、当該優遇税制のメリットが希薄化されるとの懸念もあるところです。

4　対象租税の額、被配分当期対象租税額における留意点

　IIRでは、調査等によって増額された対象租税の額は、原則として、その増額対象年度に遡って調整後対象租税額の計算を修正して計算することはせずに、実際に課された年度の調整後対象租税の額として考慮する仕組

88　OECD・前掲（注3）「2 Guidance on Tax Credits」パラ34、31頁では、「Marketable Transferable Tax Credits have similarities to Qualified Refundable Tax Credits from the perspective of both the Entity originating the credit and the government providing the credit. In order to provide similar treatment to these tax credits, Marketable Transferable Tax Credits shall be treated as income and not as a tax reduction.」とされ、適格給付付き税額控除額（Qualified Refundable Tax Credits）と同様、ETR計算上は、分子の減算調整ではなく分母の加算調整とすることが示されている。

みとなっていることから、ETRの計算上もこれに従って、課された年度の調整後対象租税額としてその計算を行うこととなります（法令155の35②二ニ）。この点、従来の所得に対する法人税の計算とは、概念が異なりますので留意が必要です。

　また、GloBEルールにおいては、CFC課税された親会社の租税やPE課税された本店等の租税をそれぞれ現地のCFCやPEに配分する規定（allocation rule）があり[89]、わが国IIRにおいても「被配分当期対象租税額（法令155の35③）」（プッシュダウン）の規定が存在しますが、これに関して法令上は、CFC、PE課税等の場合について、それぞれの対象租税の額と外国税額控除の適用を受ける金額を合理的な方法により計算した金額を配分するとしか規定されていません（法規38の29）。これに対し、税務通達では、合理的な方法の解釈として所得按分をベースにした配分方法が定められているところです（法基通18－1－74~18－1－80）。しかしながら、法令上は「合理的な方法」と規定があいまいな上、CFC課税、PE課税等について別々に配分方法が規定されており、また、わが国外国税額控除制度は、その控除限度額の計算を一括計算することとしているため、CFC課税とPE課税等が同時に起こるケースでは、これらの通達によっても、これらの外国税額控除額の配分をどのように行うか、その具体的計算規定は現時点（2024年4月現在）では明らかとなっていません。このため、実務上は、実態に即して客観的にも合理的とされる計算方法が求められることになります。

5　IIRと為替換算

(1)　IIRにおける為替換算

　IIRの規定においては、ユーロベースで定めたものが多々あります。そ

89　OECD・前掲（注1）「Article 4.3 Allocation of Covered Taxes from one Constituent Entity to another Constituent Entity」24頁。

して、この為替換算に関し、「…これらの規定の適用に係る対象会計年度
（…）開始の日（…）の属する年の前年12月における欧州中央銀行によっ
て公表された外国為替の売買相場の平均値により、本邦通貨表示の金額に
換算した金額とする」とする、いわゆる「欧州中央銀行の平均レート」を
適用する旨の規定（法規38の3）が存在します。

　しかしながら、この換算方法を定めた規定の具体的適用は、「特定多国
籍企業グループ等」を判定する際の「総収入金額7.5億ユーロ」（法法82四）
を為替換算する場面や、恒久的適用免除を判定する際の「3年度平均収入
金額1,000万ユーロ」（法法82の2⑥）を為替換算する場面、「費用の額とし
た罰金等の額5万ユーロ」（法令155の18②八）を為替換算する場面、さら
には、構成会社等の過去対象年度に係る調整後対象租税額が過大であった場
合の「再計算国別国際最低課税額の計算を行わない選択の基準となる100
万ユーロ」（法令155の35④）を為替換算する場面など、一定の場合に限定さ
れています。

⑵　連結等財務諸表作成における為替換算

　他方、これ以外の場面、例えば、内国法人である連結親会社（最終親会
社等）が、外貨で作成された複数の連結子会社（構成会社等）の個別損益
計算書を基に連結等財務諸表を作成する際の具体的な為替換算方法につい
ては、現行法上、明確な規定は見当たりません。わが国の親会社における
連結等財務諸表は最終的に邦貨で作成されますが、各構成会社等の個別財
務諸表の収集からスタートして、この連結等財務諸表が作成されるまでの
過程で、外国に所在する各子会社の個別損益等の為替換算をどのように行
うのかといった問題があります。実務上は、いくつかのケースがあり、連
結決算を組む直前まで各構成会社等の個別財務諸表は外貨ベースで用意さ
れ、これが最後に連結される時点で円換算するケース、あるいは、各構成
会社等から月次や四半期ごとに親会社に対し報告された都度、その時の為
替レートで円換算するケースの会計実務もあると思われます。前者を「連

結ベース」、後者を「個別ベース」と仮に表現すると、連結ベースが基本
になるものと考えます。

　さらに、上記の「連結ベース」といっても、例えば、中国法人などは12
月決算が一般的で、12月決算である中国子会社と、その日本の連結親会社
（親会社）の決算期が３月である場合のように、親子で決算日が異なると
きの連結決算の組み方についても、中国子会社の12月決算財務データ（個
別損益計算書）をわが国の親会社の連結決算日（３月）に合わせ、合理的
な計算によって引き直して行う方法（期ズレ連結修正）や、決算の差異が
３月を超えないこと（会計ルール）を前提に、その12月末日の財務データ
をその連結決算にそのまま取り込む方法（取引残高の相殺消去等の調整や
決算修正は、別途）もあるところです。このように、連結決算の組み方次
第で連結等財務諸表の仕上がりが異なりますが、これらに関し、為替換算
のタイミングやこれをどのような単位、括りとして行うことが税務上適当
かといった問題も生じ得るところです。

(3)　為替換算ルールの必要性

　為替換算ルールが求められる背景としては、まず、各国がバラバラの換
算ルールを定めると、企業によっては各国が定めたGloBEに関するルール
に従い、何度も為替換算しなければならなくなる場合もあり、これはコン
プライアンスコストを相当高めることにもなりかねません。また、企業と
しても、トップアップ税額をどの通貨で算定すればよいのかが不明確であ
り、予測可能性の観点からも問題視されるところです。

　さらに、各国で換算ルールが異なると、同様の環境下における各国の
トップアップ税額が異なる可能性があり、GloBEルールの適用に影響を与
えかねないことになります。例えば、日本のIIR適用場面において、換算
方法の違いにより、日本の税制上は、トップアップ課税が100生じるとす
るものが、英国では120となった場合、日本がIIR課税でトップアップ税を
100％（100）課税していると認識しても、英国から見れば、日本は120の

うち100しか課税していない（20が課税漏れと認識）との理由から、残りの20をUTPR（Undertaxed Profits Rule：軽課税所得ルール）により課税できると解釈され、新たな課税が生じることにもなりかねません。これは、IIR適用国に第一次課税権があるとするGloBEルールとバッティングすることにもなり、国家間又は国家と企業間の紛争が生じる懸念もあります。

　このような問題点や指摘を踏まえ、早期に統一ルールを設ける必要性が求められてきたところですが、他方で、GloBEルール独自の為替換算方法に従って世界標準の為替換算を行うことは、既に一定の会計ルールに従って為替換算を行っている企業について余分なコストが生じ兼ねないという問題も指摘されていたところです。

⑷　GloBEルールと為替換算

　為替換算方法については、2023（令和5）年7月にOECDから追加ガイダンスが公表されています。その内容は、会計ルールに従い連結等財務諸表の作成ベースで為替換算することを基本とするものです[90]（【図表C】≪連結財務書表の作成と為替換算≫参照）。

　確かに、GloBEルール独自の為替換算方法に従って世界標準の為替換算を行う方法も考えられますが、余計なコストの回避や実務の簡便性を優先し、既に連結等財務諸表を作成している実務においては、その連結親会社の所在地国の通貨に従って連結等財務諸表作成ベースで為替換算するのが一般的であることを踏まえ、この連結作成ベースに従って為替換算を行うこととしたものです。

⑸　IIRにおける為替換算の実務

　上記の点につき、わが国の現行法令上は、明確な規定は存在しません

90　OECD・前掲（注3）「1 General Currency Conversion Rules for the GloBE Rules」（Guidance34）13頁。

図表C　≪連結財務諸表の作成と為替換算≫

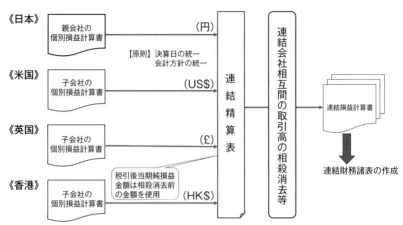

出典：「月刊 国際税務」2023年11月号

が、企業グループがIFRS等公正妥当な会計慣行に従い、継続して採用する連結決算作成の手続きに従って為替換算を行っている場合には、客観性も担保され、重要性、継続性の原則に鑑みて税務上問題ないものとして取り扱われるものと考えます。

　別の言い方をすれば、企業が一定の会計実務に即した方法に基づいて連結等財務諸表を作成し、その過程において為替換算が行われ、これを継続している場合は、このタイミングによる為替換算は適当な方法であると考えられます。

　したがって、会計基準の取扱いに準拠している限りにおいては、連結等財務諸表につき、その決算日に用意されたすべての構成会社等に係る個別財務諸表を為替換算する方法（連結ベース為替換算）も適当とされ、また、これとは異なり月次ベースで連結親会社がその構成会社等の財務状況を取り込む会計において、その取り込みの都度、為替換算する方法（個社ベース為替換算）も適当とされるものと考えます。

　そして、これらを踏まえ、為替換算については、税務通達において、「構成会社等又は共同支配会社等の税引後当期純損益金額又は恒久的施設

等純損益金額（法令155の16①二イ）について、当該構成会社等又は共同支配会社等の損益計算書に表示される通貨が最終親会社等の連結等財務諸表に表示される通貨と異なる場合には、当該構成会社等又は共同支配会社等の税引後当期純損益金額又は恒久的施設等純損益金額を最終親会社財務会計基準に基づき連結等財務諸表に表示される通貨に換算する」（法基通18－1－31）とされ、これによって最終親会社財務会計基準に基づき、すなわち、親会社の連結等財務諸表作成ベースで、その取り込まれる構成会社等の損益計算書に表示された通貨を邦貨に換算することが明らかにされたものと考えます。

6 配当課税に関する問題

　IIR制度はグローバルスタンダードを基調としたものです。それが故、各国の国内法制の相違や会計処理の相違によって、課税のミスマッチが生ずる懸念があります。例えば、外国子会社から受ける配当について、原則非課税とする制度は、わが国の「外国子会社配当益金不算入制度（法法23の2②）」のみならず各国にも存在します。

　ETR計算に当たっては、会計上、益金の額に算入された受取配当金に係る所得控除であるため、分母の額から減算することになります（法令155の18③二）。

　ここで、この益金不算入となるわが国の「所得に対する法人税」における要件は、外国子会社の株式等につき、その所有持分割合が25％以上で、かつ、継続して6か月以上所有することとされていますが、これと同じ事項の要件は他国にも存在します。しかしながら、例えば、ある国はこの所有持分割合が10％以上であったり、また、継続保有期間が1年以上であったり、さらには、その要件を「所有持分割合10％以上又は継続保有期間1年以上」とするなど、各国によって区々です。

　GloBEルール（OECDモデルルール）では、所有持分割合10％以上又は

所有期間1年以上とされています[91]。「又は」とされるため、配当支払会社等のその発行済株式等の総数又は金額等の10％以上を有するか、あるいは、1年以上継続保有すれば配当控除要件を満たすこととなり、わが国IIRもGloBEルールを踏まえ、この要件の定めを「所有持分割合（所有持分に係る権利に基づき受けることができる金額の割合）が10％以上又は継続保有期間1年以上」（法令155の18③）とされ、わが国の「所得に対する法人税」におけるルールと既に異なるものとなっています。このように同一取引について異なる税務調整が国内又は国外で行われる現下において、このグローバル・ミニマム課税を捉えようとすると、どうしても課税にミスマッチが起こる可能性があります。

　このように一定の海外子会社が受け取る配当の額について非課税とされる従来からの要件自体がグローバルスタンダートとされるGloBEルールと相違する結果となったわけで、この相違を課税上どのように整理するべきかという問題と課題があります。他方で、そもそも配当課税は各国でその適用基準が様々であるところ、これについて画一的な基準を設定したわけで、そこからミスマッチが生じることは、GloBEルール上は既に織り込み済みで特段調整は行わないとするポリシーがあることも事実です。

　ただし、課税実務上、本制度の適用上このような事態が起こり得ることは認識しておく必要があります。

7　CFCとIIRの適用関係

(1)　適用除外のCFCとIIR課税

　CFC税制（外国子会社合算税制）における適用除外（措法66の6⑤）と実質ベースの所得除外額（前記「Ⅲ6(6)」参照）はリンクしていないた

91　OECD・前掲（注1）「Article 10.1 Defined Terms」（52頁）では、10％未満の所有持分割合（Portfolio Shareholding）及び継続保有期間1年未満（Short-term Portfolio Shareholding）の配当が除外配当から除かれている。このため、所有持分割合10％以上又は継続保有期間1年以上であれば除外配当として所得計算から除外（益金不算入）されることなる。

め、仮に外国関係会社が経済活動基準（措法66の6②三）を満たしている（適用除外の状態にある）としてもそのETRが基準税率に達していなければ、実質ベースの所得除外額を超える部分についてIIR課税の対象となります。

　この点を踏まえると、IIR課税とCFC課税は、国際課税ルールにおいて、それぞれが意義・目的のある別々の制度であるとまず整理することが大切です[92]。

⑵　CFCとIIRの双方課税

　CFC税制（外国子会社合算税制）の適用対象となる外国子会社（外国関係会社）については、当該外国関係会社の所在地国における国別実効税率（ETR）の計算上、そのCFC課税額を分子の租税の額に含めることとされています（法令155の35③四、法規38の29④）。ここで、わが国CFC課税は、わが国の法人税率の約30％で合算課税されるのが一般的であることを踏まえると、ある所在地内のすべての構成会社等に対しCFC課税がある場合、その国別ETRは30％（＞15％）となり、一般的にはIIR課税はないと考えられます。

　しかしながら、CFC税制とIIRは別の制度であって、その課税要件も異なるものであることから、次の⑶の事例のように親会社とその子会社の決算期相互の関係やその年度における会計処理の状況、さらには、その処理のタイミング等によっては、この双方が一のCFC子会社（外国関係会社）の同一会計年度（事業年度）を対象に課される場合があるという点については留意が必要です。

　なお、以下の説明では論点を明確化したい趣旨で極力事例を簡略化しています。その趣旨から以下の事例におけるCFC子会社（外国関係会社）

92　自由民主党/公明党・前掲（注４）16頁。「外国子会社合算税制については、国際的なルールにおいても「第２の柱」と併存するものとされており、「第２の柱」の導入以降も、外国子会社を通じた租税回避を抑制するための措置としてその重要性は変わらない。」とされている。

は、いわゆる受動的所得（特定所得：措法66の6⑥）の金額を有さず、部分合算対象所得がないものであることを前提としています。このため、「経済活動基準」の全てを満たすCFC子会社を「適用除外」と表現しています。また、CFC子会社に「実質ベースの所得除外額」はないものとしています。

(3)　CFC、IIRの双方課税の検証（事例研究）

イ　同一軽課税国に課税CFCと適用除外CFCを有する場合

　CFCとIIRの双方課税の適用の場面としては、【図表D】のとおり、親会社Pに係るCFC子会社が同一軽課税国（税率10％の国と仮定）に複数あり、一方が課税CFCで他方が適用除外CFC（場面を簡略化するため特定所得の金額（措法66の6⑥）はないものとします。以下同じ。）の場合で、一定の状態にあるときが考えられます。

　この例は、課税CFC（CFCⅠ）の個別計算所得等の金額が100で適用除外CFC（CFCⅡ）のそれが1,900のケースで、CFCⅠについては、100×30％＝30の租税が日本の親会社Pに対し合算課税されます。この場合、当

図表D　≪CFCとIIR（同一軽課税国に課税CFCと適用除外CFCを有する場合）≫

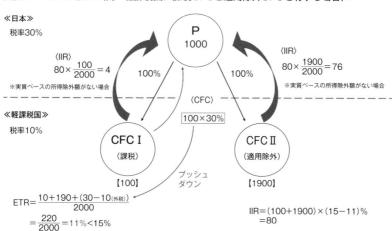

出典：「月刊 国際税務」2023年10月号

該軽課税国における国別ETRは、算式の分母の国別グループ純所得の金額が、CFCⅠの100とCFCⅡの1,900の合計額2,000であるのに対し、分子の対象租税の額（国別調整後対象租税額）は、CFCⅠの10とCFCⅡの190の合計額200にCFCⅠに係るCFC課税額30から当該CFCⅠに係る外国税額控除額10を控除した残額20がプッシュダウン（注）され（法令155の35③四、法規38の29④一）、これが加わり220（＝200＋（30－10））となり、結果11％（＝220/2000）になります。これは、基準税率（15％）を下回りますので、IIRの課税が生じることになります。

このため、CFCⅠ及びCFCⅡについては、実質ベースの所得除外額を超える部分の金額（本例ではなし）につきIIRの課税が生じることとなり、CFCⅠは、CFCとIIRの双方について課税が生じることとなります。

(注)　実効税率（ETR）の計算における対象租税額のプッシュダウンで、税法上は「被分配当期対象租税額等」（法令155の35③四、法規38の29④）と規定され、OECDモデルルール（2021.12）Article4.3.2に相当するもの。

ロ　CFC子会社に欠損金控除がある場合

【図表E】のケースは、上記イと同様、同一軽課税国に課税CFCと適用除外CFCの双方を有する場合ですが、課税CFCについて、税務上、繰越欠損金の控除があることから、結果、親会社Pへの合算課税額が縮減されています（1,000－400（欠損金）＝600）。

この場合、当該軽課税国の国別ETRは、算式の分母の国別グループ純所得の金額が、CFCⅠの1,000（欠損金控除前の会計上の金額）とCFCⅡの2,800の合計額3,800であるのに対し、分子の租税の額（国別調整後対象租税額）は、CFCⅠの60とCFCⅡの280の合計額340にCFCⅠに係るCFC課税額180（＝600×30％）から当該CFCⅠに係る外国税額控除額60を控除した残額120がプッシュダウンされ、これが加わり、さらに、CFCⅠの欠損金控除に係る税額相当額分の60（＝400×15％（注））が加わることで520（＝340＋（180－60）＋60）となり、結果13.7％（＝520/3,800）になります。これは、基準税率（15％）を下回りますので、CFCⅠ、CFCⅡ

図表E　≪CFCとIIR（CFC子会社に欠損金控除がある場合）≫

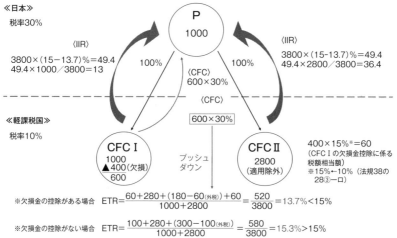

出典：「月刊 国際税務」2023年10月号

$$※欠損金の控除がある場合　ETR=\frac{60+280+(180-60_{(外税)})+60}{1000+2800}=\frac{520}{3800}=13.7\%<15\%$$

$$※欠損金の控除がない場合　ETR=\frac{100+280+(300-100_{(外税)})}{1000+2800}=\frac{580}{3800}=15.3\%>15\%$$

の双方についてIIRの課税が生じることになります。

　他方、このケースにおいて、仮にCFCⅠに未控除の欠損金がないとした場合の国別ETRは、算式の分母の国別グループ純所得の金額は、3,800と同じであるのに対し、分子の租税の額は、CFCⅠの100とCFCⅡの280の合計額380にCFCⅠに係るCFC課税額300（＝1,000×30％）から当該CFCⅠに係る外国税額控除額100（＝1,000×10％）が控除された残額200がプッシュダウンされ、これが加わり580（＝380＋（300－100））となり、結果15.2％（＝580/3,800）になります。この場合、基準税率（15％）を上回りますので、IIR課税はないことになります。

　この結果の相違は、両CFCの相互の個別計算所得等の金額にもよりますが、適用除外にない外国関係会社（CFCⅠ）の所得が欠損控除された結果、ETRが引き下げられ、CFC課税のみならず、IIR課税も生じる結果になったケースと考えられます。

　（注） IIRにおいては、損失に係る「繰延税金資産」の適用税率について、これが基準税率（15％）を下回る場合は、これを基準税率まで引き上げる

ことができるとされています（法規38の28③一ロ）。

これを本件についてみれば、CFCⅠで繰越欠損金が控除された結果、税務上は課税所得600に対して、租税の額が60ですからETRは10％となり、これを会計上の利益と比較した場合、会計上の利益1,000に対して、租税の額が60で、会計上のETRは6％となります。このギャップを埋めるのが税効果会計による繰延税金資産で、会計上、欠損金発生時に繰延税金資産400×10％＝40を法人税等のマイナスとして計上し、欠損金を控除する際に取り崩されたとして当該40を法人税等のプラスとして加算することで、会計上もETRは10％（＝（60+40)/1000）となり、税務上のETRと一致させるというものです。これは、通常の会計処理の仕組みですが、IIRにおいては、その国の適用税率が15％を下回っていたとしても、この繰延税金資産を欠損金に係るものは15％（基準税率）で計算できるとされています。本件は、CFCⅠに係る繰延税金資産は会計上10％の適用税率で計上されており、これは基準税率（15％）を下回るため、IIR上は15％で計算されます。この点、注意が必要です。

ハ　親会社が赤字の場合

【図表F】のケースは、親会社（P）が赤字（欠損法人）であるためそのCFC子会社がCFCの課税の状態にはあっても具体的なCFC課税額が実額として生じないケースです。

具体的には、ある国のCFC子会社（当該国では1社のみ）の個別所得が60であって、現地納税額が6であることから、国別ETRは10％となり、基準税率（15％）を下回り、IIR課税が3（＝60×（15−10)％）生じることを前提とします。CFC課税についてみると、課税対象金額は60ですが、これは親会社（P）の赤字で消去され、具体的なCFC課税額は生じないこととなります。しかしながら、翌期以降の将来年度までを含めて考えると、CFC所得の合算によって欠損金の繰越控除額が縮減されたわけですから、その税効果としては、CFC課税（60×30％＝18）もIIR課税と同時

図表F　≪CFCとIIR（親会社が赤字の場合）≫

≪日本≫
税率30%

P
▲ 100
▲ 40

Pの欠損金に係る税額相当額
（繰延税金資産）9を外税控除（6）
の際にETRの分子に加味。
ただし、繰越外国税額6が限度
（法規38の28⑤）

⟨IIR⟩
60×（15−10）%＝3

100%

⟨CFC⟩
60　（60×15%）

9

Pの繰越外国
税額（6）

≪軽課税国≫
税率10%

CFC
60

$ETR=\dfrac{6}{60}=10\%<15\%$　　　　　　Tax 6＝（60×10%）

出典：「月刊 国際税務」2023年10月号

になされたとみることができます。

　この点に関し、IIR制度（GloBEルール）においては、このCFC子会社（外国関係会社）の課税対象金額60の15％（30％でないことに留意）相当額（9）を親会社（P）において欠損金に係る税額相当額の繰延税金資産（DTA）として認識し、当該CFC子会社が現地で課された租税の額（6）を当該親会社（P）が外国税額控除する際に当該親会社のETR計算の分子の額に加味する（加算調整する）こととされています。ただし、この場合、加味することができるのは、繰越外国税額（6）が限度となります。

　わが国IIRにおいても、CFC税制の適用により親会社に合算課税が生ずる場合は、一定額を「被配分当期対象租税額（法令155の35③）」としてCFC子会社（外国関係会社）の対象租税額に加算することとされていますが（法令155の35③四、法規38の29④）、CFC税制の適用を受ける親会社が赤字（欠損）の場合にはこれが生じないことから、特例としてこの課税の調整を図ることとしています（法規38の28⑤）。

　ただし、上記のとおり限度額があることから双方課税の完全な排除はできない場合があるといった問題は生じ得ます。

二 親会社が３月決算、CFC子会社が12月決算の場合

　CFCとIIRの双方課税の懸念場面として、【図表G】のように親会社（P）が３月決算（2025/3）でCFC子会社が12月決算（2024/12）の場合を例に検討します。CFC子会社が軽課税国に所在し、そのETRが10％であると仮定するとIIRの基準税率15％に５％不足し、IIR上はこの５％分が親会社に合算課税（IIR課税）されます。他方、CFCの観点から当該CFC子会社の所得について会社単位の合算課税がされる状態であることを前提に考えると、当該CFC子会社の事業年度終了の日（2024年12月末日）の翌日から２か月を経過する日（2025年２月末日）を含む親会社の事業年度（2025年３月期）で合算されることになります（措法66の６①）。この場合の合算課税額の確定時期は、この2025年２月末日を含む親会社の事業年度終了の日で、2025年３月末日です。そして、その具体的納付は、申告期限であるその年の５月あるいは６月になります。この場合、2025年３月期におけるIIRの計算上、CFC子会社に係るCFC課税額は既に確定しているので、その額は分かるはずです。CFC課税は、わが国法人税率の約30％（29.74％）で課税されますから、この30％で課されたCFC課税額をこのCFC子会社

図表G 《CFCとIIR（親会社が３月決算、CFC子会社が12月決算の場合）》

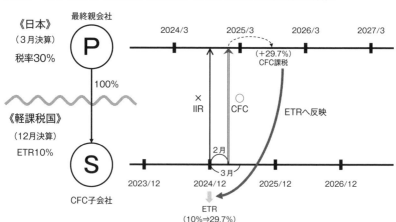

出典：「月刊 国際税務」2023年10月号

のETRの計算上、プッシュダウンして、その分子の額（対象租税の額）に含めれば、当然、これは15％を上回ることとなりますので、CFC課税は生じるとしても、IIR課税は生じないものと考えます。すなわち、このケースではCFCとIIRの双方課税はないと整理できます。

ホ　親子とも３月決算（同一決算）の場合

　他方、これが、【図表H】のように親会社、CFC子会社（外国関係会社）とも３月決算の場合ですが、この場合、前記【図表G】のケースのように具体的租税の額を認識し得るタイミングを持っていません。CFC子会社（S）の事業年度終了の日の翌日から２か月を経過する日を含む親会社の事業年度は翌期である2026年３月期になりますので、当該CFC子会社に係るCFC課税額の確定は、2026年３月末となります。このため親会社の2025年３月期におけるIIRの計算上、このCFC子会社に係るCFC課税額を反映することはおそらく困難となり、CFC課税されるであろう租税の額

図表H　≪CFCとIIR（親子とも３月決算（同一決算）の場合）≫

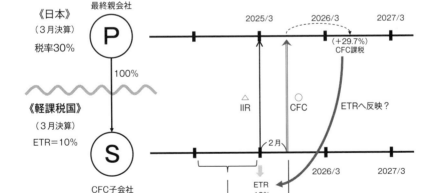

【ETRの分子】
（1）　Pの2025/3の会計上、SのCFC課税額につき「未払法人税等」として計上
（2）　Pの2025/3の会計上、SのCFC課税額につき「繰延税金負債」として計上
（3）　Pの2025/3の会計上、SのCFC課税額につき未計上

出典：「月刊 国際税務」2023年10月号

については、翌期のETR計算上の額（分子の額）として持ち越される可能性があります。

　そうすると、このCFC子会社について、翌年のIIR課税はないとしても当期（2025年3月期）については当該CFC子会社に対するIIR課税が生じる可能性があります。CFC、IIRの双方課税の例です。ただ、これは税務実務を時の流れに従って、淡々と当てはめていった場合の整理です。IIR課税は、その時点のETRを捉えタイムリーに合算課税しますので、このように親子同一の決算期の場合については、この親会社（P）に対してその軽課税国所在の子会社（S）に係るCFC課税が生じ、さらにIIR課税も生じることがあり得るという懸念があります。これは、租税認識の期ズレの問題ですから翌年以降は順繰りに当てはめられますので、導入初年度の問題と整理することもできるかもしれません。しかしながら、翌期以降の親会社やその子会社の状況はその年々によって異なるわけで、初年度だけの問題と簡単に整理するのは適切ではありません。親会社が途中で赤字になったりした場合は、双方課税とならないための調整がされないという事態も想定されます。

　このケースは、企業側の会計処理方針やスタンスがどうであるかによっても双方課税となるか否かに影響が及ぶと考えられます。会計上、CFC子会社に係る租税の額がどのように認識されるかによって、ETR計算上の租税の額に含めることができるか否かにかかわってくるという問題です。【図表H】の一番下に記載した⑴のように親会社（P）の2025年3月期の会計上、CFC子会社（S）のCFC課税額につき、仮に「未払法人税等」として計上することができるとすると、これはおそらくETR計算の分子に含まれ、そのETRは約30％となりますので、IIR課税は生じないことになるものと考えます。しかしながら、この「未払法人税等」は、会計ルールからすると、おそらくは、近々支払が生じるものであって、その支払までのスパンが短いものを想定しているはずです。そうすると会計実務上、この課されるであろう租税について「未払法人税等」の計上は現実的

に難しいのではないかと考えられるところです。

　次のメニューとして、このCFC子会社（S）について課されるであろう租税の額につき、会計上の「繰延税金負債」として認識することができる場合、この認識額をETR計算上の分子の租税の額に含めることができるか否かという議論が「プッシュダウンの可否の検討」としてOECDでなされています。CFCとIIRの双方課税の回避の観点からおそらくは分子に含めることができる方向で進んでいくものと思っています（注）。この将来課されるであろうCFC課税額が、財務諸表の計上額と課税所得の算定結果との差異に係る「法人税等調整額」として会計上の「繰延税金負債」と認識できるものであるかは定かではありませんが、このような会計処理が容認され、税務上もこの「繰延税金負債」を対象租税の額としてETR計算上の分子の額に加えることが可能であれば、この双方課税は、回避されるはずです。もっとも、CFC子会社に対し課されるであろう租税の額を「繰延税金負債」と認識してこれを連結財務諸表上、ディスクローズすることも企業側の判断によるものであって、また、連結財務諸表をどのような構成で開示するかは会計監査マターというよりは、会社方針（重要事項の開示との関係）や経営上の判断もあるかと思います。このため、連結財務諸表における開示方針につき、早期の決断とその用意が必要になってくるものと考えます。以上は、税とは異なる観点からの問題ですが、このような点も課税実務に影響を及ぼす可能性のある事項と捉えることも大切です。

　そして、最終的に会計上、この「未払法人税等」、「繰延税金負債」のいずれも計上できない**【図表H】**の（3）のようなケースであれば、これは双方課税になる可能性があります。このように本制度においては、CFC課税とIIR課税の双方課税が起こり得る懸念がある一方で、この懸念の払拭が、本制度適用上の大きなポイントになるとともに課題でもあると考えています。

　(注)　現行政令によれば、CFC税制（外国子会社合算税制）の適用により益

金の額に算入された金額に対応する租税の額は、その対象子会社（CFC
子会社）のETRの計算上の「対象租税の額」（分子）に含めるとされてい
る（法令155の35③四、法規38の29④）一方で、当該「対象租税の額」か
ら「法人税等調整額を除く」と規定（法令155の35①二、③一）されてい
るため、現行法上、会計上認識した「繰延税金負債」の額は、ETRの分
子に含めることができないと解する向きもあるようです。しかしながら、
OECD発信のコメンタリーを見る限り、PEに係るプッシュダウンは「PE
所得に係る繰延税金負債についても同様に配分される」[93]とした上、CFC
に係るプッシュダウンについては「PEへの配分と同様に……CFC税制に
従って課された税額について……CFCに配分される」[94]としています。ま
た、Ⅲ6(3)ハのプッシュダウンでも述べたとおり、税制の企画立案当局
担当者の解説においても、「引き続き国際的な議論が行われているため、
令和5年度税制改正では措置を見送っています」との記載がなされてい
るところです[95]。このため、当該「繰延税金負債」の額については、
GloBEルール上は、ETRの分子の租税の額に含めることを求める趣旨と
考えられるところであり、これを現時点（令和6年4月）でETRの分子
に含めることができないと考えるのは時期尚早で、今後の具体的課税実
務の取扱いとしては、この点を踏まえて総合的に解釈、整理することが
賢明と考えます。

8　PEに係る租税の額のプッシュダウン

ある事業体のPE所得についてもそのPE国に所在する事業体と同様に
IIRに従い、国別所得や国別ETRの計算を行う必要があります。【図表Ⅰ】
≪軽課税国子会社に親会社のPEあり≫は、日本の親会社（本店）が軽課
税国に子会社を有し、その子会社内に親会社のPE所得があると後日（申
告後に）、認定されたことを前提としたものです。

　(注)　【図表Ⅰ】のケースは、PE課税がない場合とPE課税が生じた場合の
　　　ETR計算への影響の比較することを主な目的としている関係上、その
　　　ETR計算を極力、単純・簡略化したものとなっています。本来は、Ⅷ4

93　OECD・前掲（注14）「Article 4.3 Allocation of Covered Taxes from one Constituent Entity
　to another Constituent Entity」（パラ52）97頁。
94　OECD・前掲（注14）「Article 4.3 Allocation of Covered Taxes from one Constituent Entity
　to another Constituent Entity」（パラ58）98頁。
95　財務省・前掲（注2）863頁。

のとおり、過年度において法人税額が増額した場合は、その増額対象年度に遡って調整後対象租税額の計算を修正することはせずに、実際に課された年度の調整後対象租税額として考慮する仕組みとなっていることから、ETRの計算上もこれに従って、課された年度の調整後対象租税額としてその計算を行うことになります。

　この場合の子会社（Ｓ）所在国の国別ETR計算は、他に同国子会社がないとすれば、一義的には、PE認定前は、10％（＝20/200）と基準税率（15％）に満たないところ、PE認定後は、当該PE所得は、既にわが国実効税率（約30％）で90（＝300×30％）の課税がされており、これと子会社で課された外国法人税に係る外税控除額を加味したところで子会社にプッシュダウンされますので、当該子会社所在地国（PE）のETRは、22％（＝(20+30+90−30)/(200+300)）になります。このプッシュダウンがなければ、10％（＝(20+30)/(200+300)）になるところ、本店で課されているPE所得に係る税がプッシュダウンされることでPE側（子会社）に係るトップアップ課税が回避されたこととなります。

　他方、この親会社（Ｐ）の所得が赤字である場合には、上記PEへの取り込み対象所得300がわが国で課されていないことから、これがプッシュ

図表Ⅰ　≪軽課税国子会社に親会社のPEあり≫

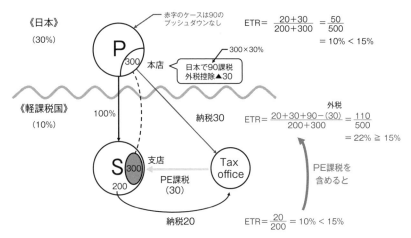

ダウンされず、また、軽課税国で課された外国法人税30については、将来の控除対象外国法人税であることから、これもプッシュダウンされず[96]、結果、子会社国のETRは、10％（＝(20＋30)／(200＋300)）になるもの（＜15％）と考えます。

この場合、CFCのプッシュダウンにおいては、親会社で控除された欠損金に係る税額相当額の繰延税金資産（DTA）を親会社のETRの分子の計算上加味できる特例が設けられていますが（法規38の28⑤）、本店・PE間の関係についても同じであることから、同様の規定が設けられるべきと考えられますが、現時点（令和6年4月現在）GloBEルール上は特段のアナウンスがなく、法令上も措置されていません。このため、CFCにおけるプッシュダウンと同様の特例措置がされることが期待されます。

また、PEが1つであれば計算は単純ですが、PEが複数ある場合、わが国外国税額控除制度は、その控除限度額の計算を一括計算することとしていることから、このプッシュダウンに関する計算を精緻に捉えれば相当複雑になることが想定されるところですが、前記4「対象租税の額、被配分当期対象租税額における留意点」のとおり、その配分計算は未だ明らかになっていません。GloBEルール上もシンプルで執行可能性のある具体的配分方法が発信されることが期待されます。

9 セーフ・ハーバーに関する執行（追加）ガイダンスの概要とポイント

2022（令和4）年12月、OECDから「CbCRセーフ・ハーバー」に関するガイダンス（Safe Harbours and Penalty Relief）が発出され、わが国IIRにおける「適格CbCRセーフ・ハーバー」は、これを踏襲したものになっています。さらには、2023（令和5）年12月に発出されたOECD執行

---

96 本店で課されている限度でプッシュダウンすることとされているため（法規38の29①）、将来控除可能な外税控除額は、プッシュダウンされないことになる。

ガイダンス（2023.12）により追加ガイダンスが発出されています。

そして、このOECD追加ガイダンス（2023.12）においては、以下の事項が明確化されています。

⑴　適格財務諸表（Qualified Financial Statement）

適格財務諸表における「収入金額」、「税引前当期利益」、「税金費用」等、CbCRセーフ・ハーバーへの当てはめにおいて用いられる各指標は同一の事業体について同じ適格財務諸表から抽出されなければならないとされています[97]。このため、例えば、「税引前当期利益」は連結パッケージの金額を用い、他方、「税金費用」は個別財務諸表の金額を用いることは認められていません。

また、同一所在地国の事業体については、基本的に同じ種類の適格財務諸表を指標として用いなければならないとされています[98]。同一所在地国のある事業体には連結パッケージの金額を使い、他の事業体には個別財務諸表の金額を使うことは認められていません。ただし、非重要性子会社（重要性の原則により連結の範囲から除かれる会社等）とPEは異なるものを用いても良いとされています。わが国のIIR上、この点は明らかでないことから、今後、これを踏まえた発信がなされるものと思われます（注）。

> **（注）**　令和6年度税制改正において、同一所在地国の事業体については、基本的に同種類の適格財務諸表を用いなければならないことが明確化されました（新令和5年改正法規附則3⑫）。

また、上記のとおり、非重要性子会社とPEは、同一所在地国であっても、異なる種類の適格財務諸表を使用できるとされていますが、これは、非重要性子会社やPEの財務諸表については、それ自体が完成度の高いものと捉えることが期待できないこともあり、内部管理会計データを用いた

97　OECD・前掲（注22）「2.3 Qualified Financial Statements」（2.3.1 Consistent use of data）（パラ6）10頁。
98　OECD・前掲（注22）「2.3 Qualified Financial Statements」（2.3.1 Consistent use of data）（パラ8）12頁。

ものであってもセーフ・ハーバーへの適用が認められています。

　この内部管理会計データを用いることの是非については、上記のとおり、国税庁発信の情報（Q&A・15(1)）[99]においてすでに明らかにされていますが、非重要性子会社やPEについても、このガイダンスの示す取扱いと同様とすることができるかについては、一層の明確化が望まれるところです。

　さらに、異なる所在地国においては、異なる種類の適格財務諸表に依拠することができるとされています[100]。そして、ある所在地国において非適格とされた財務諸表が、他の国では適格とされた場合、その適格とされた所在地国においてはセーフ・ハーバーの適用があるとされています（一の所在地国での適格・非適格の判定結果は、他に影響を及ぼさない。）[101]。

　このように、セーフ・ハーバーの適用は、その所在地国ごとで判定することが明確化されましたが、これはわが国IIRの法制も同様で、その所在地国ごとで判定するものとされています。

(2)　適格財務諸表における調整

　上記追加ガイダンス（2023.12）等で示された調整事項以外の事項について、財務諸表に調整を加えるとCbCRセーフ・ハーバーの適用上、非適格とされます[102]。例えば、原則計算では、ALP調整を行うことになっていますが、CbCRセーフ・ハーバーの適用において、その使用する財務諸表でALP調整を行った場合、これがより正確な実効税率の計算につながると考えられる場合であっても、そのような調整を行った財務諸表に基づくCbCRは、CbCRセーフ・ハーバーの適用上、非適格とされます。

　この点につき、わが国IIRにおけるCbCRにも同様なことが言えると考

99　国税庁・前掲（注19）。
100　OECD・前掲（注22）「2.3. Qualified Financial Statements」(2.3.2 Using different accounting standards)（パラ14）13頁。
101　OECD・前掲（注22）「2.3. Qualified Financial Statements」(2.3.1 Consistent use of data)（パラ10）12頁。
102　OECD・前掲（注22）「2.3. Qualified Financial Statements」(2.3.3 Adjustments to Qualified Financial Statements)（パラ14）13頁。

えます。すなわち、CbCRセーフハーバーで用いるCbCRは、連結等財務
諸表を基礎として作成されたものに限定され、さらに、この連結等財務諸
表を基礎として作成されたものが上記「適格財務諸表」に相当するものと
考えますが、このCbCRの数値は一定の例外（5,000万ユーロ超の評価損等）
を除き、当該CbCRセーフハーバーの各テストに用いるとされる現行の条
文構成を踏まえれば、当該CbCRについては、求められていない任意の調
整を加えると非適格になると考えられるところであり、この点は注意が必
要です。

　また、CbCRでは、グループ内受取配当について収益や利益の金額から
除外することとされていますが、グループ内の支払について、支払者側の
財務諸表で費用として認識され、受領者側の財務諸表で収益として認識し
ている場合には、一種のハイブリッドミスマッチ解消の目的から、受領者
側について配当として除外処理せずにセーフ・ハーバーを適用すること　と
されています[103]。この点、現行のCbCR法制では、支払者側の財務諸表で
の認識にかかわらず、グループ内受取配当を除外することとされている[104]
ことから、本ガイダンスを踏まえた実務上の対応が今後なされるものと考
えられます。

⑶　簡易な実効税率計算における租税

　会計上、当期の税金費用には、前期の税金費用の調整額が含まれること
があります（前期の見積り計上額と税務申告等に基づいた実績額の差額な
ど）が、執行（追加）ガイダンスにおける適格CbCRセーフ・ハーバーの
適用上、そのうち不確実な税務ポジションの額に係る部分については除外
する必要があります[105]（したがって、それ以外のものについては、対象租

103　OECD・前掲（注22）「2.3 Qualified Financial Statements」（2.3.3 Adjustments to Qualified
　　　Financial Statements）（パラ18）14頁。
104　国税庁・前掲（注61）表1（8）
105　OECD・前掲（注22）「2.4 Simplified ETR computation」（2.4.1 Clarifying definition of Sim-
　　　plified Covered Taxes）（パラ22）17頁。

税以外の租税の額を除き前期分の調整が含まれていてもこれを調整せずにそのまま使用することが可能です。）。

　わが国IIRにおいても、簡易な実効税率計算における対象租税額から不確実な税務処理に係る法人税等の額及び不確実な税務処理に係る繰延税金資産又は繰延税金負債について計上された法人税等調整額を除くとされており（令和5年改正法規附則3⑤）、この除外規定について特段当期分と前期分の調整を区分していないことから、このガイダンスの取扱いと整合性が図られたものとなっています。

　また、PE所在地国においてPEに係る所得に対して課された税金費用が本店所在地国の税金費用にも計上（二重計上）されている場合は、その本店所在地国の税金費用から二重計上分を除外する必要があるとされています[106]（後掲「(8)　**PEの適格財務諸表**」参照）。

　この点、現行法上は、本店とPEの区分について必ずしも明らかとはされておらず、今後明確化が求められるところです（注）。

　(注)　この点につき、令和6年度税制改正で見直し・改正が行われています（新令和5年改正法令附則4⑪）。

　さらに、GloBEルールの原則計算においては、PEやCFC、ハイブリッド事業体に対して、対象租税のプッシュダウンを行うこととされていますが、セーフ・ハーバーにおいては、プッシュダウンは求められていません。この点につき、仮にPE所在地国ではセーフ・ハーバーの適用が認められず、原則計算に基づき、プッシュダウンを行ったとしても、本店の所在地国におけるセーフ・ハーバーの適用上は、そのプッシュダウンされる租税の額を本店の計算上、除外する必要はないことが明らかにされていますが[107]、これは現行のわが国IIRにおいても同様の取扱いになるものと考えます。

106　OECD・前掲（注22）「2.4 Simplified ETR computation」(2.4.2 Covered Taxes on income of PEs, CFCs, and Hybrid Entities)（パラ26）17頁。
107　OECD・前掲（注22）「2.4 Simplified ETR computation」(2.4.2 Covered Taxes on income of PEs, CFCs, and Hybrid Entities)（パラ28）18頁。

⑷　通常利益要件の経過措置の適用

　通常利益要件で使用する実質ベースの所得除外額にも経過措置における経過的な割合（初年度9.8％、7.8％）が適用されることが明確化されていますが[108]、上記Ⅲ６⑹**≪実質ベースの所得除外額の計算≫**のとおり、これはすでに税務通達において明らかにされており、このガイダンスと整合した取扱いとなっています（令5.9.21改正法基通「経過的取扱い⑶」）。

⑸　パーチェス会計による調整

　CbCRセーフ・ハーバーに使用される計算書類（連結パッケージや個別の財務諸表）の額（数値）は、上記⑵のとおり、原則としてこれについて調整されない計算書類をそのまま使用しなければ適格財務諸表として取り扱われないこととされています。ただし、これらの計算書類に「パーチェス会計（注）」による調整が加えられている場合については、次の①及び②の条件が満たされるときに限って、適格財務諸表として扱われることとされています[109]。

　（注）　「パーチェス会計」とは、会社等が企業グループ等に新たに属することとなる場合において、その企業グループ等に係る最終親会社等の連結等財務諸表におけるその会社等の資産及び負債の帳簿価額を時価により評価した価額とすることその他これに類する会計処理とされている[110]。そして、評価された時価純資産の額と取得対価の額の差額がのれん（又は負ののれん）となる。

　①　2022（令和４）年12月31日以後に開始する会計期間に係るCbCRが、パーチェス会計による調整が加えられていない連結パッケージや個別財務諸表に基づき作成されたものでないこと（その国の法令により連結パッケージや個別財務諸表においてパーチェス会計による調整を加えたものに変更するよう求められた場合を除く。）

108　OECD・前掲（注22）「2.5 Routine Profits Test」（パラ30）18頁。
109　OECD・前掲（注22）「1 Purchase price accounting adjustments in Qualified Financial Statements」（パラ３）７－８頁。
110　財務省・前掲（注２）792頁。

②　2021（令和3）年11月30日以後の取引に係るのれんの減損について、次のイ・ロのテストの判定に従って、税引前当期利益の額に足し戻しを行っていること

イ　通常利益テスト（Routine Profits test）

ロ　簡素な実効税率計算テスト（Simplified ETR test）

　本テストにおけるのれんの減損額の調整は、「繰延税金負債が取り崩されていない場合又は繰延税金資産が認識又は増加されていない場合に限る」[111]とされています。

　今後は、前記OECDの追加ガイダンス（2023.12）に沿った政省令改正が行われるものと思われます。この点、のれんの減損の税引前当期利益の額への足し戻しについて、会計上、日本基準（J-GAAP）ではのれんを定期的に償却するため、この償却額に関して足し戻しの対象に含める必要があるのか疑義のあるところです。本ガイダンスの求める処理がIIRにおけるパーチェス会計の影響による原則計算との重大な歪みを是正するための調整であるとの趣旨[112]を踏まえれば、のれんの減損と同様、のれんの償却額も調整しなければIIRにおける原則計算の結果と大きく乖離することになり、CbCRセーフ・ハーバーの要件を満たしやすくなる（実効税率が上昇する）ことからすれば、足し戻しの対象に含めるべきとの考えもありますが、本ガイダンス規定での文言上は減損（impairment of goodwill）との規定に留まっています。この点、簡素化の観点からCbCRセーフ・ハーバーの調整規定は最小限とすべきとの点を重視すれば、のれんの償却額は含めなくても差し支えない（減損のみ対象）と考えられるところです。いずれにしても、このことについては、今後の動向を注視する必要があります（注）。

111　OECD・前掲（注22）「1 Purchase price accounting adjustments in Qualified Financial Statements」(パラ3－17.5（b））8頁。

112　OECD・前掲（注22）「1 Purchase price accounting adjustments in Qualified Financial Statements」(パラ3－17.3）7頁。

(注)　令和6年度税制改正において、調整項目の文言として「のれんに係る損失の額」と規定されたことを踏まえると、「のれんの減損額」が対象で「のれんの償却額」については、含めなくて差し支えないと考えます（新令和5年改正法附則3⑬）。

⑹　CbCRセーフ・ハーバーにおけるグルーピング

　CbCRセーフ・ハーバーの適用は、所在地国単位で行い、同じ国又は地域にJVや他のJVグループ等がある場合は、これらも区分してセーフ・ハーバーを適用することが本追加ガイダンスにおいて明確化されています[113]。

　この点については、わが国の現行のIIRと同様です（令和5年改正法附則14①③）。

⑺　CbCRの提供義務がない場合のIIRにおけるセーフ・ハーバーの適用

　国別報告事項（CbCR）の提出義務のない構成会社等で作成されたCbCRについては、IIR上、セーフ・ハーバーの適用ができないのではないかといった懸念もあるところです。この点については、仮にCbCRの提供が求められたならば提供されたであろうCbCR（法制に従って作成されたCbCR）であれば、IIRにおけるセーフ・ハーバーの適用が認められることが明確化されています[114]。これについては、わが国IIRにおいても令和6年度税制改正で法令上明記されました（新令和5年改正法附則14①）[115]。

113　OECD・前掲（注22）「2.2 Tested Jurisdictions」（パラ4）9頁。
114　OECD・前掲（注22）「2.3 Qualified Financial Statements」（2.3.4 MNE Groups not required to file CbCR）（パラ20）15頁。
115　「当該国別報告事項又はこれに相当する事項が提供されない場合にあっては、当該国別報告事項又はこれに相当する事項として最終親会社等（令和6年新法人税法第82条第十号に規定する最終親会社等をいう。以下この項において同じ。）の所在地国に提供されるものとした場合における当該構成会社等の所在地国に係る当該収入金額」（令和6年所得税法等の一部を改正する法律案第22条関係「所得税法等の一部を改正する法律（令和5年法律第3号）の一部改正」：令和5年改正法附則14①一イ）。

(8)　PEの適格財務諸表

　PEにおいて適格財務諸表が作成されていない等によりセーフ・ハーバーへの当てはめができない場合、税務申告で使用したものや管理会計データにより作成したものを使用することができるとされています[116]。この点、わが国IIRにおいても同様の取扱いとされています[117]。

　また、PEに損失が生じた場合であって、その損失が本店所在地国の税引前当期利益にも取り込まれているときは、その本店所在地国の税引前当期利益における損失の二重計上分を除外しなければならないとされています[118]。

　この点については、上記(3)のとおり、現行法上明らかとされていません。費用の二重計上排除の観点から、PEとその本店所在地国の損益は、適格財務諸表上、区分する必要がある旨、明記されることが望まれます（注）。

　　(注)　この点につき、令和6年度税制改正で見直し・改正が行われています（新令和5年改正法令附則4⑪）。

(9)　ハイブリッド裁定取引取決め

　「ハイブリッド裁定取引取決め（Treatment of hybrid arbitrage arrangements）」とは、各国の会計基準や税制の相違を利用した租税回避的なグループ内取引を行うことにより、CbCRセーフ・ハーバーの適用を満たそうとする行為を防止するための措置です[119]。

　対象とされる取引は、2022（令和4）年12月15日（「適格CbCRセーフ・ハーバーガイダンス」の公表日）後に締結された取引で、①一方の構成会社等で費用又は損失とされるもので他方の構成会社等において収益や課税

116　OECD・前掲（注22）「2.3 Qualified Financial Statements」(2.3.5 Qualified Financial Statements for Permanent Establishments)（パラ22前段）16頁。
117　国税庁・前掲（注19）Q15⑴参照。
118　OECD・前掲（注22）「2.3 Qualified Financial Statements」(2.3.5 Qualified Financial Statements for Permanent Establishments)（パラ22後段）16頁。
119　OECD・前掲（注22）「2.6 Treatment of hybrid arbitrage arrangements under the Transitional CbCR Safe Harbour」（パラ35）19−20頁。

所得上益金とされない取引（deduction / non-inclusion arrangement）、②一方の構成会社等で費用又は損失とされるもので他方の構成会社等においても費用又は損失とされるものや課税所得上損金とされる取引（duplication loss arrangement）、③２以上の構成事業体に係る調整後対象租税額又は適格CbCRセーフ・ハーバーにおける簡素な実効税率の租税について同一の税金費用が含まれる取引（duplicate tax recognition arrangement）とされています。これらの取引が行われた場合、その費用又は損失あるいは税金費用が計算から除外されることになりますが、今後わが国のIIR法制においてもこのガイダンスを踏まえた対応がなされるものと思われます（注）。

（注）　この点につき、令和６年度税制改正で見直し・改正が行われています（新令和５年改正法規附則３⑭〜⑳）。

⑽　実務上の留意点

　上記のとおり、適格CbCRセーフ・ハーバーにつき、執行（追加）ガイダンス（2023.12）で明記された内容は、すでにわが国IIRにおいても同じ取扱いとされているものと今後このガイダンスを踏まえた対応が見込まれるものが混在しています。いずれにしても適格CbCRセーフ・ハーバー適用の検討においては、企業が現在、CbCRの作成に使用している連結パッケージ等が適格財務諸表としてどの程度認められるものか、あるいは認められないとすれば業務フローも含めてどこまで修正する必要があるのか等の実務に即した検討が必要と考えます。他方でこの問題は、個社ごとに連結パッケージ等の作成方法が異なるために、一律な解決策が難しいのが実情です。そのような意味から、どこまでの範囲の修正であれば適格財務諸表として認められるものか、予測可能性の観点から例示などによる実務に即した明確化が望まれるところです。

　そして、多国籍企業の多くは実務上、CbCRの作成において、期末日以後の調整を反映する実数値を用いているものと考えられるところですが、追加ガイダンスによればCbCRセーフ・ハーバーの適用上、適格財務諸表

のデータに反映されていない期末後の調整（例えば、ALP調整）は認められないとされており、この点、特に留意が必要です。

　また、執行（追加）ガイダンスでは、前記のとおり、会計と税の相違や財務情報の元データの相違から生じるハイブリッド裁定取引取決め（ハイブリッド・アービトラージ・アレンジメント）が新たな概念として明記されています。今後、政省令等でそのルールが明らかにされるものと考えますが、具体的にどの取引が該当するかは、実務上、個々の事実関係による要素が強いため、より詳細な観点からその取扱いが明らかとなることが望まれます。

10　GIRに関する問題

(1)　GIRとCbCR

　特定多国籍企業グループ等報告事項等（GloBE情報申告書：GIR）の提出対象者は、「特定多国籍企業グループ等に属する構成会社等である内国法人」とされ（法法150の3）、これは課税対象企業グループと同様、過去の4対象会計年度のうち、2以上の対象会計年度の総収入金額が7.5億ユーロ相当額（1,100億円）以上の企業グループに属する内国法人で、その提出期限は1年3か月（初年度は、1年6か月）以内とされています。他方、CbCR（国別報告事項）の提出対象者は、租税特別措置法において、この「特定多国籍企業グループの構成会社等である内国法人」（措法66の4の4④三、⑤）とされ、これは対象会計年度の前年度の総収入金額が1,000億円以上の企業グループに属する内国法人でその提出期限は1年以内とされています。

　このように、「提出対象者」として、同様の多国籍企業グループに対し異なる基準を求めており、IIR導入時から既にアンバランスが生じています。確かに、GIRとCbCRは、その作成目的や趣旨が異なり別物であるため、それぞれに応じた基準を求めるのは、ある意味当然のことですが、そ

こで記載される財務上の基礎的要素が重複する可能性が高いGIRとCbCRについて、それぞれ異なる基準をもって作成を求める課税実務に混乱や必要以上の事務量が増加する懸念もあるところです。IIRにおけるGIRは世界標準のものであって、制度創設時にはその作成と提出の求めに関し、それ相応の理由があったと考えられますが、提出対象となる主体、企業グループがCbCR対象者と一般的には同様であることを踏まえれば、双方の報告書の提出を求めること自体はやむを得ないとしても、この対象判定基準や提出期限を揃えるとする整理は、実務の観点から必要と考えています。

(2)　実務への影響

　GloBE情報申告書（GIR）の作成に要する事務量と事務負担が懸念されます。GIRは納付税額がなくても作成し、原則、各個社が提出を要するものです。提出については一の代表者が提出することで、その他の内国法人は提出免除という特例はありますが、最終的には、どこかで全体版の精緻なものを作成しなければならないのは事実です。この点、GIRはOECDで共同フォーマットの作成が行われており、2023（令和5）年7月にOECDから公表されています[120]。これは、各国が情報交換する前提となっているものですから、各国共通のフォーマットとなり、使用言語も英語とされています。また、国内法令や通達上、様式の定めが明らかとなってはいませんが、おそらくは近日中にOECDガイダンスに沿ったものが定められ、詳細な提出手続きが明らかにされるはずです。この辺りが実務上、大きな課題になるものと考えます。現行は、国別報告書（国別報告事項）、いわゆるCbCR（Country-by-Country Report）を提出する実務はありますが、これは移転価格アプローチによるTPマターのもので、頁数も3頁ほどの分量ですが、他方、GIR（GloBE Infomation Return）は、GloBEルール上

120　OECD・前掲（注68）。

求められるものですからその目的も異なり、その性質上租税特別措置法が規定するCbCRよりもかなり詳細かつ精緻になっており、頁数も27頁とCbCRの９倍ほどの分量と膨大な情報量を提出することされています。このGIRについて求められる作成の程度は前記（Ⅲ7）の適用免除の場面で求められる「IIRベース」と同趣旨で、このGIRにおける基礎数値は重要な基本台帳になりますので、この趣旨を踏まえ十分な準備をされておくことが賢明です。そして、この点が実務上の大きな課題となることも事実です。

(3) 税情報の開示とGIR

　税情報の開示の高まりとこれが「GloBE情報申告書（GIR）」に与える影響に関し、EU諸国を中心にCbCRの開示義務の進展とここから派生したGIRへの拡充という話題が浮上しています。

　税務上求められるこのGIRが税のみならずディスクローズの問題にも波及し、影響を及ぼし兼ねないこともGIRに係る課題の一つとして挙げられます。

　企業とステークホルダーとの関係においては、税情報の開示の問題が高まる以前から、企業が「環境（Environment）、社会（Social）、企業統治（Governance）」（以下、これらを「ESG」という。）について、一定の格付け（ESG格付け）を取得し、これを取得した企業を投資適格企業とする運用スタイルが定着しているのも事実です。このような社会の下では、投資対象企業がESG格付けを維持できない場合、投資ポートフォリオから除外されることとなるため、ESG格付けを意識する企業も増加しているところです。近年、このESG格付けにつき、税務ガバナンス及び税情報の開示が新たなガバナンス評価項目に加わり、わが国企業も、IR（Investor Relations）等の要請により、税務ガバナンス及び税情報の開示に取り組む企業が増加しています。

　そのような中、IIR導入に伴い提出が求められるGIRに係る一定の項目

も開示義務の対象へと進展しかねない状況にあります。

　企業側からすると財務情報の開示は、株主のみならず多様なステークホルダーとの関係において、当然、必要有益な効果をもたらすものである一方、リスクをも伴う非常にナーバスな事柄と認識しています。

　企業がその海外子会社について国別に所得と税額を計算し、国別の実効税率（ETR）を把握していることはIIR制度を通じて明らかであることから、ステークホルダー及びESG格付け機関からは、国別ETRの開示を求める声が高まることも予想されるところです。

　国別ETRを開示するに際しては、基準税率である15％との国別比較が重要視された上、国別のETRがこの15％を下回る場合、実体を伴わない所得が軽課税国にシフトしていないこと等の説明が求められることが予想される一方、税をコストと捉えたコスト削減の財務体質を求める株主からは、15％をターゲットとしたETRの管理が求められることも予想されるところです。

　今後は、わが国企業においても、IIRに係る税務対応のみならず、そこから派生したグローバルな（ミニマムでない）税務ポジションの管理と、その管理項目の開示を通じた透明性や説明責任が求められることになるものと考えます。具体的には、税務コンプライアンスのみならず、企業経営、投資家、ステークホルダーの観点から国別ETR等の把握とその管理により、その内容に透明性を持って真摯に開示（disclosure）することが求められるはずです。そして、この情報開示の根底には、税務ガバナンスの構築と進展、ひいては企業の持続的成長があるため、この点も踏まえ、GIRを奇貨とした税情報の開示についての新たな認識と用意が必要と考えます。

参考資料1

≪申告書　様式≫

法人税関係

・各対象会計年度の国際最低課税額に係る申告書（別表二十）

・国際最低課税額の計算に関する明細書（別表二十 付表一）

・構成会社等又は共同支配会社等に係る会社等別国際最低課税額の計算に関する明細書（別表二十 付表二）

・無国籍構成会社等又は無国籍共同支配会社等に係る会社等別国際最低課税額の計算に関する明細書（別表二十 付表三）

・未分配所得国際最低課税額に係る会社等別国際最低課税額及び国際最低課税額の計算に関する明細書（別表二十 付表四）

地方法人税関係

・各課税対象会計年度の特定基準法人税額に係る地方法人税の申告書（別表五）

法人税関係

別表二十 各対象会計年度の国際最低課税額に係る申告書

			事 業 種 目				※	
税務署受付印 ○		年 月 日 税務署長殿	会 社 等 の 区 分	最終親会社等	中間親会社等	被部分保有 親 会 社 等	税	
納 税 地	電話（ ） －		最 終 親 会 社 等 の 名 称				務	
（ふりがな） 法 人 名			最 終 親 会 社 等 の 所 在 地 国				署	
法 人 番 号			旧 納 税 地 及 び 旧 法 人 名 等				処	
（ふりがな） 代 表 者			添 付 書 類	最終親会社等に係る連結等財務諸表、共同 支配親会社等の連結等財務諸表、最終親会 社等に係る連結等財務諸表に係る勘定科目 内訳明細書、共同支配親会社等の連結等財 務諸表に係る勘定科目内訳明細書			理	
代 表 者 住 所							欄	

年　　月　　日
年　　月　　日　　対象会計年度分の　　　　申告書

				円				円
課 税 標 準 国 際 最 低 課 税 額 （別表二十付表一「33」）	1		この申告が修正申告である場合		この 申 告 前 の 法 人 税 額	3		
法 人 税 額 （(1)の90.7%相当額）	2				この申告により納付すべき法人税額 (2)－(3)	4		

別表二十付表一　国際最低課税額の計算に関する明細書

			対象会計年度	・ ・		法人名	

構　成　会　社　等　（　恒　久　的　施　設　等　に　該　当　す　る　も　の　を　除　く　。　）						
構　成　会　社　等　の　名　称	1					
所　在　地　国　名	2					
(別表二十付表二「16」、「27」又は(「38」+「46」))又は(別表二十付表三(「6」+「11」)、「18」又は(「25」+「29」))	3					
帰　属　割　合	4	%	%	%	%	%
(3)×(4)	5					
(5)のうち他の構成会社等に帰せられる部分の金額	6					
(5)−(6)	7					
(7)+(別表二十付表四「13」)	8					
構　成　会　社　等　の　う　ち　恒　久　的　施　設　等　に　該　当　す　る　も　の						
構　成　会　社　等　の　名　称	9					
所　在　地　国　名	10					
(別表二十付表二「16」、「27」又は(「38」+「46」))又は(別表二十付表三(「6」+「11」)、「18」又は(「25」+「29」))	11					
帰　属　割　合	12	%	%	%	%	%
(11)×(12)	13					
(13)のうち他の構成会社等に帰せられる部分の金額	14					
(13)−(14)	15					
(15)+(別表二十付表四「13」)	16					
共　同　支　配　会　社　等　（　恒　久　的　施　設　等　に　該　当　す　る　も　の　を　除　く　。　）						
共　同　支　配　会　社　等　の　名　称	17					
所　在　地　国　名	18					
(別表二十付表二「16」、「27」又は(「38」+「46」))又は(別表二十付表三(「6」+「11」)、「18」又は(「25」+「29」))	19					
帰　属　割　合	20	%	%	%	%	%
(19)×(20)	21					
(21)のうち他の構成会社等に帰せられる部分の金額	22					
(21)−(22)	23					
(23)+(別表二十付表四「13」)	24					
共　同　支　配　会　社　等　の　う　ち　恒　久　的　施　設　等　に　該　当　す　る　も　の						
共　同　支　配　会　社　等　の　名　称	25					
所　在　地　国　名	26					
(別表二十付表二「16」、「27」又は(「38」+「46」))又は(別表二十付表三(「6」+「11」)、「18」又は(「25」+「29」))	27					
帰　属　割　合	28	%	%	%	%	%
(27)×(28)	29					
(29)のうち他の構成会社等に帰せられる部分の金額	30					
(29)−(30)	31					
(31)+(別表二十付表四「13」)	32					
国　際　最　低　課　税　額 (((8)の計)+((16)の計))+(((24)の計)+((32)の計))	33	（ 　　　　　　　　円）				

別表二十付表二　構成会社等又は共同支配会社等に係る会社等別国際最低課税額の計算に関する明細書

	対象会計年度	・　・	法人名	

構成会社等又は共同支配会社等の名称	1		恒久的施設等の該当・非該当	3	該当　・　非該当
会社等の区分	2	構成会社等　・　共同支配会社等	所在地国名	4	

所在地国における国別実効税率が15％を下回り、かつ、その所在地国における国別グループ純所得の金額がある場合

当期国別国際最低課税額	5		(11)の計	12	
(5)に相当する金額に対して課される自国内最低課税額に係る税の額	6		構成会社等又は共同支配会社等の個別計算所得金額	13	
(5)-(6)（マイナスの場合は0）	7		その所在地国を所在地国とする全ての構成会社等の個別計算所得金額の合計額	14	
対象会計年度別再計算課税額	8		$\dfrac{(13)}{(14)}$	15	％
(8)に係る対象会計年度	9	・　・　　・　・	((7)+(12))×(15)	16	
(8)に相当する金額に対して課される自国内最低課税額に係る税の額	10		別表二十付表四「8」の計	17	
(8)-(10)（マイナスの場合は0）	11		会社等別国際最低課税額 (16)+(17)	18	

所在地国における国別実効税率が15％以上であり、かつ、その所在地国における国別グループ純所得の金額がある場合

対象会計年度別再計算課税額	19		その所在地国を所在地国とする全ての構成会社等の個別計算所得金額の合計額	25	
(19)に係る対象会計年度	20	・　・　　・　・	$\dfrac{(24)}{(25)}$	26	％
(19)に相当する金額に対して課される自国内最低課税額に係る税の額	21		(23)×(26)	27	
(19)-(21)（マイナスの場合は0）	22		別表二十付表四「8」の計	28	
(22)の計	23		会社等別国際最低課税額 (27)+(28)	29	
構成会社等又は共同支配会社等の個別計算所得金額	24				

所在地国における国別グループ純所得の金額がない場合

対象会計年度別再計算課税額	30		別表二十付表四「8」の計	39		
(30)に係る対象会計年度	31	・　・　　・　・	永久差異調整に係る国別国際最低課税額	40		
(30)に相当する金額に対して課される自国内最低課税額に係る税の額	32		(40)に相当する金額に対して課される自国内最低課税額に係る税の額	41		
(30)-(32)（マイナスの場合は0）	33		(40)-(41)（マイナスの場合は0）	42		
構成会社等又は共同支配会社等の再計算個別計算所得金額	34		構成会社等又は共同支配会社等の調整後対象租税額が特定調整後対象租税額を下回る部分の金額	43		
その所在地国を所在地国とする全ての構成会社の再計算個別計算所得金額の合計額	35		その所在地国を所在地国とする全ての構成会社等の調整後対象租税額が特定調整後対象租税額を下回る部分の金額の合計額	44		
$\dfrac{(34)}{(35)}$	36	％　　　　％	$\dfrac{(43)}{(44)}$	45		％
(33)×(36)	37		(42)×(45)	46		
(37)の計	38		会社等別国際最低課税額 (38)+(39)+(46)	47		

別表二十付表三　無国籍構成会社等又は無国籍共同支配会社等に係る会社等別国際最低課税額の計算に関する明細書

対象会計年度	・　・	法人名	

構成会社等又は共同支配会社等の名称	1		会社等の区分	2	構成会社等・共同支配会社等		恒久的施設等の該当・非該当	3	該当　・　非該当

無国籍構成会社等実効税率又は無国籍共同支配会社等実効税率が15％を下回り、かつ、個別計算所得金額がある場合

当期国際最低課税額	4		(7)に相当する金額に対して課される自国内最低課税額に係る税の額	9	
(4)に相当する金額に対して課される自国内最低課税額に係る税の額	5		(7)－(9)（マイナスの場合は0）	10	
(4)－(5)（マイナスの場合は0）	6		(10)の計	11	
対象会計年度別再計算課税額	7		別表二十付表四「8」の計	12	
(7)に係る対象会計年度	8	・・　　・・	会社等別国際最低課税額(6)＋(11)＋(12)	13	

無国籍構成会社等実効税率又は無国籍共同支配会社等実効税率が15％以上であり、かつ、個別計算所得金額がある場合

対象会計年度別再計算課税額	14		(17)の計	18	
(14)に係る対象会計年度	15	・・　　・・	別表二十付表四「8」の計	19	
(14)に相当する金額に対して課される自国内最低課税額に係る税の額	16		会社等別国際最低課税額(18)＋(19)	20	
(14)－(16)（マイナスの場合は0）	17				

個別計算所得金額がない場合

対象会計年度別再計算課税額	21		別表二十付表四「8」の計	26	
(21)に係る対象会計年度	22	・・　　・・	永久差異調整に係る国際最低課税額	27	
(21)に相当する金額に対して課される自国内最低課税額に係る税の額	23		(27)に相当する金額に対して課される自国内最低課税額に係る税の額	28	
(21)－(23)（マイナスの場合は0）	24		(27)－(28)（マイナスの場合は0）	29	
(24)の計	25		会社等別国際最低課税額(25)＋(26)＋(29)	30	

別表二十付表四　未分配所得国際最低課税額に係る会社等別国際最低課税額及び国際最低課税額の計算に関する明細書

対象会計年度	・　・	法人名	

構成会社等又は共同支配会社等の名称	1		恒久的施設等の該当・非該当	3	該当　・　非該当

会　社　等　の　区　分	2	構成会社等　・　共同支配会社等	所　在　地　国　名	4	

対　象　株　主　等　の　名　称	5				
株　主　等　別　未　分　配　額	6				
(6)に相当する金額に対して課される自国内最低課税額に係る税の額	7				
(6)−(7) （マイナスの場合は0）	8				
帰　　属　　割　　合	9	％	％	％	％	％
(8)×(9)	10				
(10)のうち他の構成会社等に帰せられる部分の金額	11				
(10)−(11)	12				
(12) の 計			13		

地方法人税関係

別表五　各課税対象会計年度の特定基準法人税額に係る地方法人税の申告書

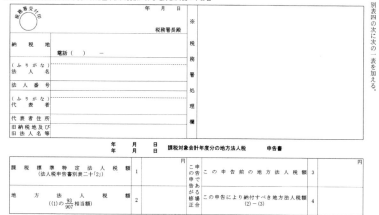

参考資料2

≪OECD「GloBE ルール」
関係資料（目次）≫

・OECD モデルルール（2021.12）［グローバル税源浸食防止（GloBE）
Pillar Two］
「Tax Challenges Arising from the Digitalisation of the
Economy - Global Anti-Base Erosion Model Rules（Pillar Two）」

Table of contents（目次）
Foreword（序文）
Abbreviations and acronyms（略語）
Executive summary（総括）

1　Scope（第１章　適用範囲）
Article 1.1. Scope of GloBE Rules（第 1.1 条　GloBE ルールの適用範囲）
Article 1.2. MNE Group and Group（第 1.2 条　MNE グループ及びグループ）
Article 1.3. Constituent Entity（第 1.3 条　構成会社［CE］）
Article 1.4. Ultimate Parent Entity（第 1.4 条　最終親会社［UPE］）
Article 1.5. Excluded Entity（第 1.5 条　除外会社）

2　Charging Provisions（第２章　課税規定）
Article 2.1. Application of the IIR（第 2.1 条　IIR の適用）
Article 2.2. Allocation of Top-Up Tax under the IIR（第 2.2 条　IIR に基づく
トップアップ税額の配分）
Article 2.3. IIR Offset Mechanism（第 2.3 条　IIR の二重課税の排除の仕組み）
Article 2.4. Application of the UTPR（第 2.4 条　UTPR の適用）
Article 2.5. UTPR Top-up Tax Amount（第 2.5 条　UTPR トップアップ税額）
Article 2.6. Allocation of Top-Up Tax for the UTPR（第 2.6 条　UTPR にお
けるトップアップ税額の配分）

3　Computation of GloBE Income or Loss（第３章　GloBE 所得・
損失の算定）
Article 3.1. Financial Accounts（第 3.1 条　財務諸表）
Article 3.2. Adjustments to determine GloBE Income or Loss（　第 3.2 条
GloBE 所得・損失の算定のための調整）
Article 3.3. International Shipping Income exclusion（第 3.3 条　国際海運所
得の適用除外）
Article 3.4. Allocation of Income or Loss between a Main Entity and a
Permanent Establishment（第 3.4 条　本店と PE 間の所得・損失の配分）
Article 3.5. Allocation of Income or Loss from a Flow-through Entity（第 3.5
条　フロー・スルー事業体［透明体］の所得・損失の配分）

4　Computation of Adjusted Covered Taxes（第 4 章　調整後対象租税の算定）

Article 4.1. Adjusted Covered Taxes（第 4.1 条　調整後対象租税）

Article 4.2. Definition of Covered Taxes（第 4.2 条　対象租税の定義）

Article 4.3. Allocation of Covered Taxes from one Constituent Entity to another Constituent Entity（一の構成会社から他の構成会社への対象租税の配分）

Article 4.4. Mechanism to address temporary differences（第 4.4 条　一時差異への対応と調整）

Article 4.5. The GloBE Loss Election（第 4.5 条　GloBE 純損失に係る選択）

Article 4.6. Post-filing Adjustments and Tax Rate Changes（第 4.6 条　申告後の調整及び税率の変更）

5　Computation of Effective Tax Rate and Top-up Tax（第 5 章　実効税率（ETR）及びトップアップ税額の算定）

Article 5.1. Determination of Effective Tax Rate（第 5.1 条　ETR の算定）

Article 5.2. Top-up Tax（第 5.2 条　トップアップ税額）

Article 5.3. Substance-based Income Exclusion（第 5.3 条　実質ベースの所得除外）

Article 5.4. Additional Current Top-up Tax（第 5.4 条　追加当期トップアップ税額）

Article 5.5. De minimis exclusion（第 5.5 条　デミニマス除外）

Article 5.6. Minority-Owned Constituent Entities（第 5.6 条　少数被保有構成事業体（MOCE））

6　Corporate Restructurings and Holding Structures（第 6 章　企業再編及び所有構造）

Article 6.1. Application of Consolidated Revenue Threshold to Group Mergers and Demergers（第 6.1 条　グループの合併及び分割における連結収入基準の適用）

Article 6.2. Constituent Entities joining and leaving an MNE Group（第 6.2 条　MNE グループへの構成事業体の加入と離脱）

Article 6.3. Transfer of Assets and Liabilities（第 6.3 条　資産及び負債の移転）

Article 6.4. Joint Ventures（第 6.4 条　ジョイントベンチャー［JV］）

Article 6.5. Multi-Parented MNE Groups（第 6.5 条　複数の最終親会社［UPE］を持つ MNE グループ）

7　Tax neutrality and distribution regimes（第 7 章　課税中立的な制度及び分配時課税制度）

Article 7.1. Ultimate Parent Entity that is a Flow-through Entity（第 7.1 条　透明体［フロー・スルー］である最終親会社［UPE］）

Article 7.2. Ultimate Parent Entity subject to Deductible Dividend Regime（第 7.2 条　支払配当損金算入制度の対象となる最終親会社［UPE］）

Article 7.3. Eligible Distribution Tax Systems（第 7.3 条　適格分配時課税制度）

Article 7.4. Effective Tax Rate Computation for Investment Entities（第 7.4 条　投資会社の実効税率［ETR］の算定）

Article 7.5. Investment Entity Tax Transparency Election（投資会社の税務上の透明体選択）

Article 7.6. Taxable Distribution Method Election（第 7.6 条　課税対象分配法の選択）

8　Administration（第 8 章　執行）

Article 8.1. Filing obligation（第 8.1 条　申告義務）

Article 8.2. Safe Harbours（第 8.2 条　セーフ・ハーバー）

Article 8.3. Administrative Guidance（第 8.3 条　執行ガイダンス）

9　Transition rules（第 9 章　移行ルール）

Article 9.1. Tax Attributes Upon Transition（第 9.1 条　移行時の租税属性の取扱い）

Article 9.2. Transitional relief for the Substance-based Income Exclusion（第 9.2 条　実質ベースの所得除外に係る移行期間中の措置）

Article 9.3. Exclusion from the UTPR of MNE Groups in the initial phase of their international activity（第 9.3 条　国際事業活動の初期段階にある多国籍企業［MNE］グループに係る UTPR の適用除外）

Article 9.4. Transitional relief for filing obligations（第 9.4 条　申告義務に係る移行期間中の措置）

10　Definitions（定義）

Article 10.1. Defined Terms（第 10.1 条　用語の定義）

Article 10.2. Definitions of Flow-through Entity, Tax Transparent Entity, Reverse Hybrid Entity, and Hybrid Entity（第 10.2 条　透明体［フロー・スルー］、税務上の透明体、リバースハイブリッド事業体及びハイブリッド事業体の定義）

Article 10.3. Location of an Entity and a Permanent Establishment（第 10.3 条　事業体及び PE の所在地）

・OECD モデルルールコメンタリー（2022.3）［グローバル税源浸食防止（GloBE）Pillar Two］

「Tax Challenges Arising from the Digitalisation of the Economy - Commentary to the Global Anti-Base Erosion Model Rules（Pillar Two）, First Edition」

Table of contents（目次）
Foreword（序文）
Abbreviations and acronyms（略語）
Introduction（はじめに）
References（参考資料）

1　Scope（第 1 章　適用範囲）

Article 1.1 - Scope of GloBE Rules（第 1.1 条　GloBE ルールの適用範囲）
Article 1.2 - MNE Group and Group（第 1.2 条　MNE グループ及びグループ）
Article 1.3 - Constituent Entity（第 1.3 条　構成会社［CE］）
Article 1.4 - Ultimate Parent Entity（第 1.4 条　最終親会社［UPE］）
Article 1.5 - Excluded Entity（第 1.5 条　除外会社）
References（参考資料）

2　Charging Provisions（第 2 章　課税規定）

Overview of the IIR（IIR の概要）
Article 2.1 - Application of the IIR（第 2.1 条　IIR の適用）
Article 2.2 - Allocation of Top-up Tax under the IIR（第 2.2 条　IIR に基づくトップアップ税額の配分）
Article 2.3 - IIR Offset Mechanism（第 2.3 条　IIR の二重課税の排除の仕組み）
Overview of the UTPR（UTPR の概要）
Article 2.4 - Application of the UTPR（第 2.4 条　UTPR の適用）
Article 2.5 - UTPR Top-up Tax Amount（第 2.5 条　UTPR トップアップ税額）
Article 2.6 - Allocation of Top-up Tax for the UTPR（第 2.6 条　UTPR におけるトップアップ税額の配分）
Notes（注記事項）

3　Computation of GloBE Income or Loss（第 3 章　GloBE 所得・損失の算定）

Article 3.1 - Financial Accounts（第 3.1 条　財務諸表）
Article 3.2 - Adjustments to determine GloBE Income or Loss（第 3.2 条　GloBE 所得・損失の算定のための調整）

Article 3.3 - International shipping income exclusion（第 3.3 条　国際海運所得の適用除外）

Article 3.4 - Allocation of Income or Loss between a Main Entity and a Permanent Establishment（第 3.4 条　本店と PE 間の所得・損失の配分）

Article 3.5 - Allocation of Income or Loss from a Flow-through Entity（第 3.5 条　透明体［フロー・スルー］の所得・損失の配分）

References（参考資料）

Notes（注記事項）

4　Computation of Adjusted Covered Taxes（第 4 章　調整後対象租税の算定）

Article 4.1 - Adjusted Covered Taxes（第 4.1 条　調整後対象租税）

Article 4.2 - Definition of Covered Taxes（第 4.2 条　対象租税の定義）

Article 4.3 - Allocation of Covered Taxes from one Constituent Entity to another Constituent Entity（一の構成会社から他の構成会社への対象租税の配分）

Article 4.4 - Mechanism to address temporary differences（第 4.4 条　一時差異への対応と調整）

Article 4.5 - The GloBE Loss Election（第 4.5 条　GloBE 純損失に係る選択）

Article 4.6 - Post-filing Adjustments and Tax Rate Changes（第 4.6 条　申告後の調整及び税率の変更）

References（参考資料）

Notes（注記事項）

5　Computation of Effective Tax Rate and Top-up Tax（第 5 章　実効税率（ETR）及びトップアップ税額の算定）

Article 5.1 - Determination of Effective Tax Rate（第 5.1 条　ETR の算定）

Article 5.2 - Top-up Tax（第 5.2 条　トップアップ税額）

Article 5.3 - Substance-based Income Exclusion（第 5.3 条　実質ベースの所得除外）

Article 5.4 - Additional Current Top-up Tax（第 5.4 条　追加当期トップアップ税額）

Article 5.5 - De minimis exclusion（第 5.5 条　デミニマス除外）

Article 5.6 - Minority-Owned Constituent Entities（第 5.6 条　少数被保有構成会社［MOCE]）

References（参考資料）

Notes（注記事項）

6　Corporate Restructurings and Holding Structures（第6章 企業再編及び所有構造）

Overview（概要）

Article 6.1 - Application of Consolidated Revenue Threshold to Group Mergers and Demergers（第6.1条　グループの合併及び分割における連結収入基準の適用）

Article 6.2 - Constituent Entities joining and leaving an MNE Group（第6.2条　MNEグループへの構成会社の加入と離脱）

Article 6.3 - Transfer of Assets and Liabilities（第6.3条　資産及び負債の移転）

Article 6.4 - Joint Ventures（第6.4条　ジョイントベンチャー（JV））

Article 6.5 - Multi-Parented MNE Groups（第6.5条　複数の最終親会社［UPE］を持つMNEグループ）

References（参考資料）

Notes（注記事項）

7　Tax neutrality and distribution regimes（第7章 課税中立的な制度及び分配時課税制度）

Article 7.1 - Ultimate Parent Entity that is a Flow-through Entity（第7.1条 透明体［フロー・スルー］である最終親会社［UPE］）

Article 7.2 - Ultimate Parent Entity subject to Deductible Dividend Regime（第7.2条　支払配当損金算入制度の対象となる最終親会社［UPE］）

Article 7.3 - Eligible Distribution Tax Systems（第7.3条　適格分配時課税制度）

Article 7.4 - Effective Tax Rate Computation for Investment Entities（第7.4条　投資会社の実効税率［ETR］の算定）

Article 7.5 - Investment Entity Tax Transparency Election（投資会社の税務上の透明体選択）

Article 7.6 - Taxable Distribution Method Election（第7.6条　課税対象分配法の選択）

Notes（注記事項）

8　Administration（第8章 執行）

Article 8.1 - Filing obligation（第8.1条　申告義務）

Article 8.2 - Safe Harbours（第8.2条　セーフ・ハーバー）

Article 8.3 - Administrative Guidance（第8.3条　執行ガイダンス）

9　Transition rules（第9章 移行ルール）

Article 9.1 - Tax Attributes Upon Transition（第9.1条　移行時の租税属性の取扱い）

Article 9.2 - Transitional relief for the Substance-based Income Exclusion（第
9.2条　実質ベースの所得除外に係る移行期間中の措置）

Article 9.3 - Exclusion from the UTPR of MNE Groups in the initial phase of
their international activity（第9.3条　国際事業活動の初期段階にある多国籍
企業［MNE］グループに係るUTPRの適用除外）

Article 9.4 - Transitional relief for filing obligations（第9.4条　申告義務に係
る移行期間中の措置）

10　Definitions（定義）

Article 10.1 - Defined Terms（第10.1条　用語の定義）

Article 10.2 - Definitions of Flow-through Entity, Tax Transparent Entity,
Reverse Hybrid Entity, and Hybrid Entity（第10.2条　透明体［フロー・ス
ルー］、税務上の透明体、リバースハイブリッド事業体及びハイブリッド事業
体の定義）

Article 10.3 - Location of an Entity and a Permanent Establishment（第10.3
条　会社及びPEの所在地）

References（参考資料）

Notes（注記事項）

・OECD セーフ・ハーバー等ガイダンス（2022.12）
「Safe Harbours and Penalty Relief: Global Anti-Base Erosion Rules（Pillar Two）（2022.12)」

Table of contents（目次）
Introduction（はじめに）

1　Transitional CbCR Safe Harbour（移行期間 CbCR セーフ・ハーバー）

Overview（概要）
Source of information（情報源）
Applicable tests（適用テスト）
Transition Period（移行期間）
Treatment of Certain Entities and Groups（一定の事業体及びグループの取扱い）

2　Permanent Safe Harbour（恒久的セーフ・ハーバー）

Simplified Calculations Safe Harbour Framework（簡素な計算セーフ・ハーバーの仕組み）
Simplified Calculation for Non-Material Constituent Entities（重要性のない構成会社［CE］の簡素な計算）

3　Transitional Penalty Relief（移行期間中の罰則等の措置）

Overview（概要）

・OECD 執行ガイダンス（2023.2）
「Tax Challenges Arising from the Digitalisation of the Economy-Administrative Guidance on the Global Anti-Base Erosion Model Rules（Pillar Two）」

Table of contents（目次）
Abbreviations and acronyms（略語）
Executive summary（総括）

1　Scope（適用範囲）

1.1. Rebasing monetary thresholds in the GloBE Rules〔AG22.04.T18〕（GloBE ルールにおける金額基準の見直し）

1.2. Deemed consolidation test〔AG22.04.T3〕（みなし連結テスト）

1.3. Consolidated deferred tax amounts〔AG22.04.T3〕（連結繰延税金額）

1.4. Sovereign wealth funds and the definition of Ultimate Parent Entity〔AG22.04.T5〕（ソブリンウェルスファンドと最終親会社の定義）

1.5. Clarifying the definition of 'Excluded Entity'（Article 1.5.2）〔AG22.04.T13〕（除外会社の定義の明確化）

1.6. Meaning of "ancillary" for Non-Profit Organisations（非営利団体の「付随」の意義）

2　Income & taxes（所得と租税）

2.1. Intra-group transactions accounted at cost（取得原価で会計処理されたグループ内取引）

2.2. Excluded Equity Gains or Loss and hedges of investments in foreign operations〔AG22.04.T8〕（除外資本損益と在外営業活動体の純投資ヘッジ）

2.3. Excluded Dividends – Asymmetric treatment of dividends and distributions〔AG22.04.T10〕（除外配当－配当及び分配の非対称な取扱い）

2.4. Treatment of debt releases（債務免除等の取扱い）

2.5. Accrued Pension Expenses〔AG22.04.T1〕（発生年金費用）

2.6. Covered Taxes on deemed distributions（Article 4.3.2（e））〔AG22.04.T11〕（みなし分配に係る対象租税）

2.7. Excess Negative Tax Carry-forward guidance（Art 4.1.5 & 5.2.1）〔AG22.04.T6〕（負の繰越超過税額に係るガイダンス）

2.8 Loss-making Parent Entities of CFCs（外国子会社合算税制等の適用を受ける欠損金がある親会社）

2.9. Equity Gain or loss inclusion election and Qualified Flow-Through tax benefits（資本損益の算入選択及び適格にフロー・スルーされる税制上の恩典）

2.10. Allocation of taxes arising under a Blended CFC Tax Regimes［AG22.04. T17］（CFC 間で所得と税を合計して計算を行う外国子会社合算税制等に基づき発生する租税の配分）

3　Application of GloBE Rules to insurance companies（保険会社への GloBE ルールの適用）

3.1. Application of Article 7.6 to Insurance Investment Entities ［AG22.04. T11］（保険投資会社への第 7.6 条の適用）

3.2. Exclusion of Insurance Investment Entities from the definition of Intermediate Parent Entity and Partially-Owned Parent Entity ［AG22.04.T11］（中間親会社及び部分的被保有親会社の定義から保険投資会社を除外）

3.3. Restricted Tier One Capital（Article 3.2.10）［AG22.04.T11］（制限付き Tier1 資本）

3.4. Liabilities related to Excluded Dividends and Excluded Equity Gain or Loss from securities held on behalf of policyholders（Article 3.2.1（b） and Article 3.2.1（c)）［AG22.04.T11］（保険契約者に代わって所有する証券からの除外配当及び除外資本損益に関する負債）

3.5. Simplification for Short-term Portfolio Shareholdings（Article 3.2.1（b)） ［AG22.04.T11］（短期ポートフォリオ持分の簡素化（3.2.1 条（b)）

3.6. Application of Article 7.5 to Mutual insurance companies ［AG22.04.T7］ （相互保険会社への第 7.5 条の適用）

4　Transition（移行期間）

4.1. Deferred tax assets with respect to tax credits under Article 9.1.1 ［AG22.04.T12］（第 9.1.1 条に基づく税額控除に係る繰延税金資産）

4.2. Applicability of Article 9.1.3 to transactions similar to asset transfers ［AG22.04.T16］（資産の移転と同様の取引に対する第 9.1.3 条の適用可能性）

4.3. Asset carrying value and deferred taxes under 9.1.3 ［AG22.04.T2］（第 9.1.3 条に基づく資産の帳簿価額及び繰延税金）

5　Qualified Domestic Minimum Top-up Taxes（適格国内ミニマムトップアップ税）

5.1. Qualified Domestic Minimum Top-up Taxes（適格国内ミニマムトップアップ税）

References（参照）

Figures（図解）

Figure 1.1. Holding structure（図解 1.1 所有構造）

Figure 1.2. Holding structure（図解 1.2 所有構造）

Figure 4.1. Holding structure and asset transfer（図解 4.1 所有構造及び
資産の移転）

・OECD 執行ガイダンス（2023.7）
「Tax Challenges Arising from the Digitalisation of the Economy-Administrative Guidance on the Global Anti-Base Erosion Model Rules（Pillar Two），July 2023」

Table of Contents（目次）
Executive Summary（総括）

1　General Currency Conversion Rules for the GloBE Rules（GloBE ルールにおける一般的な通貨換算ルール）

Introduction（はじめに）
Issues to be considered（検討論点）
Guidance（ガイダンス）
Examples（例）

2　Guidance on Tax Credits（税額控除に係るガイダンス）

Introduction（はじめに）
Guidance（ガイダンス）

3　Substance-based Income Exclusion（実質ベースの所得除外額）

Interjurisdictional Assets and Employees（国又は地域間に跨る資産及び従業員）
Simplification（簡素化）
Stock-based compensation（株式報酬等）
Lease（リース）
Impairment Losses（減損損失）
Reduction due to Article 7.2（第 7.2 条の適用による減算）

4　Qualified Domestic Minimum Top-up Tax（適格国内ミニマムトップアップ税）

Introduction（はじめに）
Joint Ventures, JV Subsidiaries and MOCEs（ジョイントベンチャー、JV 子会社及び少数被保有構成事業体）
Blending of income and taxes（所得と租税のブレンディング）
Allocation of QDMTT tax liability among Constituent Entities（構成会社間の QDMTT 税額の配分）
Treatment of Stateless Constituent Entities（無国籍構成事業体の取扱い）
Treatment of Flow-through UPEs（透明体［フロー・スルー］である最終親

会社の取扱い)

Treatment of Flow-through Entities required to apply the IIR（IIR を適用することを求められる透明体［フロー・スルー］の取扱い)

UPE that is a Flow-Through Entity and UPE subject to Deductible Dividend Regime

（透明体［フロー・スルー］である最終親会社及び支払配当損金算入制度の対象となる最終親会社)

Eligible Distribution Tax System（適格分配時課税制度)

ETR Computation for Investment Entities（投資会社の実効税率の計算)

Investment Entity Tax Transparency Election（投資会社の課税上透明体選択)

Taxable Distribution Method Election（課税対象分配法の選択)

Taxes allocable to Hybrid Entities or Distributing Constituent Entities（ハイブリッド事業体又は分配を行った構成会社に配分される租税)

Transition Years（移行年度)

Exclusion from UTPR of MNE Groups in the initial phase of their international activity（国際事業活動の初期段階にある多国籍企業［MNE］グループに係る UTPR の適用除外)

Currency for QDMTT computations（QDMTT の計算の通貨)

Multi-Parented MNE Groups（複数の最終親会社を持つ多国籍企業［MNE］グループ)

Filing obligations（申告義務)

Definitions（定義)

QDMTT payable（QDMTT の支払)

5 Safe Harbours（セーフ・ハーバー)

5.1 QDMTT Safe Harbour（QDMTT セーフ・ハーバー)

5.2 Transitional UTPR Safe Harbour（移行期間 UTPR セーフ・ハーバー)

References（参照)

・OECD 執行ガイダンス（2023.12）［グローバル税源浸食防止（GloBE）
Pillar Two］
「Tax Challenges Arising from the Digitalisation of the Economy-
Administrative Guidance on the Global Anti-Base Erosion
Model Rules（Pillar Two），December 2023」

Table of contents（目次）
Executive Summary（総括）

**1　Purchase price accounting adjustments in Qualified Financial
Statements（適格財務諸表におけるパーチェス法会計による調整）**
1.1.　Introduction（はじめに）
1.2.　Issue to be considered（検討論点）
1.3.　Guidance（ガイダンス）

**2　Further Guidance on the Transitional CbCR Safe Harbour（移
行期間 CbCR セーフ・ハーバーの追加ガイダンス）**
2.1.　Introduction（はじめに）
2.2.　Tested Jurisdictions（判定対象の国又は地域）
2.3.　Qualified Financial Statements（適格財務諸表）
2.4.　Simplified ETR computation（簡素な実効税率計算）
2.5.　Routine Profits Test（通常利益テスト）
2.6.　Treatment of hybrid arbitrage arrangements under the Transitional
CbCR Safe Harbour（移行期間 CbCR セーフ・ハーバーに基づくハイブ
リッド裁定取り決めの取扱い）

**3　Administrative Guidance on application of GloBE Rules
（GloBE ルールの適用における執行ガイダンス）**
3.1.　Consolidated revenue threshold（連結収入基準）
3.2.　Mismatch between Fiscal Years of UPE and another Constituent
Entity（最終親会社と他の構成会社との会計年度の相違）
3.3.　Mismatch between Fiscal Year and Tax Year of Constituent Entity（構
成会社の会計年度と課税年度との相違）

**4　Further Administrative Guidance on the allocation of
Blended CFC Taxes（CFC 間で所得と税を合計して計算を行う外国子会
社合算税制等に係る税額の配分における追加の執行ガイダンス）**
4.1.　Introduction（はじめに）

4.2. Issues to be considered（検討論点）

4.3. Guidance（ガイダンス）

5 Transitional Filing Deadlines for MNE Groups with Short Reporting Fiscal Years（短期の報告会計年度である場合の多国籍企業 [MNE] グループに対する経過的な申告期限）

5.1. Introduction（はじめに）

5.2. Issues to be considered（検討論点）

5.3. Guidance（ガイダンス）

6 Simplified Calculation Safe Harbour for Non-Material Constituent Entities（重要性のない構成会社のセーフ・ハーバーにおける簡素な計算）

6.1. Introduction（はじめに）

6.2. Definition of NMCE（重要性のない構成会社の定義）

6.3. Simplified Income, Revenue and Tax calculations for NMCEs（重要性のない構成会社の簡素な所得、収入及び租税の計算）

6.4. Application of the Simplified Calculations for NMCEs as part of the Simplified Calculations Safe Harbour（セーフ・ハーバーにおける簡素な計算のうち重要性のない構成会社の簡素な計算の適用）

6.5. NMCE Simplified Calculations do not undermine the integrity of GloBE Rules（重要性のない構成会社の簡素な計算は GloBE ルールの整合性を損なわない）

6.6. Guidance（ガイダンス）

・OECD モデルルールコメンタリー 2023 年版（2024.4）［グローバル税源浸食防止（GloBE）Pillar Two］
Tax Challenges Arising from the Digitalisation of the Economy – Consolidated Commentary to the Global Anti Base Erosion Model Rules（2023）

Table of contents（目次）
Foreword（序文）
Abbreviations and acronyms（略語）
Introduction（はじめに）

1　Scope（第 1 章　適用範囲）
Article 1.1 - Scope of GloBE Rules（第 1.1 条　GloBE ルールの適用範囲）
Article 1.2 - MNE Group and Group（第 1.2 条　MNE グループ及びグループ）
Article 1.3 - Constituent Entity（第 1.3 条　構成会社［CE］）
Article 1.4 - Ultimate Parent Entity（第 1.4 条　最終親会社［UPE］）
Article 1.5 - Excluded Entity（第 1.5 条　除外会社）
References（参考資料）

2　Charging Provisions（第 2 章　課税規定）
Overview of the IIR（IIR の概要）
Article 2.1 - Application of the IIR（第 2.1 条　IIR の適用）
Article 2.2 - Allocation of Top-up Tax under the IIR（第 2.2 条　IIR に基づくトップアップ税額の配分）
Article 2.3 - IIR Offset Mechanism（第 2.3 条　IIR の二重課税の排除の仕組み）
Article 2.4 - Application of the UTPR（第 2.4 条　UTPR の適用）
Article 2.5 - UTPR Top-up Tax Amount（第 2.5 条　UTPR トップアップ税額）
Article 2.6 - Allocation of Top-up Tax for the UTPR（第 2.6 条　UTPR におけるトップアップ税額の配分）
Notes（注記事項）

3　Computation of GloBE Income or Loss（第 3 章　GloBE 所得・損失の算定）
Article 3.1 - Financial Accounts（第 3.1 条　財務諸表）
Article 3.2 - Adjustments to determine GloBE Income or Loss（第 3.2 条　GloBE 所得・損失の算定のための調整）
Article 3.3 - International shipping income exclusion（第 3.3 条　国際海運所得の適用除外）

Article 3.4 - Allocation of Income or Loss between a Main Entity and a Permanent Establishment（第3.4条　本店とPE間の所得・損失の配分）
Article 3.5 - Allocation of Income or Loss from a Flow-through Entity（第3.5条　透明体［フロー・スルー］の所得・損失の配分）
References（参考資料）
Notes（注記事項）

4　Computation of Adjusted Covered Taxes（第4章　調整後対象租税の算定）

Article 4.1 - Adjusted Covered Taxes（第4.1条　調整後対象租税）
Article 4.2 - Definition of Covered Taxes（第4.2条　対象租税の定義）
Article 4.3 - Allocation of Covered Taxes from one Constituent Entity to another Constituent Entity（一の構成会社から他の構成会社への対象租税の配分）
Article 4.4 - Mechanism to address temporary differences（第4.4条　一時差異への対応と調整）
Article 4.5 - The GloBE Loss Election（第4.5条　GloBE純損失に係る選択）
Article 4.6 - Post-filing Adjustments and Tax Rate Changes（第4.6条　申告後の調整及び税率の変更）
References（参考資料）
Notes（注記事項）

5　Computation of Effective Tax Rate and Top-up Tax（第5章　実効税率（ETR）及びトップアップ税額の算定）

Article 5.1 - Determination of Effective Tax Rate（第5.1条　実効税率［ETR］の算定）
Article 5.2 - Top-up Tax（第5.2条　トップアップ税額）
Article 5.3 - Substance-based Income Exclusion（第5.3条　実質ベースの所得除外）
Article 5.4 - Additional Current Top-up Tax（第5.4条　追加当期トップアップ税額）
Article 5.5 - De minimis exclusion（第5.5条　デミニマス除外）
Article 5.6 - Minority-Owned Constituent Entities（第5.6条　少数被保有構成事業体［MOCE］）
References（参考資料）
Notes（注記事項）

6　Corporate Restructurings and Holding Structures（第6章 企業再編及び所有構造）

Overview（概要）

Article 6.1 - Application of Consolidated Revenue Threshold to Group Mergers and Demergers（第6.1条　グループの合併及び分割における連結収入基準の適用）

Article 6.2 - Constituent Entities joining and leaving an MNE Group（第6.2条　MNEグループへの構成会社の加入と離脱）

Article 6.3 - Transfer of Assets and Liabilities（第6.3条　資産及び負債の移転）

Article 6.4 - Joint Ventures（第6.4条　ジョイントベンチャー［JV］）

Article 6.5 - Multi-Parented MNE Groups（第6.5条　複数の最終親会社［UPE］を持つMNEグループ）

References（参考資料）

Notes（注記事項）

7　Tax neutrality and distribution regimes（第7章　課税中立的な制度及び分配時課税制度）

Article 7.1 - Ultimate Parent Entity that is a Flow-through Entity（第7.1条 透明体［フロー・スルー］である最終親会社［UPE］）

Article 7.2 - Ultimate Parent Entity subject to Deductible Dividend Regime（第7.2条　支払配当損金算入制度の対象となる最終親会社［UPE］）

Article 7.3 - Eligible Distribution Tax Systems（第7.3条　適格分配時課税制度）

Article 7.4 - Effective Tax Rate Computation for Investment Entities（第7.4条　投資会社の実効税率［ETR］の算定）

Article 7.5 - Investment Entity Tax Transparency Election（投資会社の税務上透明体選択）

Article 7.6 - Taxable Distribution Method Election（第7.6条　課税対象分配法の選択）

Notes（注記事項）

8　Administration（第8章　執行）

Article 8.1 - Filing obligation（第8.1条　申告義務）

Article 8.2 - Safe Harbours（第8.2条　セーフ・ハーバー）

Article 8.3 - Administrative Guidance（第8.3条　執行ガイダンス）

9　Transition rules（第9章　移行ルール）

Article 9.1 - Tax Attributes Upon Transition（第9.1条　移行時の租税属性の取扱い）

Article 9.2 - Transitional relief for the Substance-based Income Exclusion（第9.2条　実質ベースの所得除外に係る移行期間中の措置）

Article 9.3 - Exclusion from the UTPR of MNE Groups in the initial phase of their international activity（第9.3条　国際事業活動の初期段階にある多国籍企業［MNE］グループに係るUTPRの適用除外）

Article 9.4 - Transitional relief for filing obligations（第9.4条　申告義務に係る移行期間中の措置）

Notes（注記事項）

10　Definitions（定義）

Article 10.1 - Defined Terms（第10.1条　用語の定義）

Article 10.2 - Definitions of Flow-through Entity, Tax Transparent Entity, Reverse Hybrid Entity, and Hybrid Entity（第10.2条　透明体［フロー・スルー］、税務上の透明体、リバースハイブリッド事業体及びハイブリッド事業体の定義）

Article 10.3 - Location of an Entity and a Permanent Establishment（第10.3条　会社及びPEの所在地）

References（参考資料）

Notes（注記事項）

Annex A. Safe Harbours: Global Anti-Base Erosion Rules（Pillar Two）（付録A セーフ・ハーバー；グローバル税源浸食防止（Pillar Two）

1　Transitional CbCR Safe Harbour（移行期間CbCRセーフ・ハーバー）

2　Permanent Safe Harbour（恒久的セーフ・ハーバー）

Section 1. Simplified Calculations Safe Harbour Framework（第1節 簡素な計算セーフ・ハーバーの仕組み）

Section 2. Non-material Constituent Entity（NMCE）Simplified Calculations（第2節 重要性のない構成会社の簡素な計算）

3　QDMTT Safe Harbour（QDMTTセーフ・ハーバー）

4　Transitional UTPR Safe Harbour（移行期間UTPRセーフ・ハーバー）

索　　引

（A）

ALP調整 ………………………………… 78
ALP相当額調整 ………………………… 82

（B）

BEPS ……………………………………… 2
BEPS最終報告書 ………………………… 2
BEPS包摂的枠組み ……………………… 2

（C）

CbCRセーフ・ハーバー …………… 236
CE …………………………………………… 4
CFC ……………………………………… 223

（D）

Dissemination …………………………… 188

（E）

ETR ……………………………………… 213

（G）

GAAP調整 ………………………………… 69
GILTI …………………………………… 147
GIR …………………………… 25, 187, 246
Global Anti-Base Erosion …………… 4
GloBEルール …………………………… 4
GloBE情報申告書 …… 25, 169, 187, 246

（I）

IIR ……………………………………… 4, 223
IIRベース ……………………………… 174
Intermediate Parent Entitiy ……… 57
IPE ……………………………………… 57

（N）

NMCEセーフ・ハーバー …………… 75

（O）

OECD GloBE情報申告書（2023.7）
………………………………………… 188
OECD執行ガイダンス（2023.12）… 33
OECD執行ガイダンス（2023.2）…… 11
OECD執行ガイダンス（2023.7）…… 7
OECDモデル租税条約 ……………… 42
OECDモデルルール（2021.12）……… 2
OECDモデルルールコメンタリー
（2022.3）………………………………… 18
once out, always out ……… 176, 213

（P）

Partially Owned Parent Entity …… 56
PE特例 ………………………………… 125
PEの適格財務諸表 …………………… 244
Pillar Two ………………………………… 2
POPE …………………………………… 56

（Q）

QDMTT ………………………………… 6, 207
QDMTT会計基準 …………………… 209
QDMTTセーフ・ハーバー ………… 209

（U）

Ultimate Parent Entity …………… 58
UPE …………………………………… 58
UTPR …………………………………… 5

（い）

移行期間CbCRセーフ・ハーバー … 22
移行対象会計年度 …………… 85, 143
移行対象会計年度前のグループ取引
　等の調整 …………………………… 137
違法支出 ………………………………… 98

（お）

オペレーティングリース ……………… 86

（か）

会計処理の基準の変更 ………… 86, 100
会計ベースの規定 ………………… 20
会社等 ……………………………… 41
会社等別国際最低課税額 ………… 166
会社等別利益額 …………………… 136
各種投資会社等 …… 55, 89, 127, 179
各種投資会社等について導管選択
　の特例をやめる場合の特例 …… 137
課税のミスマッチ ………………… 17
課税標準 …………………………… 180
課税分配法 …………… 90, 127, 146
過年度修正等 ……………………… 62
株式報酬費用 ……………………… 113
為替換算 …………………… 73, 217
簡素な実効税率 …………………… 239
簡素な実効税率要件 ……… 172, 196
管理基準 …………………………… 210

（き）

企業グループ等 …………………… 37
基準税率 …………………………… 7
基準税率以上の税率
　……………… 127, 129, 130, 131
帰属割合 …………………………… 167
給付付き税額控除 ………………… 215
共同支配会社等 ……………… 54, 58
共同支配会社等に係るグループ国際
　最低課税額 …………………… 164

（く）

国別グループ純所得の金額 ……… 68
国別実効税率 ……………… 60, 153
組替調整 …………………………… 96
繰越外国税額 ……………………… 140
繰延税金資産 ………… 20, 137, 138
繰延税金負債 … 20, 137, 138, 142, 233

繰延対象租税額 ………… 133, 137, 141
グルーピング ……………………… 243
グルーピング特例 ………………… 164
グループ結合 ……………………… 36
グループ国際最低課税額 …… 161, 164
グループ内金融取引に係る費用 … 104
グループ分離 ……………………… 36
グローバルスタンダード ………… 17

（け）

軽課税所得ルール ………………… 5
経過的CbCRセーフ・ハーバー … 212
経過的UTPRセーフ・ハーバー … 212
経過的適用免除 …………………… 170
決算日が相違する場合の取扱い …… 71

（こ）

恒久的施設等 ……………… 42, 72
恒久的適用免除 …………………… 168
構成会社等 ………………………… 53
構成会社等に係るグループ国際最低
　課税額 ………………………… 164
国際海運業 ………………………… 106
国際海運業所得 …………………… 106
国際会計基準 ……………………… 34
国際最低課税額 …………………… 65
国際最低課税額確定申告書 ……… 180
国際最低課税額に対する法人税
　……………………………… 4, 9, 30
国際最低課税額の計算構造 ……… 58
誤びゅうの訂正 …………………… 100
個別計算所得等の金額 ……… 66, 104
5万ユーロ以上の罰金等 ……… 99

（さ）

再計算国別国際最低課税額 …… 61, 161
財産及び損益の状況が連結して記載
　される会社等 ………………… 38
最終親会社 ………………… 37, 50
最終親会社財務会計基準 ………… 38
最終親会社等 ……………………… 50

最終親会社等財務会計基準 ………… 69
最終親会社等届出事項 ………… 191
最低税率 ……………………………… 3
再評価法による損益 ……………… 95
債務免除等 ………………………… 120
3年以内に支払われることが見込
　まれない金額 …………………… 136

（し）

自国内国際最低課税額 …………… 63
自国内国際最低課税額に係る税 … 61
自国内最低課税額 ………………… 132
自国内最低課税額に係る税の額 … 162
資産等の時価評価課税 …………… 122
資産等の時価評価課税が行われた
　場合の特例 ……………………… 137
資産等の時価評価損益 …………… 115
実効税率 …………………………… 13
実質ベースの所得除外額 …… 154, 160
指定提供会社等 …………………… 190
支配持分 …………………………… 51
譲渡等損失額 ……………………… 116
譲渡等利益額 ……………………… 115
情報申告制度 ……………………… 187
除外会社等 ………………………… 53
除外資本損益 …………………… 11, 94
除外配当 ………………………… 93, 128
所在地国 …………………………… 43
所得合算ルール …………………… 4
所有持分 …………………………… 51
申告書 …………………………… 181, 186
申告手続 ………………………… 180, 185

（す）

ストックオプション ……………… 113
スプリット・オーナーシップ・
　ルール …………………………… 57

（せ）

税金費用純額 ……………………… 92
制限付Tier1資本 ………………… 112

税効果会計 ………………………… 21
整合性基準 ………………………… 210
税引後当期純損益金額 ………… 67, 69
船舶に係る事業運営上の重要な決定
　…………………………………… 108
船舶に係る事業活動 ……………… 108

（そ）

総収入金額 ………………………… 32
その他Tier1資本 ………………… 111
その他の包括利益 ………………… 96
その他の包括利益の金額 ………… 70

（た）

対象外構成会社等 ………………… 178
対象租税 ………………………… 130, 132
対象租税の額 ……………………… 216
第2の柱 …………………………… 2
代用財務会計基準 ………………… 74
多国籍企業グループ等 ………… 23, 37
単一段階課税 ……………………… 129

（ち）

地方法人税 …………………… 12, 25, 183
中間親会社等 …………………… 50, 57
調整後対象租税額 ………………… 133
調整後法人税等調整額 …………… 137

（つ）

通常利益要件 …………… 172, 196, 241

（て）

提供義務の免除 …………………… 190
適格CbCR ………………………… 173
適格CbCRセーフ・ハーバー
　………………… 22, 170, 174, 195
適格インピュテーション税 …… 92, 132
適格給付付き税額控除額 ………… 102
適格国内ミニマムトップアップ課税
　…………………………………… 6
適格財務会計基準 ……………… 33, 39

適格財務諸表 ……………………… 237
適格所有持分 ……………………… 11
適格分配時課税制度 ………… 131, 152
適用株主等 ………………… 89, 146
適用税率 …………………………… 138
適用税率の変更 …………………… 140
デット・エクイティ・スワップ … 122
デミニマス除外 …………………… 168
デミニマス要件 ………… 169, 171, 196
天然資源 …………………………… 159

（と）

導管会社等 ………………… 41, 88, 128
導管会社等である最終親会社等
　……………………………… 128, 150
当期国別国際最低課税額 ………… 154
当期純損益金額 …………………… 66
当期純損益金額の調整 …………… 76
投資法人 …………………………… 129
導入国リスト ……………………… 206
特定会計処理 ……………………… 84
特定基準法人税額
　……………… 12, 25, 183, 184, 185
特定金融商品 ……………………… 112
特定国別調整後対象租税額 ……… 163
特定繰延税金資産 ………………… 140
特定構成会社等 …………………… 164
特定財務会計基準 ……………… 33, 39
特定資産 …………………………… 46
特定資産の額 ……………………… 157
特定組織再編成 …………………… 82
特定組織再編成による調整 ……… 137
特定損失の金額 …………………… 84
特定多国籍企業グループ等
　……………………………… 23, 31, 48
特定多国籍企業グループ等報告事項
　等 ……………………… 25, 187
特定投資収益額 …………………… 110
特定投資損失額 …………………… 111
特定取引 …………………………… 119
特定費用 …………………………… 46

特定費用の額 ……………………… 157
特定法人 ………………………… 181, 185
特定目的会社 ……………………… 129
特定利益の金額 …………………… 84
独立企業間価格 …………………… 77
独立企業間価格相当額 …………… 81
独立企業間価格による調整 ……… 137
特例適用前個別計算所得等の金額
　……………………………… 66, 90
トップアップ課税 ……………… 13, 21
トップダウンアプローチ課税 …… 4, 57
取戻繰延税金負債 ………… 141, 143
取戻分割評価損失額 ……………… 125
取戻分割評価利益額 ……………… 124

（ね）

年金基金の掛金に係る支出 ……… 101

（の）

納税義務者 ………………… 30, 184
納付手続 ………………… 182, 186
のれんの減損額 …………………… 242
のれんの償却額 …………………… 242

（は）

パーチェス会計 ………………… 84, 241
配当課税 …………………………… 222
配当控除所得課税規定 …………… 129
ハイブリッド裁定取引取決め …… 244
罰金等 ……………………………… 99
発生年金費用・収益 ……………… 101

（ひ）

被少数保有親構成会社等 ………… 166
被少数保有構成会社等 …………… 165
被少数保有子構成会社等 ………… 166
非対称外国為替差損益 …………… 96
非適格還付インピュテーション税
　……………………………… 92
非適格給付付き税額控除額 … 102, 135
被配分当期対象租税額 … 144, 216, 229

被部分保有親会社等 ………… 51, 56
100万ユーロ相当額未満 ………… 149
評価性引当金の除外 ……………… 139
評価損失額 ……………………… 124
評価利益額 ……………………… 124

（ふ）

不確実な税務処理 ……………… 139
不確実な税務処理に係る法人税等
……………………………… 136
不確実な税務処理に係る法人税等の
額 ………………………… 134
付随的国際海運業 ……………… 107
プッシュアップ ………………… 146
プッシュダウン …………… 145, 234
プッシュダウン会計処理 ………… 84
プッシュダウン会計の調整 ……… 137
不動産譲渡 ……………………… 116
ブレンディング ………………… 147

（へ）

ヘッジ処理 ……………………… 118
ヘッジの有効性判定 …………… 119

（ほ）

法人税等調整額 …………………… 20
法人税率の引下げ競争 …………… 3
ポートフォリオ株式配当 ………… 120
保険会社特例 …………………… 110

（み）

みなし外国税額控除 ……………… 214
みなし繰延税金資産相当額 ……… 151
みなし分配税額 ………………… 153
未払法人税等 …………………… 232
未分配所得国際最低課税額
………………………… 61, 63, 162

（む）

無国籍構成会社等 ……………… 166
無国籍会社等 ……………… 55, 166
無国籍構成会社等 ……………… 179

（ゆ）

優遇税制効果の希薄化 …………… 216
有形固定資産 …………………… 158

（り）

利益の配当の額 ………………… 93
利益分配時課税 ………………… 152
リキャプチャールール …………… 141
リサイクリング ………………… 96

（れ）

令和6年度税制改正大綱 ………… 9
連結等財務諸表 ………………… 33
連結等納税規定 …………… 108, 109

≪著者紹介≫

秋元　秀仁（あきもと　ひでひと）

税理士、青山学院大学大学院非常勤講師

財務省（旧大蔵省）主税局にて税法に関する企画立案に従事。また、国税庁調査査察部、同課税部、東京国税局調査部において主に法令審査や国際課税に関する事務に従事。この間、OECDにおけるBEPSプロジェクトにも参加。玉川税務署長、国税庁長官官房監督評価官室長、札幌国税局総務部長、高松国税局長などを歴任し、税理士登録。

〔**主な著書・論文等**〕

『連結納税基本通達　逐条解説（二訂版）』税務研究会出版局（2013.8）

『逐条詳解　法人税関係通達総覧』(共著・第一法規)

「グローバル・ミニマム課税の導入と課税実務における課題・留意点」租税研究（2023.9）

「グローバル・ミニマム課税における実務上の留意点と課題」国際税務（2023.9〜連載）

「租税事件の論点からアプローチする実務国際課税」国際税務（2023.1〜連載）

「外国子会社合算税制における税務」国際税務（2014.3〜連載）

「外国子会社配当益金不算入制度における税務」国際税務（2009.9〜連載）

「アフターコロナにおける税務行政の在り方に関する一考察〜感染症対策や企業行動の変化等を踏まえた納税環境整備及び調査・徴収業務体制の検討と課題〜」税大ジャーナル（2021.8）

「外国子会社配当益金不算入制度導入後の改正タックス・ヘイブン対策税制における租税条約適合性」税大ジャーナル（2011.10）

「国際税務訴訟における論点を踏まえた実務の次なる課題」税大ジャーナル（2013.11）

本書の内容に関するご質問は、税務研究会ホームページのお問い合わせフォーム（https://www.zeiken.co.jp/contact/request/）よりお願い致します。なお、個別のご相談は受け付けておりません。

本書刊行後に追加・修正事項がある場合は、随時、当社のホームページ（https://www.zeiken.co.jp）にてお知らせ致します。

詳解
グローバル・ミニマム課税の実務

令和6年6月15日　初版第一刷印刷	（著者承認検印省略）
令和6年6月25日　初版第一刷発行	

Ⓒ　著　者　　秋　元　秀　仁

発行所　　税 務 研 究 会 出 版 局

週 刊 ［税 務 通 信］ 発行所
　　　　［経 営 財 務］

代表者　　山　　根　　　　毅

郵便番号100-0005
東京都千代田区丸の内1-8-2 鉄鋼ビルディング
https://www.zeiken.co.jp

乱丁・落丁の場合は、お取替え致します。　　　　印刷・製本　株式会社光邦

ISBN 978-4-7931-2821-9

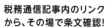
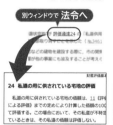